KB068809

다시,
산업단지에서
_박봉규 저

희망을 찾는다

박영사

1960년대 이후 척박한 환경 속에서
오늘날 우리가 누리고 있는 경제적 번영을 만들기 위해
땀 흘려 주신
산업단지 내 모든 근로자와 기업인들에게
이 책을 바칩니다.

대구에서 청도군으로 들어가려면 옛날 동래에서 한양으로 가는 천리 길의 일부인 '팔조령八助嶺'이라는 고개를 넘어야 한다. 산세가 제법 높고 험해 산적과 산짐승이 수시로 나타났던 까닭에 반드시 8명이 무리를 지어야 무사히 고개를 넘을 수 있다는 데서 유래된 이름이다.

지금이야 터널이 뚫려 넘어갈 일도 없지만, 봄이 되면 여전히 진달래와 야생화가 넘쳐나고 여름이면 녹음이 하늘에 닿는 스무 굽이 돌아 오르고 또 스무 굽이 돌아야 내려서는 큰 고갯길이다.

그 고갯길을 넘어서면 넓게 펼쳐진 들판 가운데 그림같이 아름다운 '이서伊西' 마을이 나온다. 그 옛날 변·진한 24개 소국 중 하나였던 이서고 국이 있었던 땅이다. 필자가 태어나서 자란 곳이다. 필자는 생계를 위해 하루종일 농사일에 매달리는 집안 어른들 틈에서 '땅은 사람을 낳지만 사람은 땅을 기른다'는 진리를 몸으로 겪고 배우며 성장했다.

농작물은 농부의 발자국 소리를 듣고 자란다. 잡초도 뽑아 주고 농약도 치고 비료도 넣어 주고 햇빛이나 물은 부족하지 않은지 바람은 지나치지 않은지 늘 염려하고 보살피며 정성을 쏟아야 풍성한 수확을 거둘 수가 있다.

　기업도 마찬가지다. 농부의 정성스러움 이상으로 기업인과 종업원의 정성이, 그리고 기업생태계를 둘러싸고 있는 정부와 지자체, 각종 지원기관들의 지원과 애정이 뒷받침되어야만 제대로 성장할 수 있다.

　우리나라 산업단지는 제조업 생산의 60%, 고용의 40%, 수출의 72%를 차지하는 국가경제의 핵심기반이자 지역경제의 성장거점이다. 특히 최근에는 전국의 산업단지들이 굴뚝과 잿빛으로 뒤덮인 과거의 공단과는 전혀 다른 새로운 모습으로 변신하고 있다. 아파트형공장, 비즈니스센터가 들어서고 폐기물의 재활용과 자원의 순환이 이루어지면서 지식 네트워크가 살아 숨쉬는 녹색의 산업공원으로 탈바꿈하고 있는 것이다.

　국내 산업단지의 역사도 벌써 40년을 넘었다. 산업단지가 없었던들 오늘날 우리가 누리고 있는 경제적 풍요를 상상하기는 쉽지 않았을 것이다. 그러나 산업단지에 대한 일반인들의 관심과 이해는 대단히 미흡한 편이다. 오히려 외국으로부터는 우리의 성공사례를 전수해 줄 수 없겠냐는 요청이 쇄도하고 있음을 감안하면 섭섭한 마음이 들기도 한다. 그러나 돌이켜보면 일반인을 상대로 산업단지의 중요성에 대해 알리고, 산업단지와 일반 국민들 간의 거리를 좁히는 노력을 게을리해 온 책임도 느끼게 된다. 산업단지에 관한 책자조차 많지 않은 상황이니 어쩌면 당연한 일이라 하겠다. 전문서적도 빈약하지만 일반 대중을 상대로 한 단행본은 거의 없는 실정이다. 이러한 사실은 이 책의 집필을 위해 자료를 수집하고 정리하는 과정에서도 다시 한번 확인할 수 있었다.

아울러 한국산업단지공단의 이사장으로서 필자는 이러한 현실에 대해 막중한 책임을 느끼고 있다. 이 책은 이러한 자기반성에서 나온 것이다.

전국 어디에나 다 있고 우리가 언제나 그 앞을 지나다니는 산업단지. 회색빛 공단에서 녹색의 공원으로 변하고 단순한 제조공장의 집합체가 아니라 문화와 정주여건이 함께 어우러져 있는 산업단지. 여전히 변함없이 생산과 수출의 주역이며 희망의 일터인 산업단지. 이 책은 이러한 산업단지에 대한 이야기를 담고 있다.

제 1 장에서는 산업단지에 대한 기본적인 내용을 소개하였다. 산업단지의 발전과정과 유형, 개발과 공급절차, 관리와 지원제도 등에 관해 이해를 돕고자 하였다.

제 2 장에서는 제조업과 산업단지가 재조명되고 있는 배경을 설명하였다. 글로벌 금융위기를 통해서 본 제조업의 역할, 지역발전에 대한 산업단지의 역할 등이 주요 내용이다.

제 3 장에서는 우리나라 주요 산업단지의 발전과정을 요약해 보았다. 각 시대별 산업단지정책의 특징, 각 시대를 대변하는 주요 산업단지의 조성과정과 에피소드, 최근의 변화모습 등을 소개하고자 하였다.

제 4 장에서는 산업단지의 미래 발전방향을 제시하였다. 산업 클러스

터, 구조고도화, 녹색산업단지, 기업지원체계 등 4개의 주제에 대해 비교적 소상하게 설명하고자 하였다. 여기서는 우수 클러스터 사례 9건, 구조고도화 성공사례 2건, 녹색산업단지 2곳 등 총 13건의 해외사례가 요약되어 있다. 또한 국내의 구조고도화 성공사례로서 서울디지털산업단지의 변신과정도 소개하였다.

과거 산업화 시대에 기업들은 땅값이 싸고 인건비가 싼 곳을 찾아갔지만 지식·정보화 시대에는 기업의 관심사가 전혀 다르다. 그들은 생산에 대한 지원뿐만 아니라 연구개발·디자인·마케팅·물류 등 경영의 전과정에 대한 지원서비스를 원하고 있으며, 생산을 위한 공간뿐만 아니라 배움과 문화가 어우러지는 공간을 기대하고 있다. 또한 에너지·자원의 효율성을 높이고 규제비용은 낮춰 결과적으로 생산비 절감효과를 가져오는 친환경 생태산업단지도 필요하다. 산업단지 정책에도 새로운 철학을 세워야 할 시점이 된 것이다.

이 책을 출간하기까지 망설임도 많았다. 원고 집필은 지지부진한데 산업단지의 현장에서는 날마다 새로운 일들이 벌어지니 따라가기가 벅찼기 때문이다. 아이러니컬하게도 이 책의 출판을 재촉한 것은 2008년 말에 불어닥친 글로벌 금융위기였다. 금융위기를 겪으면서 세계 각국에서는 제조업의 역할이 재조명되기 시작하였고 제조업의 집적지인 산업단지에 대한 관심도 커지고 있었던 것이다.

앞에서도 지적한 것처럼 국내에서는 산업단지에 관한 책자를 발견하기가 쉽지 않다. 이 책이 산업단지나 산업정책의 관련자들은 물론 대학생과 일반인들에게까지 널리 읽혀지길 기대한다. 그리하여 이 책의 발간이 산업단지에 대한 일반인들의 관심과 연구를 촉발하는 계기가 되었으면 좋겠다.

전국 800여 개의 산업단지를 관리 · 지원하는 전담기관, 지역의 경제발전을 고민하고 있는 중앙정부와 지자체의 담당자들, 산업단지를 둘러싼 각종 연구기관 및 지원기관 종사자들 그리고 무엇보다도 각 산업단지의 주역인 입주기업들, 그들의 땀과 꿈을 위해 이 책을 바치고 싶다.

이 책을 집필하는 과정에서 여러분들의 도움이 있었다. 특히 자료와 통계를 수집하고 원고를 정리하는 데 도움을 준 한국산업단지공단의 윤종언 소장, 박종배 과장, 김진영 대리 그리고 안현우 대리에게 고마움을 전하며, 딱딱한 내용의 글을 하나의 작품으로 만들어 주신 박영사의 안종만 회장님과 관계자 여러분들께도 머리 숙여 감사드린다.

2010년 11월
저자 올림

세계의 실물 경제는 2008년 말 불어닥친 글로벌 금융위기의 여파로 일시에 침체국면으로 접어들었다. 이 때문에 세계의 이목은 또 한번 제조업에 집중되고 있다. 미국발 금융위기에 놀란 오바마 대통령도 "젊은이들은 월스트리트 말고 제조업에 가라"는 말과 함께 제조업 재건에 대한 강한 의지를 나타냈다.

그러나 세계 각국의 제조업 재건에 대한 높은 관심과는 달리 불행하게도 우리는 여전히 해묵은 논쟁을 계속하고 있다. '제조업 한계론'을 내세우며 다른 산업에서 새 먹거리와 일자리를 찾아야 한다는 주장이 끊임없이 제기되고 있다.

제조업보다는 부가가치가 높은 서비스나 물류, 금융산업 등을 주력 산업 내지는 미래의 먹거리 산업으로 키워야 한다는 말은 일견 일리가 있어 보인다. 오늘날 제조업은 부가가치 창출이나 고용 창출 측면에서 어느 정도 한계를 지니고 있어 5천만 국민이 여기에만 매달리기에는 무리가 있는 것도 사실이기 때문이다. 그렇다고 해서 제조업 비중을 낮추고 비제조업을 집중적으로 육성하는 것은 올바른 선택이 아니다. 오히려 우리에게는 제조업을 지금보다 한 단계 더 업그레이드하여 경제위기를 극복하고 산업구조의 선진화를 이루는 계기로 삼는 게 바람직한 방향이다.

우리나라는 정부 주도 아래 산업단지를 중심으로 제조업을 집중적으로 육성해 왔으며 그 결과 제조업과 수출에 대한 의존도가 매우 높은 편이다. 2009년 통계를 보면 그동안 많이 낮아졌음에도 불구하고 제조업 비중이 여전히 전체 GDP의 28%로 제조업 강국인 독일22%, 2007년, 일본21%, 2007년보다도 높다. 제조업 수출은 전체 수출액의 무려 85%를 차지한다.

우리가 이번의 금융위기를 다른 나라에 비해 비교적 수월하게 극복하게 된 것도 결국은 튼튼한 제조업 바탕이 있었기에 가능한 일이었다. 조선, 반도체, 자동차, 석유화학 등 세계적 경쟁력을 갖추고 있는 전통 제조업이 바탕이 되어 세계 수출시장의 점유율을 높이면서 경제위기가 극복된 것이다. 영국이나 아일랜드와 같이 위기극복에 어려움을 겪은 나라와 우리의 차이는 그동안 금융을 비롯한 서비스 중심의 성장정책을 취했느냐 아니면 제조업에 대한 애정을 버리지 않았느냐 하는 문제에서 비롯된다.

10여 년 전 IT산업을 비롯한 지식기반산업이 세계 경제의 패러다임이던 시절이 있었다. 그러나 급성장하던 IT · 벤처산업은 얼마 지나지 않아 열기가 금새 식어버리고 말았다. 미국 경제가 장기호황을 이끌면서 일자리 창출, 소득 향상, 무역수지 호조라는 신경제를 이룩할 수 있었던 것은 오히려 자동차, 철강과 같은 제조업 분야에서 전문제품과 중간재 생산이 활발했던 덕택이었다. 일본 또한 잃어버린 10년의 기간 동안 재정 투입을 통한 사회인프라 확충 등 별의별 정책수단을 동원했으나 그 효과는 극히 미미했다. 오히려 위기 극복의 계기는 구조조정을 통해 몸집을 줄이고 어려운 여건 속에서도 기술개발에 매진한 제조업이 경쟁력을 되찾기 시작한 것이었다.

제조업의 고용창출지수가 떨어지고 있는 것은 사실이지만 전후방 연관효과가 큰 제조업과 소수의 두뇌에 의존하는 IT나 서비스산업을 직접 비교하는 것은 무리라고 생각한다. 핑글턴에 따르면 포드자동차의 고용 창출 효과는 마이크로소프트의 4배에 달한다.[*] 더구나 마이크로소프트는 상위 20%의 고학력 전문가들만 고용하지만 포드에는 중졸·고졸의 기능 공들도 많다. 대다수의 일반 국민들에게는 마이크로소프트보다는 포드가 훨씬 중요한 기업인 것이다. 우리도 삼성전자, 현대자동차, 포스코와 같은 굴지의 제조업을 제쳐 두고 성장이나 고용을 논의하는 것은 불가능한 일이다. 서비스 산업을 옹호하는 사람들은 영화 쥬라기공원 한편이 벌어들인 수입이 현대자동차 몇 만 대 수출 분과 맞먹는다는 얘기를 종종한다. 답답한 논리이다. 영화 제작사가 벌어들인 돈만 보면 그럴런지 모른다. 그러나 자동차를 생산하는 과정에서 전후방 연관효과를 통해 창출한 부가가치의 합계나 고용효과를 감안해 보라. 쥬라기공원 영화 한편 만드는 데 과

---

[*] 에몬 핑글턴(김학동 역), 「제조업은 영원한가」, 지식여행, 2000.

연 몇 명을 얼마 동안이나 고용했겠는가.

우리가 제조업을 계속해야 하는 또 다른 이유가 있다. 세계 15위2009년의 경제대국임에도 불구하고 한국은 국제정치나 세계경제의 질서를 창출 유지하는 데는 여전히 수동적인 입장이요, 시장이 개방된 소규모경제small open economy라는 현실이다. 미국이나 EU는 막강한 군사력과 정치 · 경제력으로 세계경제 질서를 좌지우지할 수 있겠지만, 두 번의 금융위기에서 보듯이 우리는 금융시장의 규모가 작고 세계시장에서의 영향력도 작아 세계 금융질서의 붕괴에 번연히 앉아서 당할 수밖에 없는 처지이다. 10년, 20년 후에도 금융위기가 반복되지 말라는 법이 없으며, 가까운 장래에 우리가 금융의 경쟁력을 키워 세계 금융시장의 혼란에도 의연히 대처하는 것 또한 결코 쉽지 않을 것이다. 그때에도 역시 우리 경제를 받쳐 주는 버팀목은 제조업일 것이다. 튼튼한 제조업을 바탕에 깔고 이를 지원하기 위한 지식기반산업, 금융 · 물류 등의 서비스업이 함께 성장하여 제조업과 지식서비스산업이 쌍두마차로 부가가치 창출과 고용 증대를 이끌어 가는 형태가 되어야 한다.

중요한 것은 제조업이냐 서비스업이냐의 논의가 아니라 오히려 제조업의 내용이다. 기존 제조업에 신기술을 접목하여 후발개도국과 차별화되고 부가가치가 높은 제조업으로 얼마나 원활하게 이전해 갈 것인가, 또는 사회적 · 경제적 여건 변화에 맞는 신기술과 신산업을 여하히 창출해 낼 것인가가 되어야 할 것이다.

　　제조업 발전과 떼어 놓고 생각할 수 없는 것이 바로 산업단지이다. 제조업은 원재료–부품소재–완제품–관련 서비스업체들이 특정지역에 모여 있어야 경쟁력이 강해지는 것이며 여러 기업들이 모여 산업활동을 하는 지리적 공간이 바로 산업단지이기 때문이다. 사실 우리나라만큼 경제에서 산업단지가 차지하는 비중이 큰 나라도 드물다. 1960년대 초 본격적인 경제개발을 시작함과 동시에 국가기간산업을 담아내는 그릇으로 전국 각지에 산업단지가 조성되기 시작하였고 2009년 말 현재 그 수는 815개에 달한다. 우리나라 전체 제조업에서 산업단지가 차지하는 비중2008년 말 기준은 생산의 60%, 고용의 40%, 수출의 72%를 차지할 만큼 막중하다.

　　더욱이 수도권에 비해 서비스업의 비중이 상대적으로 낮을 수밖에 없는 지방의 경우 산업단지는 각 지역경제의 성장거점으로 확고한 위치를 점하고 있다. 산업단지의 대명사가 된 울산이나 거제지역은 전국에서 일인당 소득이 가장 높은 지역이다. 전남과 경북지역에서 산업단지가 지역 제조업에서 차지하는 비중은 무려 80%를 상회한다. 지난 10년간 기업들의 역외이전이 가속화되면서 도시 활력이 저하되었던 부산도 최근 첨단산업단지의 공급이 늘면서 기업들이 되돌아오고 고용이 확대되는 성과를 나타내고 있다. 지방이 세계와 경쟁하고 고용을 창출하려면 적절한 제조업 기반은 필수적이다. 제조업의 물적 토대인 산업단지를 활성화하는 일은 국가경제를 성장시키고 지역경제를 활력 있게 만드는 첩경이다. 각 지자체가 앞다투어 특색 있는 산업단지를 개발하고 이를 통해 역외기업 유치와 주민소득 향상에 나서고 있는 것도 이 때문이다.

산업단지의 효용에 대해 의구심을 제기하는 분들이 있다. 이들의 주장은 과거 개발연대와는 달리 기업들이 대규모 입지를 선호하지 않는데 재정을 들여 구태여 대규모 국가산업단지를 개발할 필요가 있는가? 기업들이 원하는 개별부지에 공장을 짓게 하면 되지 않느냐? 신규단지 개발보다는 기존 단지의 재개발이나 인프라 개선, 특히 산·학 연계를 통한 소프트웨어적 인프라 구축에 더 비중을 두어야 하지 않는가? 지자체의 무분별한 단지 개발에 제동장치를 마련해야 장기 미분양 사태가 없어지지 않겠는가? 하는 것 등이다.

이와 같은 주장이 전혀 일리가 없는 것은 아니다. 그러나 서구와 달리 우리나라는 좁은 국토에 다양한 산업군을 집중적으로 배치함으로써 국토 이용의 효율을 높여야 하는 나라이다. 환경문제의 해소나 기업들의 초기 투자비용 절감에 있어서도 산업단지는 개별입지에 비해 훨씬 효과적이다. 제조업 환경의 변화에 따라 단지의 규모나 입주업종, 단지 내에 갖추어야 할 인프라 내용 등에 대한 재검토는 계속되어야 할 것이나 산업단지 개발 자체는 앞으로도 계속할 수밖에 없는 상황이다. 다만 산업단지가 지역경제 성장의 보증수표인 양 무턱대고 개발에 매달리는 것은 경계해야 할 일이다. 산업단지 개발의 성공 여부는 단지 규모가 아니라 그 안에 입주한 기업이 창출할 다양한 부가가치에 좌우된다. 단순한 입지의 제공에서 한 걸음 더 나아가 입주기업의 생산성 향상을 지원하고 종업원과 지역주민을 위한 정주여건을 얼마나 잘 구비하느냐가 전체 산업단지의 성패를 결정하는 시대가 될 것이다.

우리나라의 산업단지들이 당면하고 있는 과제는 크게 두 가지로 요약될 수 있다. 하나는 단지 자체가 낡았다는 것이고, 다른 하나는 너무 생산 중심적으로 조성되었다는 점이다.

우리나라의 주요 산업단지는 조성된 지 30여 년이 넘은 단지들이 대부분이다. 하지만 단지 내 인프라는 조성 당시와 별반 달라진 것이 없다고 해도 과언이 아니다. 1980년대에 조성된 반월공단의 경우 건설 당시의 도로가 여전히 사용되고 있다 보니 출퇴근 시간에는 도로가 그야말로 주차장이 된다. 체육시설이나 문화공간이 없는 것은 말할 것도 없다. 노후화된 단지를 리모델링하고 관련 인프라를 새로이 갖춰 기업과 근로자들이 함께 머무를 수 있는 정주여건을 갖추어야 한다.

기업의 입장에서는 얼마나 저렴한 산업용지를 제때에 공급받느냐가 아주 중요한 문제이다. 그러나 수도권 산업단지의 경우 땅값이 이미 엄청나게 치솟아 중소기업들이 감히 엄두를 내기 어려운 수준에 와 있는 것이 현실이다. 용지가격의 상승과 분양된 용지의 세분화, 임대공장의 증가는 가뜩이나 어려운 단지 내 중소기업의 경쟁력을 떨어뜨리는 원인이 되고 있다. 이에 따라 대규모 임대산업단지를 공급해 달라는 중소 제조업체들의 요구가 끊이지 않고 있다.

이런 점에서 산업단지 구조고도화 사업은 신규 산업단지 조성보다 더 효과적인 정책이 될 수 있다. 전통적 산업단지의 대표주자였던 구로공단은 지난 10년간 첨단산업들이 집적된 서울디지털산업단지로 변모하였다. 리모델링을 거쳐 규모나 외형에서 예전과 비교할 수 없게 좋아졌고 생산성은 물론 산업단지에 대한 일반인의 인식도 획기적으로 개선되는 효과를 보게 되었다. 그러나 불행하게도 우리나라는 신규 단지를 조성할 때의 지원체계는 비교적 잘 구축되어 있지만 기존 산업단지를 리모델링하는 데 필요한 제도와 지원은 미흡한 실정이다. 미래지향적인 관점에서 개선돼야 할 문제이다.

과거 우리의 공단은 말 그대로 생산단지였다. 제품기획이나 R&D, 마케팅 따위는 신경쓸 필요가 없었다. 서울의 본사나 종합상사에서 지시한 대로 열심히 물건을 만들기만 하면 되던 시절이 있었다. 그러나 이제 단순한 생산기능만으로는 중국이나 인도와 같은 제조업 대국과 경쟁하기 어렵다. 이에 최근 주요 산업단지별로 산·학·연 협력 네트워크를 구축하고 단지 내 기업이 스스로 연구개발, 상품기획, 제조, 해외마케팅을 통해 자립적인 활동을 전개해 나가고 있음은 매우 바람직한 방향이다. 이러한 클러스터 활동이 앞으로도 더욱 강화되어야 할 것이다.

생태산업단지의 구축도 시급한 사업이다. 신규 산업단지를 조성하는 과정에서 좀 더 환경친화적인 단지를 만드는 일, 특정 업체가 배출한 폐자원을 활용하여 산업단지 내 자원효율을 높이는 일 등이다. 산업단지의 관리방식 또한 과거와 같은 공급자 중심의 사고에서 벗어나 기업의 요구가 더 반영되는 수요자 중심의 지원체제로 개편되어야 한다.

다행히 2009년 4월 정부는 노후 산업단지 리모델링을 골자로 한 '산업단지관리 개선방안'을 마련하고 세부적인 대책을 추진하고 있다. 이를 통해 산업단지 구조고도화 및 산·학·연 네트워크 강화 등이 성공적으로 이루어지고 산업단지가 국가와 지역경제의 활력을 지속적으로 견인해 나가는 희망의 터전이 되기를 기대해 본다.

차 례

Chapter 01

산업단지란 무엇인가?

산업단지란 무엇인가?

대한민국의 국토 면적은 2007년에 10만㎢를 넘어섰다. 그동안 서산, 새만금 간척지처럼 서해안에서 간척사업을 꾸준히 진행해 온 결과이다. 그럼에도 불구하고 세계 경제대국들과 비교해 볼 때 우리는 국토면적 자체도 작으려니와 더욱이 초등학교 때부터 배운 것처럼 산이 많아 가용 국토면적은 더더욱 작은 나라이다. 임야가 전국토의 2/3를 차지하고 있고, 농경지는 2만 845㎢20.9%, 주택이나 상업시설 용도로 사용되는 대지는 불과 2,700㎢2.7%에 불과한 실정이다.

제조업을 영위하는 공장이 차지하고 있는 땅의 넓이는 국토에서 어느 정도일까? 2009년 말 현재 산업단지나 개별입지를 불문하고 실제 공장이 차지하고 있는 공장용지 면적은 720㎢로 국토 전체 면적의 0.7%에 불과하며, 임야를 제외하고 실제 활용가능한 면적을 기준으로 하더라도 겨우 2.0%밖에 되지 않는다. 우리나라 전체 GDP에서 제조업이 차지하는 비중 2009년이 28%임을 감안하면 국토면적의 0.7%에서 이만한 부가가치를 생산해 낸다는 것이 대견할 따름이다.

공장용지를 다시 개발주체별로 나누어 볼 때 계획입지, 즉 산업단지 형태로 개발된 면적이 47%인데 반해, 수요자가 자기의 필요에 의해 스스로 공장용지를 조성한 개별입지 면적은 53%에 달해 오히려 계획입지 보다 크다. 그러나 제조업 총생산과 총수출에서 산업단지가 차지하는 비중이 각각 60%, 72%에 달하는 점을 감안하면 공장용지 중에서도 계획입지의 토지 생산성이 대단히 높다는 것을 알 수 있다.

1. 산업단지의 발전과정과 유형

학술적 의미에서 산업단지는 '공업에 종사하는 기업들의 이용을 위해 포괄적인 계획에 의해 마련된 세분화되고 잘 정비된 땅'으로 정의된다.[1] 법적으로는 「산업입지 및 개발에 관한 법률」_{이하 산입법}에서 '공장 · 지식산업관련시설 · 문화산업관련시설 · 정보통신산업관련시설 · 재활용산업관련시설 · 자원비축시설 · 물류시설 등과 이와 관련된 교육 · 연구 · 업무 · 지원 · 정보처리 · 유통 시설 및 이들 시설의 기능제고를 위하여 주거 · 문화 · 환경 · 공원녹지 · 의료 · 관광 · 체육 · 복지 시설 등을 집단적으로 설치하기 위하여 포괄적 계획에 따라 지정 · 개발되는 일단의 토지'라고 매우 복잡하게 정의하고 있다. 쉽게 표현하자면 제조업과 첨단지식산업을 육성하기 위해 공장과 각종 지원서비스 시설을 유치할 목적으로 조성된 일단의 토지이다.

---

1) William Bredo, *Industrial Estate: Tool for industrialization*, Stanford Research Institute, 1960.

■ 산업단지의 발전과정

역사적으로 산업공업단지는 어떤 과정을 거쳐 조성 발전되어 왔을까? 최초의 산업단지는 산업혁명이 먼저 시작된 영국에서 나타난 것으로 알려지고 있다.[2] 산업혁명 이전의 전통적 가내공업체제에서는 작업환경이 매우 열악했을 뿐만 아니라, 생활공간과 작업공간의 구분이 없는 주·공 혼재상황이어서 생활환경의 질적 수준도 매우 낮은 형편이었다. 이에 따라 작업환경 개선에 대한 시민들의 요구가 확대되었고 기업주 또한 공장의 집단화를 통해 공업생산력을 향상시키고자 하였다. 노동환경 개선의 필요성과 기업주의 의도가 복합적으로 작용한 결과, 직장과 주거를 분리하여 공장을 집단화하는 공업단지 개발방식이 도입된 것이다.

이러한 목적에 따라 1896년 세계 최초의 산업단지로 알려진 트래포드 공업단지Trafford Park Estate가 건설되었다. 민간에 의해 맨체스터 지방에 조성된 이 단지는 1,200에이커약 4.8㎢ 규모의 대규모 임해단지로서 주로 전기·기계·건축·제분·목재 업종이 입주하여 영국의 초기 산업혁명을 이끌었다.

미국의 경우 최초의 공업단지는 1905년에 개발된 시카고의 중앙공업단지Central Manufacturing District이다. 1920년대에는 시카고에 클리어링 공업단지Clearing Industrial District가 추가로 조성되었고 이후 각 지역에서 산업단지가 개발되기 시작하였다.

그러나 사전계획에 의해 정교하게 구획이 나누어지고 계획적으로 관리되는 오늘날의 산업단지 개념이 등장한 것은 제 2 차 세계대전 이후부

---

2) 유영휘, 「한국의 공업단지」, 국토개발연구원, 1988.

터이다. 특히 1950~1970년에 걸쳐 산업화가 적극적으로 추진되면서 선진국에서는 산업단지 개발이 본격화되어 공장입지 공급의 주요 방식으로 등장하게 된다. 1970년대 이후에는 단순한 생산 중심의 공업단지에서 벗어나 보다 다양한 형태의 산업단지가 개발되었다. 영국의 캠브리지 과학단지Cambridge Science Park를 시작으로 미국에서는 대학교가 주도하는 연구단지research park 혹은 공업 · 상업 · 업무 기능이 결합된 업무단지business park의 개발이 활성화되면서 특성화된 산업단지 조성이 일반화되기 시작하였다.

우리나라에서는 1964년에 조성되기 시작한 한국수출산업공단오늘날의 서울디지털단지이 최초의 공업단지라 할 수 있다. 그러나 산업단지 개발이 본격화한 것은 1970년대 들어 산업단지 조성 및 관리에 관한 제도를 정비하면서부터였다. 2009년 말 현재 전국에는 815개의 크고 작은 산업단지가 조성되어 있다. 우리나라 산업단지의 역사에 대해서는 제 3 장에서 보다 자세히 살펴보기로 한다.

▌ 개별입지와 계획입지

앞에서 언급한 바와 같이 우리나라의 공장용지는 개별입지의 면적이 계획입지보다 넓다. 그러나 산업단지, 즉 계획입지의 수가 800개를 넘어서고 입주기업의 생산과 수출 비중도 계획입지가 월등히 높아, 우리나라의 산업입지정책은 계획입지 중심으로 추진되어 왔다고 볼 수 있다. 산업용지의 계획적 조성과 운용에 따른 이점이 개별입지와는 비교할 수 없을 정도로 크기 때문이다.

개별기업의 입장에서 볼 때 산업단지 내의 입주는 기업이 독자적으로 확보하기 어려운 다양한 서비스를 제공받을 수 있다는 이점이 있다. 산업단지는 토지 개발과 기반시설 설치 등을 대단위로 추진함으로써 기업의 투자비용 절감에 유용한 수단이 된다. 도로, 전력, 용수 등의 기반시설을 포함해 폐수처리장과 같은 환경시설 등을 집단적으로 설치함으로써 입주기업에게 최적의 조업환경을 제공하고 있는 것이다. 또한 산업단지는 특정 관리기관에 의해 계획적으로 관리되고 있어 입주기업에 대한 지속적인 서비스 제공이 가능하다. 산업단지 관리기관을 통해 기술이나 경영정보 등의 부가적인 서비스를 제공받을 수 있고 입주업종의 체계적 관리가 이루어짐으로써 난개발을 사전에 방지할 수도 있다. 무엇보다 산업단지는 대단위 부지에 상호 연관된 기업 및 지원시설의 집적을 가능하게 한다. 이러한 집적을 통해 기업들은 원자재나 부품은 물론 각종 기술이나 경영정보를 손쉽게 획득할 수 있게 된다.

수년 전 파주에 건설된 LCD 공장의 예에서 보듯이 산업단지에 버금가는 대규모 공장이 개별입지로 조성되는 경우가 있다. 그러나 이 경우에는 각종 인프라지원이나 행정지원의 규모가 계획입지와 유사한데다, 인근에 협력중소기업을 위한 소규모 산업단지들이 함께 조성되는 경우가 많아 형식에서는 개별입지이나 내용면에서는 계획입지에 가깝다고 볼 수 있다.

산업단지의 존재는 지역경제 발전과도 밀접한 관련을 맺고 있다. 산업단지가 많이 조성되어 있는 지역일수록 해당 도시나 지역의 성장세가 두드러지는 것으로 나타난다. 대규모 국가산업단지가 입지하고 있는 울산_{울산미포. 온산,} 전남_{여수. 광양,} 경북_{구미,} 경남_{창원,} 그리고 16개 시·도 중 가장 많은 수_{130개}의 산업단지가 조성되어 있는 충남지역의 경우 1인당 생산액이

지역별 1인당 생산액(2008년)

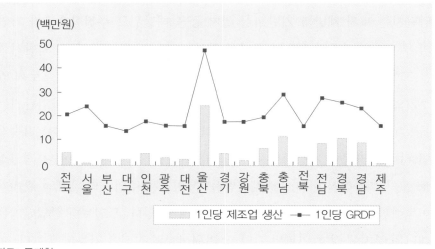

자료: 통계청.

전국 평균을 크게 상회하고 있는데, 이것은 바로 지역의 소득수준과도 직결된다.

　이처럼 산업단지는 입주기업의 경쟁력 향상을 통해 지역 전체의 산업경쟁력을 제고하고 고용 창출을 선도함으로써 지역경제에 기여하게 된다. 또한 산업단지는 산업의 지역분산을 가능하게 함으로써 국토의 균형발전을 유도할 수 있으며, 국가나 지자체의 성장동력인 전략산업을 집단화함으로써 산업발전에 필요한 각종 지원기능을 효과적으로 공급할 수 있다. 또한 공장부지의 용도전용 등 개별입지에서 나타나기 쉬운 토지이용의 상충문제나 환경문제 등을 계획적으로 관리할 수 있어 사회적 비용의 발생을 최소화할 수 있는 장점이 있다.

　물론 계획입지가 단점이 전혀 없는 것은 아니다. 대표적인 것이 단지

개발에 장기간이 소요되어 산업용지를 적기·적소에 확보하기가 곤란하다는 점이다. 개별입지에 비해 다양한 기반시설을 마련함에 따라 분양가도 높은 편이며 입주 후 공장용지의 처분과 확장이 개별입지에 비해 상대적으로 어렵다는 단점도 있다. 그러나 이러한 단점보다는 산업용지의 개발관리면에서 긍정적인 내용이 더 많아 산업단지 개발을 통한 산업경쟁력 강화 전략은 전 세계적인 현상이 되고 있다.

▓ 산업단지의 유형

산업단지는 분류기준에 따라 매우 다양한 형태로 나눌 수 있다. 입주기업의 성격에 따라 철강산업단지, 석유화학단지, 과학단지 등으로 구분되기도 하며 산업단지의 개발주체에 따라 정부소유 산업단지, 민간소유 산업단지 등으로 분류되기도 한다. 하지만 모든 산업단지를 포괄할 수 있는 최적의 분류방식은 존재하지 않으며 대부분의 나라에서는 그때그때의 필요에 따라 임의로 산업단지의 유형을 구분하고 있을 따름이다. 우리나라의 경우에는 산입법에 의해 산업단지의 유형을 법적으로 구분하고 있으나 이러한 공식적인 구분 체계를 보유한 국가조차 그리 많지 않다.

우리나라 산입법에서는 산업단지를 크게 국가산업단지, 일반산업단지, 도시첨단산업단지, 농공단지로 구분하고 있는데, 이러한 구분은 개발주체와 조성목적을 동시에 고려한 것이다. 국가산업단지의 개발주체는 국토해양부장관이며 일반산업단지와 도시첨단산업단지는 시·도지사_{시장·군수·구청장도 가능}, 농공단지는 시장·군수 또는 구청장이 각각 개발주체가 되어 산업단지를 조성하게 된다. 단지조성 목적을 보면 국가산업단지의 경

산업단지의 유형

구 분	국가산업단지	일반산업단지	도시첨단 산업단지	농공단지
지정목적	국가기간 산업 및 첨단과학 기술산업 육성	산업의 지방분산 촉진, 지역경제 활성화	지식·문화·정보 통신산업 등 첨단 산업의 육성	농어민 소득증대
지정권자	국토해양부장관	시·도지사	시·도지사	시장·군수· 구청장
대상지역	개발촉진이 필요한 낙후지역, 기간산업·첨단산업 입지로 양호한 지역	시·도차원에서 균형 발전을 위해 필요한 지역	첨단산업 육성에 양호한 도시 지역	시·군내에서 입지 조건이 양호한 지역
지정현황 ('09년 말)	40	368	6	401

구 분	자유무역지역	외국인 투자지역	경제자유구역	산업기술단지
지정목적	외국인 투자유치, 무역진흥, 국제물류 원활화 및 지역개발 촉진	외국인투자유치 촉진	외국인투자기업의 경영 및 생활여건 개선	산학연 집적을 통한 공동기술 개발 및 지역경제 활성화
지정권자	지식경제부장관	시·도지사	지식경제부장관	지식경제부장관
대상지역	항만, 공항 주변지역, 기존 산업단지	산업단지 및 외국투자가가 투자를 희망하는 지역	외국인유치 및 정주 가능성이 높은 지역	기업, 대학, 연구소 집적 및 연계 가능 성이 높은 지역
지정현황 ('09년 말)	단지형 8 항만·공항형 6	단지형 13 개별형 36	6	17

자료: 한국산업단지공단, 「산업입지요람」, 2009.12.

우는 국가기간산업 및 첨단과학기술산업의 육성, 낙후지역의 개발촉진, 둘 이상의 광역시나 도에 걸치는 지역의 산업단지 개발 등에 있다. 일반산업단지는 산업의 적절한 지방분산을 촉진하고 지역경제 활성화를 목적으로 조성되며, 도시첨단산업단지는 지식산업·문화산업·정보통신산업 등 첨단산업의 육성과 개발을 촉진하기 위해 주로 도시지역에 지정되고, 농공단지는 농어민의 소득증대를 위한 산업을 유치·육성하기 위해 농어촌 지역에 지정되고 있다.

이와는 별개로 특별한 목적을 가지고 조성되는 계획입지도 있다. 「국토의 계획 및 이용에 관한 법률」에 의한 일단의 공업지역, 「중소기업 진흥 및 제품구매 촉진에 관한 법률」에 의한 중소기업협동화단지 등이 그 예다. 외국인투자 유치를 위한 산업단지에도 여러 형태가 있는데, 「외국인투자촉진법」에 의한 외국인투자지역, 「자유무역지역의 지정 및 운영에 관한 법률」에 의한 자유무역지역, 「경제자유구역의 지정 및 운영에 관한 법률」에 의한 경제자유구역 등이 그것이다. 한편 테크노파크라고 부르는 산업기술단지는 기업, 대학, 연구소의 연계를 활성화하고 이를 통한 지역혁신을 촉진하는 기능을 담당하고 있다.

2. 산업단지의 개발과 공급

▋ 산업단지 조성은 왜 그리 오래 걸릴까?

산업단지는 작게는 축구장 몇 개 크기에서 크게는 수십㎢에 이르는 대단지로 개발된다. 개발비용만 해도 수십억 원에서 수천억 원이 소요되며 다양한 이해관계자들을 대상으로 합의를 도출해야 하므로 산업단지를 조성하는 데에는 개별입지에 비해 많은 시간이 소요된다.

산업단지의 개발과정을 단순화하면 산업단지 지정 → 실시계획 승인 → 단지조성의 3단계로 구분할 수 있으나 각 단계별로는 훨씬 복잡한 과정을 거쳐야 한다. 단지지정 신청을 위한 준비 과정만 보더라도 환경이나 교통에 미치는 영향을 분석해야 하고, 사전승인 과정에서는 지방자치단체와 중앙부처를 오가며 수많은 협의 과정을 거쳐야 한다. 이 과정에서 검토해야 하는 법률만 수십 개에 달하고, 그 결과 산업단지 개발을 위한 인허가 절차를 완료하는 데에만 평균 2~4년 정도가 소요되었다.

산업단지 조성의 절차가 복잡하고 장기간이 소요된다는 것은 우리 기업의 경쟁력을 저해하는 대표적인 규제 사례라고 지적되어 왔다. 이런 지적이 있어 온 지 20년도 더 되었고 그동안 여러 차례에 걸쳐 공장설립간소화 방안이 마련되었는데도 왜 똑같은 이야기가 반복되고 있을까? 규정상의 문제도 있고 담당 공무원의 자세에도 문제가 있을 수 있다. 그러나 보다 근본적인 문제는 우리나라의 경우 활용할 수 있는 가용용지가 매우 제한적이라는 사실이다.

국민들이 다양한 부가가치 창출을 위한 경제활동에 이들 용지를 경쟁적으로 활용할 수밖에 없고 무수한 가치들 간의 충돌을 조정하는 데는 많은 시간과 비용이 드는 것이다. 서구 국가들처럼 평원이 많다면 왜 구태여 복잡하게 산지나 농지를 전용하려 할 것인가? 우리 주위를 둘러보면 쓸만한 땅 중에서 수자원 보호구역 아닌 곳이 얼마나 되는가? 하나하나 나름대로 타당한 목적과 이유를 가지고 있는 규제의 틈바구니를 뚫고 대규모 공단을 조성하기란 여간 어려운 문제가 아니다.

　그러나 산업단지 개발에 너무 오랜 시간이 걸리다 보니 그에 따르는 문제가 적지않게 발생하고 있는 것 또한 사실이다. 사업시행자의 입장에서 사업기간이 길어진다는 것은 토지보상비용과 자본비용의 증가를 가져오게 되고 이는 고스란히 조성원가에 반영되어 산업단지를 분양받는 실수요자의 부담도 커지게 된다. 반대로 사업대상지역 내에 토지를 소유한 민간의 입장에서 보면 토지거래의 제한 등 오랜 기간 동안 재산권 행사가 곤란한 상황이 발생한다. 개발기간이 장기화될수록 미래에 예상되는 수요의 불확실성도 높아진다. 계획 당시에는 수요가 충분할 것으로 예상하고 산업단지 개발에 착수했으나, 막상 개발이 완료되는 시기에는 대내외 경제환경이나 기업 내부사정의 변화로 분양이 제대로 되지 않을 수도 있다. 1990년대 말~2000년대 초에 개발된 강원도 북평단지와 전남 대불단지는 개발 당시의 수요예측과는 달리 장기간 미분양용지로 남게 되어 개발자는 물론 국가경제에도 짐이 된 바 있다. 반대로 기업의 수요가 많아서 당장 산업단지를 공급해야 하는 상황임에도 불구하고 개발기간의 장기화로 제때 수요를 맞추어 주지 못하는 경우도 있다. 이 경우 공장부지를 확보하지 못하는 기업들은 외국으로 공장을 이전하거나 개별입지를 조성하는 등의 어려움을 겪기도 한다. 특히 산업의 성쇠주기가 극도로 빨라진 오늘날 사업자의 입장에서 단지가 조성되기까지 2~3년을 기다린다는 것은 해당 사업의 포기를 의미할 수도 있다.

　이에 정부는 산업단지 개발절차를 근원적으로 개선하기 위한 조치를 취하였다. 2008년 3월 '산업단지 규제개선 방안'을 발표하고 같은 해 8월 「산

산입법상 개발절차(좌)와 특례법상 개발절차(우) 비교

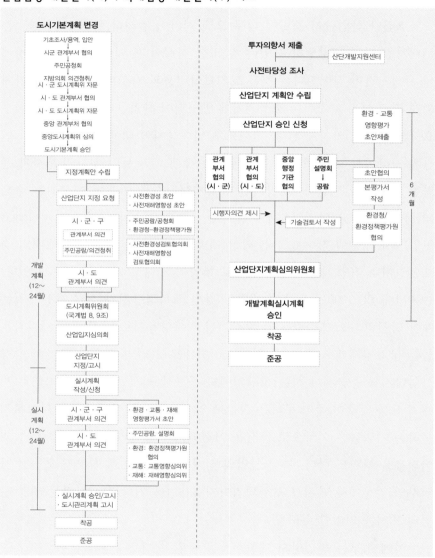

자료: 한국산업단지공단, 「산업입지요람」, 2009.12.

업단지 인허가 절차 간소화를 위한 특례법」을 제정하여 2~4년 걸리던 산업단지 인허가 기간을 6개월로 단축하는 획기적인 방안을 마련한 것이다.

그림에서 보는 바와 같이 과거에는 산업단지 개발계획을 수립하고 협의 · 심의 · 승인을 거쳐 다시 실시계획을 수립한 후 협의 · 심의 · 승인 과정을 반복해야 했으나, 특례법 제정으로 개발계획과 실시계획을 통합하여 심의 · 승인함으로써 사전준비 기간을 대폭 단축한 것이다.

특례법 제정 이후 2009년 말까지 34개 산업단지가 동 법률에 의해 지정되었다. 실례로 현재 행정적 절차가 진행 중에 있는 대구국가산업단지의 경우 국가산업단지 조성이 계획된 날2009년 3월로부터 불과 6개월 만에 산업단지 지구지정승인이 완료되었다. 종래의 절차에 의하면 통상 20개월 이상이 걸리는 일이었다. 개발기간 단축으로 예상되는 경제적 효과도 매우 큰 것으로 분석되고 있다. 현재 조성과 분양이 모두 완료된 대구 성서4차 일반산업단지4㎢의 경우 산업단지 조성을 3년 앞당겼더라면 매년 약 7천억 원에 달하는 생산증가 효과가 발생했을 것이다. 또한 산업단지개발절차의 간소화는 개발 지연에 따른 지가상승 부담을 완화함으로써 분양가 상승을 억제하는 효과도 있다. 충북 오송생명과학단지의 경우는 인허가 기간을 2년 단축했더라면 총사업비의 약 10%를 절감하여 분양가격도 그만큼 인하할 수 있었을 것이라고 한다.[3]

■ 산업단지 분양가격을 획기적으로 낮출 수는 없을까?

산업단지에는 어떤 시설들이 들어갈까? 산업단지가 1990년대 중반까

---

3) 국토해양부, "산업단지 인허가 절차 간소화", 보도자료, 2008. 3.

지 공업단지로 불리웠던 점에서 알 수 있듯이 산업단지를 조성하는 가장 큰 목적은 공장, 즉 제조업을 유치하는 데 있다. 동시에 산업단지 내에는 기업의 생산활동을 돕기 위한 각종 지원시설과 상업시설 및 공공시설이 함께 입주하게 된다. 과거에는 산업단지 전체 면적 중 공장이 들어서는 산업시설의 비중이 50% 이상이었으나, 정주여건과 생활환경에 대한 중요성이 커지면서 지원시설과 녹지의 비중이 점차 높아지고 있다. 또 과거에는 제조업만 산업시설구역에 입주할 수 있었으나 산업구조가 첨단화되고 지식기반산업의 중요성이 커짐에 따라 연구개발업, 과학기술서비스업, 전문디자인업, 정보통신산업 등으로 입주허용 범위가 확대되고 있다.

　일반적으로 산업시설구역은 지원시설구역에 비해 토지 분양가가 싸다. 산업단지 분양가격의 결정방식에는 조성원가 방식과 감정가 방식, 그리고 공모 방식이 있다. 조성원가 방식이란 산업단지 개발에 들어간 총사업비를 개발면적으로 나눈 금액을 분양가격으로 하는 것이다. 경쟁국에 비해 공장용지 가격이 비싼 우리나라는 산업시설용지는 원칙적으로 조성원가방식을 택하되, 그 외의 용지에 대해서는 감정평가액으로 분양할 수 있도록 하는 등 융통성을 부여하고 있다. 이는 산업용지의 분양가 인하를 통해 기업의 경쟁력을 지원하기 위함이다. 산입법에서도 산업시설용지의 분양가격은 조성원가 이하로 해야 한다고 명시하고 있다. 감정가 방식은 해당지역 인근의 지가 수준으로 분양가격을 결정하는 것으로 산업단지 내 지원서비스시설용지에 대해 적용하고 있다. 산업단지 개발자의 입장에서 보면 지원시설용지에서 어느 정도 차익을 남겨 산업시설용지의 가격을 낮추게 되는 셈이다. 이러한 이유로 지원시설용지의 분양가격은 산업시설용지보다 상당히 높게 책정된다. 다만 지원시설용지라 하더라도 물류시설_{공용화물터미널 등}, 직업훈련시설, 학교시설, 연구시설 용지는 조성원가 분양이 가능하다. 한편, 공모 방식은 입주수요가 넘칠 것으로 예상되는 지역에서 입주희망자 간의 경쟁입찰을 통해 분양가격을 결정하는 방식이다. 상업용지를 분양할 때 주로 적용되고 있다.

아시아의 주요 경쟁국은 물론 미국이나 유럽국가들과 비교하더라도 우리나라의 산업단지 분양가격은 매우 높은 수준이다. 산업단지 분양가격은 특정 국가 내에서도 지역에 따라 큰 차이를 보이므로 국가 간의 단순 비교는 어려운 일이다. 그러나 우리나라의 수도권이나 대도시 지역의 경우 산업용지 분양가격은 ㎡당 70만 원 이상인 반면 중국, 베트남, 말레이시아 등은 3~4만 원 수준에 불과하다. 높은 분양가는 기업의 투자를 위축시키고 국가경쟁력을 떨어뜨리는 요인으로 작용하고 있는 것이 사실이다.

우리나라의 산업단지 분양가격이 비싼 가장 큰 이유는 높은 토지가격 때문이다. 산업단지 조성비용을 토지매입비, 조성공사비, 자본조달비용, 기타 간접비용으로 구분했을 때 총공사비에서 토지매입비가 차지하는 비중이 1990년대에는 30% 이하였으나, 2000년대 중반 이후에는 50% 수준까지 높아졌다. 또한 생산환경의 중요성이 커지면서 과거에 비해 산업단지 내 녹지비율이 높아졌고, 산업구조의 경박단소화에 따른 소규모기업 입주 증가로 단지 내 도로율도 높아졌는데, 녹지와 도로 등 매각이 불가능한 부지가 늘어난 것도 분양가격 상승의 원인이 되고 있다.

분양가격을 낮추기 위해 정부는 개발비용을 지원하거나 장기임대산업용지를 공급하는 등의 노력을 기울이고 있다. 산업단지는 도로·철도와는 달리 불특정다수의 국민이 이용하는 공공시설이 아니기 때문에 개발비용은 사업시행자가 부담하고 그 비용은 분양가에 반영하여 회수하는 것이 원칙이다. 그러나 이 원칙만을 고집할 경우 산업단지 진입도로나 항만, 철도, 전기, 용수, 상하수도 등 공공시설의 설치비용을 모두 사업시행자가 부담하게 되어 결과적으로 분양가격이 상승하고 이는 결국 산업경쟁력의 약화와 국가경제의 성장잠재력 저하로 이어지게 된다. 이러한 취지에서 국가나 지방자치단체는 산업단지에 필요한 기반시설에 대해 설치비용의 50%에서 최대 100%까지 지원하고 있다. 경우에 따라서는 산업단지 개발사업자에게 장기저리의 자금을 지원하거나, 산업단지 개발을 위해 매입하는 토지에 대해서는 취·등록세 면제와 재산세 감면 등 세제상의 혜택을 주기도 한다. 그러나 이러한 다양한 노력에도 불구하고 산업단지 분양가격 상승세는 지속되고 있는 것이 현실이다.

기업이 공장용지를 매입하는 데는 상당한 초기 투자가 필요하다. 장기임대산업단지는 이러한 부담을 덜어주기 위해 고안된 것이다. 국내 기업들은 고가의 분양가 대신 저렴한 임대료연간 임대료는 산업단지 조성원가의 3% 만으로 10~50년 동안 공장용지를 사용할 수 있다. 외국인투자지역과 자유무역지역은 주로 외국인투자기업을 위한 임대산업단지이다. 임대료는 조성원가의 1% 수준으로 국내기업용 장기임대단지보다 더 낮은 수준이며 임대기간은 역시 최장 50년까지이다.

그러나 임대산업단지는 지금까지 조성된 총면적이 6.4㎢에 불과한 데서도 알 수 있듯이 제도의 취지를 제대로 살리지는 못하고 있다. 임대단지 조성사업은 초기에 대규모의 재정이 투입되어야 하므로 정부도 부담이 크다. 임대단지는 단지조성에 소요된 막대한 투자비를 조기에 회수할 수 없어 금융비용 부담은 물론 임대기간 동안에 발생할 수 있는 각종 불확실성에 따른 리스크도 클 수밖에 없다. 공익적 목적으로 산업입지를 공급해야 하는 공공기관이라 해도 대규모의 재정을 선뜻 투입하기란 쉽지 않은 일이다. 임대단지의 더 큰 문제는 수요자들이 기피한다는 것이다. 우리 국민들의 땅에 대한 남다른 애착 때문에 수요자와 공급자 모두 분양방식을 선호하는 것이다. 수요자인 기업들이 분양을 선호하는 이유는 토지가격 상승에 따른 예상수익, 즉 자본이득이 크기 때문이다. 최근에는 토지가격 상승률이 크게 둔화되었고 유휴부동산에 대한 제한조치도 지속되고 있다. 그러나 부동산 불패라는 인식은 여전히 남아 있어 필요 이상으로 토지에 집착하는 경우를 보게 된다.

이에 대해 정부에서는 비업무용 부동산에 대한 규제 외에도 다양한 조치를 취하고 있다. 기준공장면적률 제도를 통해 분양 면적의 일정비율 이상은 정해진 기간 안에 공장을 짓도록 하는 한편, 장기 미착공 부지에 대해서는 환수할 수도 있도록 하였다. 2009년 11월에는 「산업집적활성화 및 공장설립에 관한 법률」이하 산집법을 개정하여 산업단지 내에서 공장용지를 분양받은 후 5년 이내에는 처분을 제한하고 임대요건을 엄격하게 하는 조치도 추가하였다. 산업단지가 부동산투기의 수단으로 악용되는 것을 방지한 것이다.

공급자 입장에서는 어떻든 분양을 통해서 투자된 사업비를 회수해야 하므로 가능한 한 분양가격을 낮추어야 하고, 이를 위해서는 개발비용을 더 낮출 수 있는 방안을 찾지 않으면 안 된다. 추가적인 규제개선을 통해 사업기간을 현재보다 더 단축하고, 토지 매입비용의 절감, 기반시설에 대한 지원비율 확대 등을 통해 조성원가를 낮추는 노력이 필요하다. 중소기업의 입지지원을 위해서는 기업이 원하는 지역에 저렴한 가격으로 임대산업용지를 공급할 수 있도록 정부나 지자체가 더 많은 관심을 가져야 할 것이다. 이는 결국 정부나 지자체의 재정형편과 투자우선순위의 문제와 직결된다.

3. 산업단지에 대한 관리와 지원

■ 산업단지에 입주하면 어떤 혜택이 있나

산업단지 내 입주기업에 대해서는 여러 가지 혜택이 주어진다. 각종 세제 지원이 가장 일반적인 것인데 구체적으로는 국세와 지방세를 감면하여 입주기업의 투자부담을 줄여주는 것으로 주로 「조세특례제한법」 및 「지방세법」에 지원내용이 규정되어 있다.

산업단지에 최초 입주한 기업에 대해서는 취득세와 등록세가 면제되고 재산세도 5년간 면제수도권 지역은 50% 감면된다. 농공단지에 입주한 기업에 대해서는 3년간 법인세의 50%를 감면해 주는 혜택이 추가된다.

외국인투자지역에 입주한 외투기업에 대해서는 취득세, 등록세, 재산세, 법인세를 감면해 준다. 처음 5년간은 산출세액에 외국인투자비율을 곱한 금액의 전액을 감면하고, 그 후 2년간은 50%를 감면한다. 자본재 수입에 대한 관세 면제, 개별소비세 및 부가가치세 면제, 기술도입 대가에 대한 5년간의 법인세 감면 등의 혜택도 추가된다.

산업단지에 따라서는 추가적인 금융지원이 가능한 경우도 있다. 예컨대 농공단지 내 입주기업에 대해서는 일반 중소기업자금 외에 중소기업 창업 및 진흥 기금이 추가로 지원된다.

　　산업단지에 입주하면 조세감면이나 자금지원과 같은 금전적인 혜택 이외에도 다양한 간접적인 혜택이 있다. 산업단지는 일정한 거리 안에 동종업종이나 연관업종이 모여 있어 정보교환이나 거래처 확보 등의 네트워킹이 용이하다. 거래하는 기업이 이웃에 있으니 물류비가 절감되는 것은 물론, 공장설치 시 건폐율, 용적률 등의 적용에서도 개별입지에 비해 유리하다. 개별입지의 경우는 기업이 자기부담으로 도로, 용수, 전기 등의 기반시설을 설치해야 하나, 산업단지는 이들 기반시설이 이미 설치되어 있으므로 기업들은 분양받은 땅에 입주만 하면 된다. 환경오염 방지시설도 공동으로 이용할 수 있어 공해배출업종의 입주가 상대적으로 용이하다.

산업단지 입주기업에 대한 조세감면제도

구 분	대　　상	지 원 내 용	법　률
산업단지 입주기업	– 산업단지 안에서 최초로 산업용 건축물·연구시설 등을 신·증축하는 자가 취득하는 부동산	– 취득세 및 등록세 면제 – 재산세는 당해 납세의무가 최초로 성립되는 날부터 5년간 100% 감면(수도권 지역 50%)	지방세법 제276조
농공단지 입주기업	– 2012년 말까지 농공단지에 입주하여 농어촌소득원 개발사업을 영위하는 내국인 – 2012년 말까지 개발촉진지구 및 지방중소기업특별지원지역에 입주하여 사업을 하는 중소기업	– 당해 사업에서 최초로 소득이 발생한 과세연도와 그 다음 과세연도의 개시일부터 3년 이내에 종료하는 과세연도까지 당해 사업에서 발생한 소득에 대한 소득세 또는 법인세의 50% 감면	조세특례 제한법 제64조

자료: 한국산업단지공단, 「산업입지요람」, 2009.12.

외국인투자기업에 대한 조세감면제도

구 분	대 상	지 원 내 용	법 률
외국인 투자	– 산업지원서비스업 및 고도기술을 수반하는 사업 – 외국인투자지역에 입주하는 외국인투자기업이 영위하는 사업 – 외국인투자유치를 위해 조세감면이 불가피한 사업	– 당해 사업개시 후 최초 소득이 발생한 과세연도의 개시일부터 5년 이내에 종료하는 과세연도에 있어서는 당해 사업소득에 대한 법인세 또는 소득세 상당액에 외국인투자비율을 곱한 금액의 전액 – 그 다음 2년 이내에 종료하는 과세연도에 있어서는 감면대상세액의 50% 감면	조세특례제한법 제121조의2
외국인 투자기업의 사업활동	– 외국인투자기업이 신고한 사업을 영위하기 위하여 취득 · 보유하는 재산	– 취득세 · 등록세 및 재산세는 사업개시일부터 5년 이내에 있어서는 당해 재산에 대한 산출세액에 외국인투자비율을 곱한 금액의 전액, 그 다음 2년 이내에 있어서는 감면대상 세액의 50% 감면 – 토지에 대한 재산세는 사업개시일부터 5년 동안은 당해 재산의 과세표준에 외국인투자비율을 곱한 금액의 전액, 그 다음 2년 동안은 공제대상금액의 50%를 과세표준에서 공제	조세특례제한법 제121조의2
외국인 투자기업의 사업에 소요되는 자본재의 수입	– 외국인투자기업이 외국투자가로부터 출자받은 대외지급수단 또는 내국지급수단으로 도입하는 자본재 – 외국투자가가 출자목적물로 도입하는 자본재	– 관세 · 개별소비세 및 부가가치세 면제	조세특례제한법 제121조의3

자료: 한국산업단지공단, 「산업입지요람」, 2009.12.

또한 입주계약 체결을 공장설립 승인으로 간주해 줌에 따라 공장설립 절차도 개별입지에 비해 간단하다. 특히 최근에는 각 지자체가 지역발전을 위해 경쟁적으로 지역 내 단지에 외지기업을 유치하기 위해 각종 우대조치를 마련하고 있는 점 또한 무시할 수 없다.

▌ 산업단지 관리는 왜 필요한가

산업단지는 국가 및 지역의 경제활성화와 특정 산업의 육성 등을 위해 국가나 지자체가 많은 예산을 투입하여 기반시설을 정비하고 계획적으로 조성한 단지이다. 그러나 조성된 단지에 대한 체계적인 관리없이 무분별하게 방치할 경우 당초 조성목적과는 다르게 운용될 우려가 있다. 예컨대 산업단지는 관리기본계획에 의해 업종별로 단지가 구획되는데 식품공장 옆에 화학공장이나 철강공장이 들어설 경우 시너지 효과가 떨어지는 것은 물론 생산활동 자체가 불가능할 수도 있다.

산업단지 내 공장용지는 조성원가 이하로 분양할 수 있다고 설명하였는데 이는 입주기업의 경쟁력 강화를 위한 조치이다. 그러나 때로는 공장용지로 분양받은 땅을 불법으로 용도를 전용하여 지원시설이나 상업시설로 운영하는 사례가 발생한다. 그 외에도 업종제한 규정을 어기고 불법으로 입주하는 경우, 산업용지를 분양받아 놓고도 입주하지 않고 장기간 방치하는 경우, 필지분할을 통한 임의매각 또는 규정 외 임대사업을 하는 경우 등 산업단지 조성의 목적을 훼손하는 다양한 사례들이 일어나고 있다. 이것이 바로 산업단지의 관리가 필요한 이유이다. 다만 최근에는 산업구조의 변화나 입주기업의 수요변화로 인해 산업단지 관리업무도 공장용지

분양과 같은 단순한 행정적 업무는 축소되고, 산업단지 구조고도화, 자금, 기술, 인력, 마케팅, 생산 등 경영활동 전반에 관한 지원업무가 강화되고 있는 추세이다.

이처럼 산업단지에 대한 체계적 관리가 필요함에 따라 산집법에서는 이에 대한 자세한 내용을 규정하고 있다. 법은 산업단지 관리의 의미에 대해 '국가산업단지, 일반산업단지, 도시첨단산업단지, 농공단지에 대하여 물품을 제조 또는 가공하는 기업체와 이를 지원하는 지원기관을 입주시켜 산업단지를 효율적으로 관리 · 육성하도록 하는 한편, 산업단지 내에 필요한 시설의 설치, 용지의 매각, 임대, 유지 · 보수의 개량 등의 업무를 수행하는 것'이라고 규정하고 있다.

보다 구체적으로는

- 산업단지 관리기본계획의 수립 및 그 집행에 관한 업무
- 공공시설, 지원시설 및 공동시설에 관한 계획의 수립과 그 설치 및 운영에 관한 업무
- 산업용지의 매각 · 임대, 그 사후관리 및 산업단지의 입주에 관한 업무
- 입주기업체 및 지원기관을 위한 공장 · 아파트형공장,[4] 그 밖의 시설의 설치와 그 매각 및 임대에 관한 업무
- 입주기업체 및 지원기관을 위한 용수 · 전기 · 증기 · 가스 및 유류의 공급에 관한 업무

---

4) '아파트형공장'은 2010년 7월부터 '지식산업센터'로 명칭이 변경되었으나, 이 책에서는 독자의 이해를 돕기 위해 아파트형공장으로 기술하였다.

- 산업용지 및 시설의 설치·유지·보수 또는 개량에 따른 이용자로부터의 비용징수에 관한 업무
- 산업단지 구조고도화에 관한 업무
- 입주기업에 대한 자금·기술·인력·판로 등의 지원에 관한 업무
- 환경친화적 산업단지의 구축 및 환경오염 방지에 관한 업무
- 산업단지 안의 시설의 경비 및 산업재해 예방에 관한 업무이다.

📑 산업단지는 누가 관리하나

산업단지의 관리주체는 산집법에 의한 관리권자 또는 관리권자로부터 관리업무를 위임·위탁받은 관리기관이다. 국가산업단지는 지식경제부장관으로부터 관리업무를 위탁받은 한국산업단지공단이 관리하며, 일반단지와 농공단지는 해당 지방자치단체가 직접 관리하거나 별도로 설립된 관리공단 혹은 입주기업체협의회에서 관리하기도 한다.

산업단지 관리기관

관리권자	관리기관
• 국가산업단지: 지식경제부장관 • 일반, 도시첨단산업단지: 시·도지사 • 농공단지: 시장·군수·구청장	• 관리권자 및 지방자치단체의 장 • 한국산업단지공단, 지역별 관리공단 • 입주기업체협의회 • 지방공사, 지역농업협동조합

순수한 의미에서 산업단지의 '관리'란 입주관리와 일상적 지원 업무에 국한된다. 예를 들어 공장설립 허가나 도로 관리 등의 업무는 해당 지자체가, 소방관련 업무는 지방 소방서가 각각 담당하고 있는 것이다. 마산이

나 군산 수출자유지역과 같은 경우는 행정관청인 관리청이 다른 행정기관으로부터 해당업무를 위탁받아 하나의 복합행정관청으로서 총괄 관리업무를 수행하고 있으나, 국가기관이 아닌 산업단지 관리기관은 이런 업무를 종합적으로 수행하지 못하고 있다. 이에 따라 입주기업의 입장에서는 원스톱서비스one stop service나 원루프서비스one roof service는 커녕 사안에 따라 여러 행정기관을 찾아 다녀야 하는 불편을 호소하고 있는 것이 사실이다.

대표적인 산업단지 관리기관은 한국산업단지공단이다. 국가산업단지를 전문적으로 관리하고 입주기업의 생산활동을 지원하기 위해 설립된 지식경제부 산하의 준정부기관이다. 우리나라는 1964년 구로공단을 조성하면서 단지관리기관으로 한국수출산업공단을 설립하였고 이를 필두로 구미, 창원, 여수, 반월 산업단지에도 별도의 관리기구를 설치하였다. 그러나 1997년 전국의 산업단지를 체계적으로 관리하여 국가경쟁력을 강화한다는 목표하에 각 지역별 관리기구를 통합함으로써 한국산업단지공단이 출범하였다. 현재 한국산업단지공단은 전국 23개의 국가산업단지와 지자체로부터 관리를 위탁받은 13개의 일반산업단지 등 총 48개의 산업단지를 관리하고 있다. 2000년대 들어 한국산업단지공단은 산업단지의 관리·지원 업무를 확대하여 산업단지 클러스터 구축사업, 산업단지 구조고도화사업, 생태산업단지 구축사업을 추진하고 있으며, 중소규모 산업단지의 개발, 공장설립 지원, 입주기업의 생산활동 지원, 산업입지에 관한 조사연구·컨설팅 등 다양한 분야에서 전문적인 업무를 수행하고 있다.

해외의 산업단지 관리 · 운영 사례

국가명	관리실태
일본	○ 개발주체와 더불어 관리전문기관, 에너지공급기관, 입주기업 등 비교적 다양한 편이며, 시설별로 관리주체가 상이 ＊산업단지내 도로, 공원 · 녹지, 배수시설 등은 주로 지방공공단체가, 에너지 공급 시설은 에너지공급기관이, 기업구획이나 기업시설은 당해 기업이 관리
대만	○ 산업단지 관리센터 혹은 관리소를 설치하여 이들 기관이 관리업무를 대행 ＊100ha 이상은 반드시 관리센터를 설치 · 운영해야 하며, 100ha 미만은 소규모의 관리소를 설치하거나 공동으로 관리소를 운영
싱가포르	○ 주롱도시공사(JTC)가 싱가포르 산업단지를 총괄해 싱가포르 공단면적의 3/4을 개발 · 관리하는 등 산업단지의 개발계획 수립에서 사후관리까지 권한과 기능을 보유 ○ 통상산업부가 산업단지 정책을 총괄하고 있는 가운데, 주롱도시공사(JTC)와 주택개발청(HDB)이 산업단지 개발과 사후관리 업무도 동시에 수행하고 있어 개발 및 관리주체가 동일한 것이 특징
북아일랜드	○ 산업단지개발청은 분양 후 공장설립이 완료되는 시점부터 교육, 자금, 마케팅 등의 지원서비스와 함께 기반시설, 정비 인허가 업무 등 산업단지 사후관리 업무까지 병행하여 산업단지의 개발과 관리 업무를 동시에 수행
중국	○ 지방정부 혹은 중앙정부가 경제개발구 내에 관리전담기구인 개발구관리위원회를 설립하여 개발구 관리업무를 수행 ○ 다만, 푸동신구의 경우는 주요 개발지역의 실질적인 관리 또한 개발을 수행하는 기업(유한공사 혹은 개발공사)이 직접 담당

자료: 한국산업단지공단, 한국지역개발학회, 「산업단지 관리 · 지원 효율화 방안」, 2007에서 재작성.

Chapter 02

왜 다시

산업단지인가?

02
왜 다시 산업단지인가?

1. 한국 경제의 위기

한국 경제는 1960년대 이후 전 세계적으로도 유래를 찾아볼 수 없을 정도로 빠른 성장을 이룩하였고, 오늘날 많은 개발도상국에서는 한국의 성장경험을 자국 경제발전의 모델로 삼고 있다. 그러나 이처럼 눈부신 성장을 이룩하였음에도 불구하고 우리 경제는 아직도 많은 문제점을 내포하고 있는 것이 사실이다.

지식정보화 시대에서는 유형자산보다는 무형자산의 경쟁력이 기업의 미래를 좌우하게 된다. 자산이나 매출 등의 외형적인 성장보다는 기술력이나 생산성, 디자인, 브랜드 등 질적 경쟁력의 강화가 더욱 중요하게된 것이다. 우리 산업의 질적 경쟁력 수준은 선진국에 비해서는 여전히 미흡한 실정이다. 그 주된 이유는 그동안 노동, 자본 등 요소투입 위주의 캐치업형 성장전략을 추구해 왔기 때문이다. 노동생산성만 보더라도 한국은 미국의 70% 수준에 불과하며, 싱가포르, 홍콩, 대만 등 아시아 주요 경쟁국들보다도 낮은 수준에 머물고 있다.

노동생산성 향상을 위해서는 고급 인력 특히 유능한 기술인력의 적기 공급이 요구된다. 그러나 지금 우리나라는 젊은이들이 산업현장을 외면하고 있어 우리 경제의 미래를 걱정하게 한다. 특히 청년들의 학력수준이 높아지면서 임금과 근로조건이 좋은 이른바 괜찮은 일자리만을 찾게 되고, 이에 따라 근로여건이 상대적으로 취약한 중소기업은 인력부족 현상이 심화되고 있다. 청년실업은 늘어나는데도 산업현장에서는 일손이 모자라는 인력수급 상의 미스매치가 심각한 상황이다. 중소기업의 인력부족 현상은 수도권보다는 지방이 더 심하다.

중소기업중앙회의 조사에 따르면 2009년 기준으로 중소기업의 인력부족률은 수도권이 1.6%인데 비해 지방은 2.5%로 1.5배 정도 높으며 제조업 생산활동의 핵심이 되는 기능직과 기술직의 부족률은 더 높게 나타났다. 지방의 경우 기능직 인력 부족률은 3.1%, 기술직의 부족률은 2.7%로 전체 인력 부족률2.5%보다 높을 뿐만 아니라 수도권의 기능직2.0% 및 기술직 인력 부족률2.0%보다도 높다. 이는 지방의 기술인력 공급이 부족하고, 이공계 졸업생들도 지방소재 기업을 기피하기 때문이다.[1]

우리나라는 그동안 기술경쟁력 제고를 위해 많은 투자를 해 왔다. 그 결과 세계 일류상품과 함께 세계적인 기업들도 다수 배출되는 등 투자에 대한 성과 또한 가시적으로 나타나고 있다. 미국의 경제전문지 「포춘」이 2008년도 매출액을 기준으로 선정한 '2009년 글로벌 500기업'에 한국 기업 14개가 포함되었으며, 그 중에 삼성전자40위, LG69위, SK(주)72위, 현대자

---

1) 중소기업중앙회, 중소기업통계DB(http://stat.kfsb.or.kr).

동차87위는 100대 기업에 이름을 올렸다. 지식경제부가 세계시장 점유율을 기준으로 선정하는 '세계일류상품'은 2002년 49개 품목에서 2003년 59개, 2004년 78개, 2005년 86개, 2006년 121개, 2007년에는 127개로 5년 만에 2.6배로 증가하는 등 우리나라 기업의 국제적인 위상이 갈수록 높아지고 있다.

치열한 글로벌경쟁 속에서 우리 기업들이 이처럼 선전하고 있는 것은 무엇보다도 꾸준한 연구개발 활동을 통한 기술혁신 덕택이다. 우리나라의 GDP 대비 연구개발비 투자비중2008년은 3.37%로 미국2.68%, 독일2.54%, 프랑스2.08%, 영국1.79%보다 높고 일본3.44%과 비슷한 수준이다. 그러나 연구개발투자의 절대적 규모에서는 미국의 약 1/12, 일본의 1/5에 불과한 수준이며, 기술무역수지도 매년 큰 규모의 적자를 기록하고 있다. 또한 고부가가치의 원천기술을 확보하기 위해서는 창의적인 인재와 연구비의 확충, 특허 확보 등이 선결조건인데, 우리나라는 인구 만명당 연구원 수48.6명에서 미국46.7명, 일본55.6명과 대등한 수준일 뿐 연구비, 특허출원 등에서는 상당한 열위를 보이고 있다. 연구원 1인당 연구비는 한국이 13만 2천 달러로 미국24만 5천 달러, 일본21만 2천 달러에 크게 못미치며, 연구개발 활동의 성과라고 할 수 있는 특허출원건수는 미국이 45만 6천 건, 일본이 39만 6천 건인데 비해 한국은 17만 1천 건에 그치고 있다.[2] 한국 산업 특히 제조업의 기술경쟁력은 일부 대기업을 제외하고는 선진국에 비해 여전히 취약한 수준이라고밖에 할 수 없다. 게다가 산학연간의 협력이나 기업 상호간의 연계체제 미흡, 기술개발 결과의 사업화 미비, 다기화된 기술정책 체제 등으로

---

2) 교육과학기술부, 「2009 연구개발활동조사보고서」, 2009.12.

기술개발의 주체 간 혹은 단계 간의 상호연계성도 미흡한 실정이다. 이는 국가의 기술혁신시스템이 효율적으로 작동하지 못한다는 것을 의미한다.

경제 부문간의 양극화 현상이 경제 전반의 활력을 떨어뜨리는 요인으로 작용하고 있다. 특히 IT산업과 전통제조업, 대기업과 중소기업, 수도권과 비수도권 간의 격차는 갈수록 심화되고 있는 추세이다. 정보통신산업과 전체 제조업의 성장률을 비교해 보면 지난 10년1999~2009간 제조업의 연평균 성장률은 6.5%인 반면 정보통신산업은 그 두 배 수준인 13.3%의 고성장세를 기록하였다. 특히 금융위기의 여파가 몰아친 2008년과 2009년의 경우 제조업성장률은 2.9%, −1.6%로 저조했던 반면 정보통신산업은 6.8%, 5.3%의 안정적인 성장을 유지하였다.

경제의 선진화에 따라 첨단제조업과 서비스의 비중이 높아지는 것은 자연스러운 현상이다. 그러나 지속가능한 성장을 위해서는 첨단산업과 전통제조업의 동반성장이 요구된다. 한국은 주요 제조업 분야에서 여전히 세계시장을 주도하고 있어 첨단산업과의 접목을 통해 지속적으로 경쟁력을 강화할 수 있다.

정보통신산업과 제조업의 성장률 비교

(단위: %)

구 분	1999	2003	2005	2008	2009	연평균('99~'09)
제조업 전체	23.0	5.4	6.2	2.9	△1.6	6.5
정보통신산업	33.2	13.7	11.7	6.8	5.3	13.3

주: 1) 전년대비 증가율.
    2) 정보통신산업은 정보통신서비스업 포함.
자료: 한국은행, 경제통계시스템(http://ecos.bok.or.kr).

대기업과 중소기업 간에도 성과의 격차가 갈수록 벌어지고 있다. 우리나라 제조업 총생산에서 대기업이 차지하는 비중은 1998년 59.7%에서 2008년 61.1%로 증가하였다. 같은 기간 300인 이상 대기업의 수는 감소855개사→629개사하고 중소기업의 수는 증가278,068개사→319,424개사한 사실을 감안하면 우리 경제의 대기업 의존도가 더욱 높아진 것을 알 수 있다. 제조업 부채비율도 대기업은 2002년 129%에서 2008년 111%로 낮아졌으나 중소기업은 152%에서 147%로 거의 제자리 걸음을 하는 수준이다.[3] 상당수의 대기업은 강도 높은 구조조정을 통해 글로벌 기업으로 성장한 반면, 중소기업은 아직까지도 경영환경 변화에 선제적으로 대응하지 못하고 있음을 보여준다.

지역간의 불균형도 좀처럼 해소되지 못하고 있다. 지난 수십 년간 지역산업 육성과 지역 균형발전을 강조해 왔음에도 불구하고 수도권으로의 인구 유입은 오히려 늘어나는 추세이다. 지난 10년간1999~2009년 수도권 인구는 연평균 1.2% 증가한 반면 지방은 0.1% 감소하였고, 그에 따라 전체 인구에서 수도권이 차지하는 비중도 1999년 45.9%에서 2009년에는 49.0%로 크게 늘어났다. 현재의 추세가 지속될 경우 수도권 인구 비중은 2015년에 51.1%, 2030년에는 54.1%에 달할 것으로 전망된다.[4] 대기업들의 본사도 대부분 수도권에 몰려있다. 현재 국내 1,000대 기업 중 본사가 수도권에 위치한 기업은 무려 701개사에 달한다.[5] 이에 따라 지역내 총생산GRDP에서 비수도권이 차지하는 비중이 1998년에는 53.2%였으나 2009년에는

3) 한국은행, 경제통계시스템(http://ecos.bok.or.kr).
4) 통계청, 국가통계포털(www.kosis.kr).
5) 대한상공회의소, 코참비즈(www.korchambiz.net).

52.2%로 감소한 것으로 나타났다.

　이와 같은 산업 간, 계층 간, 지역 간의 불균형은 경제정책의 운용에 큰 부담이 될 뿐만 아니라 상호 간의 갈등과 대립을 야기함으로써 높은 사회적 비용을 강요하는 원인이 되고 있다.

2. 왜 제조업인가?

▓ 실물이야말로 모든 것의 바탕이다

　주기적으로 반복되는 세계경제 위기는 튼튼한 실물경제가 바탕이 되지 않은 호황이란 일시적인 거품이며 단지 미래의 행복을 앞당겨 사용하는 것일 뿐임을 증명해 주고 있다. 선진국들의 사례는 제조업 비중이 20% 이하로 떨어지면 그 나라의 국력은 쇠퇴하기 시작한다는 것을 보여준다. 일본 미쓰비시총합연구소 소장을 지낸 마키노 노보루에 따르면 1987년 당시 일본의 GNP는 351조 엔이었는데 지가와 주가 상승액은 이를 능가하는 476조 엔에 달하였다.[6] 1억 2천만 국민이 1년간 땀 흘려 이룩한 생산액보다 재테크로 부풀린 자산이 훨씬 컸던 것이다. 이 사실에 그는 큰 충격을 받았고 이러다간 일본이 거품경제 때문에 망할지 모른다는 절박감마저 들었다고 한다. 그 이후 실제로 일본경제는 그의 경고대로 급격한 버블 붕괴와 함께 '잃어버린 10년' 속으로 빠져들고 말았다.

　2008년의 글로벌 금융위기는 실물경제의 중요성을 여실히 보여준 사건이었다. 서브프라임 모기지 업체들의 연이은 파산과 리먼브라더스, 메

---

6) 마키노 노보루(손세일 역), 「제조업은 영원하다」, 청계연구소 출판국, 1991.

릴린치 등 세계적 투자은행들의 퇴출 등으로 미국은 물론 세계 경제 전체가 휘청한 것을 보면 20년 전에 마키노 씨가 일본 경제에 대해 경고했던 일이 떠오른다. 제조업 성장과 실물경제의 힘이 받쳐주지 않으면 첨단기법으로 무장한 금융서비스는 한갓 신기루에 지나지 않는 것이다.

　미국 금융위기의 직접적인 원인은 고위험-고수익의 파생금융상품들을 제대로 통제하지 못한 때문이지만 보다 근본적으로는 탈제조업, 즉 제조업을 너무 빨리 포기한데서 비롯된 것이라 할 수 있다. 금융위기를 예견하여 유명해진 신현송 청와대 국제경제보좌관프린스턴대학 교수은 "금융이란 실물경제를 받드는 하인이나 봉사자가 되어야 한다. 금융 자체를 목적으로 하면 거품을 만들고 경제발전을 저해한다"고 주장한다. 미국은 엄청난 경상수지적자와 재정적자를 자본수지, 즉 금융을 통해서 메워 왔지만 이러한 상태는 결코 영원히 지속될 수가 없다. 설마설마했던 그 시스템이 무너지면서 미국 경제 전체가 흔들렸던 것이다. 튼튼한 제조업이 경제의 하부구조를 받치고 있었던들 경제위기가 그토록 확산되지는 않았을 것이다.

　'늙은 유럽대륙의 젊은 피' '켈트의 호랑이'라는 칭송을 듣던 아일랜드는 유럽의 최고 빈국에서 서유럽에서도 손꼽히는 부국으로 성장하면서 강소국의 대명사가 된 나라이다. 1인당 국민소득이 1988년 1만 달러를 돌파한 후 2007년에는 무려 6만 달러에 이를 만큼 경이로운 성장세를 보여주면서, 700년간 자신을 식민지로 지배하던 영국을 훨씬 앞질러 갔다. 아일랜드의 놀랄만한 발전은 수도 더블린 시내를 가로지르는 강의 이름을 따 '리피강의 기적'으로 불리는데, 1990년대 중반 이후 수출붐과 주택경기 호조에 힘입어 10년이 넘는 고공 성장세를 지속해 왔다. 아일랜드의 초고속 성장을 이끌어온 3가지의 동력은 외국인 투자, 수출 그리고 부동산이다. 그리고 그 뒤에는 정부의 행정적 지원, 10% 수준의 낮은 법인세, 단일화된 EU 시장 등이 있었다. 2002년까지는 수출과 외국인 투자가 성장을 주도하여 그 내용도 비교적 건실한 것이었다. 그러나 2002년 이후에는 낮은 금리와 유로화 사용으로 인한 혜택 등의 영향으로 자산가격은 폭등하였고 소매업과 건설업의 붐이 크게 일었다. 실물이 뒷받침되지 못한 거품이었던 것이다. 2008년 드디어 미국발 금융위기의 파장이 본격화되면서 아일랜드는 국가부도의 직전에까지 다다랐고 '위기에 빠진 폭주기관차'라는 오명까지 얻고 말았다. 아일랜드 경제위기의 원인은 제조업 생산의 50%, 고용의 40%를 차지하던 외국인 투자가 썰물처럼 빠져나갔기 때문이지만 보다 근본적인 원인은 내부의 제조업 기반이 너무나 약했다는 사실이다. 제조업은 거의 전적으로 외국기업에 맡겨 놓고 아일랜드 자신은 금융과 IT 산업에 주력하였는데 이러한 불균형 성장전략이 결과적으로 화를 자초한 것이다.

금융 강국을 자랑하던 영국 역시 심각한 피해를 본 것은 마찬가지다. 제 2 의 월스트리트로 불리던 런던 금융가의 분위기도 예전같지 않으며 1인당 GDP가 2008년 수준으로 회복되려면 앞으로 적어도 6년을 기다려야 한다는 전망도 나오고 있다. 제조업보다는 금융서비스 산업에 치중한 것이 위기대응 능력을 약화시킨 것이다. 이와는 달리 우리나라와 중국 등 제조업 비중이 큰 나라들은 금융위기의 소용돌이 속에서도 충격을 상당히 흡수할 수 있었고 회복속도 또한 훨씬 빨랐다.

■ 제조업을 계속 유지해야 하는 이유

최근 국내에서도 서비스산업을 강화하자는 주장이 설득력을 얻고 있다. 탈제조업 현상은 중진국에서 선진국으로 가기 위한 자연스러운 과정이며 심각한 고용문제를 해결하기 위해서도 고용창출 효과가 큰 지식지원 서비스산업을 키워야 한다는 것이다. 타당한 주장이다. 그러나 정작 중요한 문제는 산업의 서비스화를 위해 제조업을 이처럼 홀대해도 좋은가하는 점이다. 아니다. 경제의 서비스화가 진행되고 있기는 하나 그래도 우리가 여전히 제조업에 매달려야 하는 이유는 많다. 제조업은 금융, 물류 등 모든 서비스산업의 바탕이다. 금융, 물류 등은 말 그대로 제조업지원 서비스산업이며 먼저 튼튼한 제조업이 있어야만 이를 지원하기 위한 금융이나 물류 산업이 뿌리를 내릴 수 있는 것이다.

역사적으로 보더라도 금융이나 서비스업은 제조업의 발전을 지원하면서 성장해 왔다. 17세기의 금융 중심지는 네덜란드의 암스테르담이었다. 당시 네덜란드와 벨기에는 모직업이 융성했는데 암스테르담은 바로 모직업의 중심도시였던 것이다. 그 후에는 산업혁명에 성공한 영국이 금융 중심지가 됐고 제조업의 주도권이 영국에서 미국으로 넘어가면서 금융 중심지 또한 런던에서 월스트리트로 자연스레 넘어가게 된다. 한편 유럽 안에서만 보더라도 런던의 금융산업이 프랑크푸르트로 옮겨가던 시기는 독일 제조업이 세계 최강을 자랑하던 시기와 일치하고 있다. 제 2 차 대전을 거치면서 화학, 기계, 전기 등 다양한 공업 분야에서 독일 기업들이 급성장하였고 종전 후에 프랑크푸르트는 미국, 영국, 프랑스의 점령지구에서 경제중심지의 역할을 담당하였다. 그 후 1950~1960년대에 독일 경제가

'라인강의 기적'을 이룩하면서 프랑크푸르트는 자연스럽게 유럽의 금융센터로 부상하였던 것이다.

제조업이야말로 진정한 경기회복의 견인차다. 일본은 잃어버린 10년이라 불린 1990년대의 장기불황을 극복하기 위해 적자재정을 감수하면서까지 별의별 정책수단을 다 동원했으나 결과는 모두 신통치 못하였다. 정작 일본경제가 장기불황에서 벗어날 수 있었던 것은 어려운 가운데서도 기술개발 노력을 계속해 온 제조업이 경쟁력을 회복하면서부터이다. 최근 IT 부문의 비약적인 발전으로 세계의 주목을 받고 있는 나라가 인도이다. 그러나 정작 인도 국내에서는 제조업 비중이 증가하지 않는데 대한 걱정이 태산이라고 한다. 인도의 미래를 생각하면 IT부문, 즉 정보통신서비스나 콜센터, 회계업무 대행과 같은 비즈니스 프로세스 업무보다는 제조업의 발전이 훨씬 중요하기 때문이다. 인도 GDP에서 제조업이 차지하는 비중은 20년째 17%대에 머물고 있다. 문제는 공장이 늘지 않으니 저소득층의 고용문제가 조금도 나아지지 않는다는 것이다. 농민들은 가난을 피해 도시로 몰려들고 있으나 늘어나는 것은 노동자가 아닌 도시 빈민일 뿐이다. 인도가 외국의 정보통신서비스 기업뿐 아니라 제조업의 현지생산 기지로 거듭나야만 제대로 된 일자리 창출과 함께 경제적 도약이 가능할 것으로 보인다.

제조업이 공동화되면 일자리가 없어지는 것은 물론 대규모 무역적자 또한 불가피하다. 미국이 대규모 무역적자국으로 전락한 것은 탈공업화 이후의 일이다. 제조업 기반이 약해지는 상황에서 소비가 늘어나니 해외로부터의 수입에 의존할 수밖에 없고 무역수지 적자가 눈덩이처럼 불어난 것이다. 최근의 글로벌 금융위기를 계기로 미국 등 선진국들이 제조업의 중요성에 대해 다시 한번 주목하는 것도 이 때문이다. 선진국일수록 제조업을 버리고 서비스산업에 주력한다는 통념 또한 반드시 옳다고는 할 수 없다. 선진국의 경우 GDP나 총고용에서 제조업이 차지하는 비중이 낮은 것은 사실이나 우주항공, 에너지, 제약, 의료기기, 바이오, 첨단소재 등 지식집약적 제조업은 여전히 그들의 몫이다. 이 분야의 R&D와 기술혁신 역시 주요 선진국들이 장악하고 있는 것은 물론이다.

　　과거에 비해 많이 위축되기는 했으나 미국은 여전히 세계 최강의 제조업 국가이다. 미국은 세계 제조업 생산의 20%를 차지하고 있는데 세계의 공장이라는 중국도 아직은 12%에 불과하다. 또한 2007년 GDP 13조 9,800억 달러로 이 가운데 제조업 생산은 1조 7,475억 달러12.5%나 된다. 이는 중국의 1조 324억 달러GDP 3조 100억 달러. 제조업 비중 34.3%, 일본의 9,154억 달러GDP 4조 3,800억 달러. 제조업 비중 20.9%, 독일의 7,052억 달러GDP 3조 2,800억 달러. 제조업 비중 21.5%를 훨씬 앞서는 규모이다.[7] 한편 미국 GDP에서 제조업이 차지하는 비중은 소매업, 금융, 헬스케어 산업들에 비해 훨씬 높은 수준이다. 제조업은 미국 총수출의 2/3, R&D 지출의 1/3을 차지하고 있으며 2,000만 명의 고용을 책임지고 있다. 오바마 대통령이 당선 후에 가진 첫 기자회견에서 자동차산업을 '미국 경제의 척추'라고 치켜세우며 최대한 지원을 약속한 것도 제조업의 전후방 산업연관효과가 그만큼 크다는 것을 인식했기 때문이다.

　　미국이나 일본, 독일 등에서는 민간 R&D 투자의 80%가 제조업에서

---

7) Global Insight(www.ihsglobalinsight.com).

이루어진다. 제조업이 민간부문의 R&D와 혁신을 주도하고 있는 것이다. 지식기반경제로 진입하면서 R&D와 기술혁신의 중요성은 더 커지게 될 것이나 생산현장과 괴리된 R&D는 경제성장이나 국민의 삶의 질에 크게 도움이 되질 않는다. 일부의 주장에 따르면 국내에서는 가치사슬 가운데 부가가치가 높은 부문, 즉 R&D나 제품기획 또는 마케팅에 전념하고, 부가가치가 낮은 생산부문은 후발개도국에 넘기는 것이 좋다고 한다. 단기적으로는 이러한 전략이 타당할지 모른다. 그러나 R&D나 제품기획 역시 생산현장과 교류하고 부딪히면서 발전해 나가는 것이므로 생산기능과 유리되어서는 경쟁력을 유지하기가 쉽지 않다. 마찬가지 이유로 생산시설의 해외이전은 장기적으로는 R&D 기능의 이전까지 강요당하게 된다. 처음에는 생산현장의 개발기능D에서 시작하여 점차 기초연구기능R까지 해외생산거점으로 옮겨가지 않을 수 없게 된다.

제조업 분야의 첨단기술과 생산설비는 국가의 안보문제와도 직결된다. 미국은 국방성과 상무성이 공조하여 지난 수년 동안 전국 각지에 350개의 제조지원센터를 설립하였다고 한다. 혁신적 제조기술 없이는 산업경쟁력은 물론 국가안보까지도 위험해질 것이라는 우려 때문이었다.

선진국에 비해 우리나라가 제조업 경쟁력 유지에 더욱 신경써야 하는 이유가 또 있다. 탈공업화 현상이 너무 빨리 진행되고 있기 때문이다. GDP에서 차지하는 제조업의 비중은 한국이 28%2009년로 OECD 국가들 중에서는 가장 높은 수준이다. 하지만 이는 서비스업의 비중에 비하면 절반 수준에 불과하다. 취업자 비중에서는 격차가 더 벌어진다. 제조업은 18%, 서비스업은 66%로 서비스업 쪽으로 사람들이 몰리고 있음을 알 수 있다.

제조업 취업자 비중은 2001년 20%에 이른 뒤 지속적으로 하락하는 중이다. 이는 선진국으로 가는 과정에서 나타나는 자연스러운 현상이기는 하나 우리나라의 경우는 그 속도가 너무 빠르다는 데 문제가 있다. 일본과 독일이 1인당 국민소득 2만 달러를 넘어선 것은 1987년과 1990년의 일이었고, 당시 제조업 취업자 비율은 일본이 23%, 독일은 28%에 달했다. 우리나라는 2007년 모처럼 1인당 국민소득이 2만 달러를 넘어서기는 했으나 그 후 상당기간 계속 1만 달러 대에 머물고 있다. 그런데도 제조업 취업자 비중은 18%에 불과한 실정이다. 경제발전 단계에 비추어 보더라도 탈공업화 현상을 우리는 너무 일찍 겪고 있는 것이다.

제조업 취업자수는 지난 20년간 무려 100만 명이나 줄어들었다. 1989년 488만 명이던 것이 2009년에는 386만 명으로 감소한 것이다.[8] 경쟁력을 상실하여 문을 닫거나 중국 등 해외로 공장을 이전한 결과이다. 우리 제조업의 대표선수라 할 수 있는 자동차 · 철강 · 전자 등도 5~10년쯤 지나면 중국에 추월당할 가능성이 크다. 그리고 지금의 대표선수 자리를 이어갈 미래의 꿈나무들은 쉽게 눈에 띄지 않는다. 제조업의 위기를 실감할 수 있다.

제조업 비중이 낮아지고 서비스 비중이 늘어나는 이른바 탈제조업화는 대부분의 선진국들도 경험하였다. 그러나 금융이나 서비스업이 한국의 미래를 짊어지고 나갈 신성장동력이 되기에는 상당한 시간이 걸릴 전망이다. 이들 산업은 우리의 경쟁력도 매우 취약할 뿐 아니라 외부환경 변화에 민감하여 우리의 의지나 노력 여부에 관계없이 쉽게 흔들릴 수 있기 때

---

8) 통계청, 국가통계포털(www.kosis.kr).

문이다. 우리나라 서비스산업의 생산성은 제조업의 55% 수준이며 미국의 45%, 일본의 60% 수준에 불과하다. 특히 고용비중이 높은 도소매업, 음식숙박업의 경우 선진국과의 생산성 차이는 더욱 크다.[9] 이러한 이유로 우리나라의 상위 30대 기업2008년. 매출기준은 대부분 제조업체들이며 금융기업을 제외하면 서비스기업은 단 4개에 불과하다.[10]

우리나라 서비스산업의 생산성은 왜 낮을까? 비교적 생산성이 높은 생산자서비스의 비중은 작은 반면 생산성이 낮은 유통서비스의 비중이 크기 때문이다. 우리 경제에서 차지하는 서비스업의 비중이 점차 커지고 있어 외견상으로는 선진국형 산업구조를 닮아가는 것처럼 보인다. 그러나 그 내용을 들여다보면 기업지원형의 생산자서비스가 그 중심이 아니라 음식·숙박 등 생산성과 부가가치가 낮은 생계형서비스업이 주류를 이루고 있다. 이들 생계형서비스가 경제 전체에서 차지하는 비중이 미국·영국 등 선진국의 경우 15% 내외인데 비해 우리나라는 21%에 이르는 것으로 조사되고 있다.

서비스산업의 발전은 기본적으로 생산자서비스가 주도해야 하고, 국민의 복지와 삶의 질 향상을 위해서라도 교육, 보건의료, 공공행정, 사회복지 등의 사회서비스를 늘려야 한다. 그러나 우리나라는 정반대의 구조다. 경제의 생산성과 사회복지에 큰 영향을 주는 부문은 취약하고, 생산성이 낮은 도소매, 운수, 보관 등의 유통서비스나 음식, 숙박, 영화·연예, 오락·문화, 수리, 가사서비스 등의 개인서비스에 치중되어 있는 것이다. 반

---

9) 도소매업 및 음식숙박업의 노동생산성은 미국의 29.5%, 일본의 41.3%(지식경제부 보도자료, "노동생산성 국제비교 분석결과", 2009.12.2).

10) 대한상공회의소, 코참비즈(www.korchambiz.net).

면 생산자서비스는 다른 경제주체의 중간수요를 충족시키는 서비스로서 법률·회계, 디자인, 정보처리, 연구개발, 경영컨설팅과 같은 비즈니스서비스와 금융·보험, 부동산 서비스, 통신, 광고, 방송 등이 포함된다. 생산자서비스는 지식집약적인 서비스로서 부가가치가 높아 경제성장과 제조업의 생산성 향상에 결정적 역할을 하게 된다.

부가가치가 높은 서비스산업을 제대로 키우지도 못한 상황에서 탈제조업을 주장하는 것은 위험한 일이다. 더구나 일반적인 우려와는 달리 한국의 주력 제조업은 여전히 튼튼하다. 세계 어느 나라와 경쟁해도 자신있는 수준으로 조선, 자동차, 철강, TV, 휴대전화 등 대표선수들의 실력과 체력은 오히려 점점 더 강해지고 있다. 지레 겁먹거나 포기할 이유가 없는 것이다.

미국은 방대한 내수시장, 기축통화라는 절대우위의 자산과 세계를 경영할 수 있는 능력을 갖고 있는 만큼 제조업의 비중을 줄이고 첨단기술과 서비스산업으로 옮겨가는 것은 하나의 전략적 선택이라고 할 수도 있다. 문제는 GDP의 절반을 수출에 의존하고 있는 대한민국이다. 우리 경제는 아직도 환율에 일희일비하고 있고 대외 여건에 여전히 취약하다. 한국의 경제규모는 세계 10위권에 이르고 주력 제조업들은 최소한 세계 5위권 내에 위치하고 있는데도 말이다. 그러나 어쩌겠는가. 이럴 때 일수록 우리가 대외적 여건에 흔들이지 않기 위해서라도 우리가 강한, 우리가 잘할 수 있는 제조업을 더욱 키워야 하며 제조업의 근거지인 산업단지를 재조명하고 리모델링하여 경쟁력을 유지하는 일이 시급하다. 인류가 도구를 사용하는 한 제조업은 영원할 것이며 산업단지는 그 터전이 될 것이기 때문이다.

국내 한 신문사가 이명박 정부 출범 1주년을 맞아 설문조사를 실시한 적이 있다.[11] 주요 기업의 CEO를 대상으로 '이명박 정부에 기대하는 개혁 과제는 무엇인가'라는 질문을 던진 것이다. '성장잠재력 확충'이라는 응답이 87.3%로 압도적으로 나타났고 법질서 확립6.4%, 정치개혁5.5%, 교육개혁0.9% 등을 지적한 CEO는 거의 없었다. 또한 '성장잠재력 확충을 위해 어떤 정책이 필요한가'라는 질문에는 '기존 제조업의 경쟁력 강화'라는 답변이 압도적이었다46.4%. 금융개혁이라고 응답한 비율은 10.9%에 불과했으며 IT·미디어산업 육성8.2%, 금융을 제외한 서비스산업 개혁2.7% 등도 무시할 만한 수준이었다. 결국 우리 CEO들도 금융·서비스 산업보다 제조업의 경쟁력 강화가 한국의 성장잠재력 확충에 훨씬 더 중요하다고 느끼고 있는 것이다. 정부가 역점사업으로 추진하고 있는 녹색산업이라는 것도 대부분이 제조업과 연관된 산업이라는 점을 감안한다면 우리 경제의 미래에서 제조업이 차지하는 위치는 여전히 중요한 것이다.

3. 어떤 제조업이 되어야 할 것인가?

문제는 오히려 앞으로 어떤 제조업에 우리의 미래를 맡길 것인가 하는 점이다. 지금 국내 제조업은 다양한 강점에도 불구하고 동시에 여러 가지 어려움에 당면하고 있는 것도 사실이기 때문이다.

먼저, 외환위기 이후 계속되는 투자 부진으로 전통제조업의 경쟁력이 급속히 저하되고 있다. 신사업기회의 부족, 안정위주의 기업경영, 국내소

---

11) 매일경제신문, 2009.2.24.

비의 부진 등이 겹친 결과이다. 수출산업의 호황이 계속되고 있으나 정작 해당 기업들은 신기술 개발이나 설비 확장보다는 가동률 향상으로 해외수요에 대응하고 있는 형편이다. 후발개도국과의 경쟁도 점점 힘들어진다. 가격경쟁력이 열세로 바뀐 지는 오래이고 기술의 격차도 빠른 속도로 줄어들고 있어 언제까지 비교우위를 유지할 수 있을지 장담하기 어렵다.

　　FTA 체결 등 개방기조의 확대는 그동안 보호를 받아왔던 산업들이 글로벌경쟁의 전면에 노출된다는 면에서 기회인 동시에 위기이기도 하다. 한일 FTA가 체결되는 경우 자동차, 전자부품 등은 장기적으로는 경쟁력 향상에 도움이 되겠지만 우선은 만만하지 않은 일본 업체들과의 직접적인 경쟁이 불가피할 것이다.

　　기술 · 기능 인력의 평균연령이 점차 높아지고 있는 반면, 인력시장에는 젊은 피가 공급되지 않음에 따라 암묵적 형태의 기술전수에 어려움을 겪고 있다. 지금은 우리가 세계 최고의 기능과 손끝에 체화된 기술로 조선, 반도체 시장을 석권하고 있지만 이러한 비교우위가 언제까지 지속될 수 있을런지 걱정이다. 전체적으로는 그동안 경제를 이끌어 왔던 제조업의 조로화早老化가 심각한 수준이다. 제조업 기반의 선진국인 독일, 일본 등은 GDP 중 제조업 비중이 한때 40%를 상회했으며 수십 년 동안 30% 이상을 유지해 왔다. 우리의 경우에는 1970년 19%에서 지속적으로 상승하여 1988년 최고치인 30%를 기록한 이후 한동안 정체 상태를 보이다가 2009년말에는 28%까지 떨어져 있는 실정이다.

　　차세대 성장동력이 될 신사업의 발굴도 지지부진하다. 외환위기와 금융위기를 거치면서 당장의 어려움을 극복하는데 열중한 나머지 미래에 대한 대비에는 소홀했던 것이다. 여기에 기업가정신의 쇠퇴, 서구식 평가기준에 따른 단기실적주의의 팽배, 반기업적 사회풍토가 겹쳐 고도성장기에 우리 기업인들이 보여준 강력한 도전정신은 찾아보기 어렵게 되었다.

제조업의 고용창출능력이 계속 떨어지고 있는 점도 문제이다. 산업구조의 변화와 인건비 부담 등으로 기업은 지속적으로 인력축소형 기술개발에 매달리고 있다. 최근 우리 기업들의 투자 패턴을 보면 설비 확장을 통한 고용창출은 해외에서 주로 이루어지고, 국내에서의 투자는 생산성 향상에 초점을 맞추는 경우가 많아 고용이 늘어나기가 어렵다. 1970년대에는 GDP가 1% 성장할 때 고용창출 능력은 8만 명에 이르렀으나 이것이 이제는 5만 명 정도로 떨어졌다. 이와 같은 고용률 저하는 낮은 성장률로 이어지고 낮은 성장이 다시 실업을 가져오는 악순환이 계속되고 있는 것이다. 특히 대기업 중심의 호황은 중소중견기업에 대한 전후방 파급효과를 약화시켜 이 또한 고용창출을 저해하는 요인이 되고 있다.

고용창출 문제는 산업의 양극화 해소, 그리고 서비스산업과 제조업의 동반성장을 통해서 해결할 수 있다. 제조업의 부가가치를 높이고 지식서비스산업을 키워 고용창출과 내수확대를 도모해야 한다. 문제는 지식서비스산업의 경쟁력을 향상시키는 것이 말처럼 그렇게 쉽지 않다는 점이다.

이러한 문제점들을 극복하고 제조업이 계속 경제의 중추로서 작동하기 위해서는 무슨 업종을 어떤 형태로 육성해야 할 것인가? 이에 대한 전략은 전통제조업의 고부가가치화 및 신성장동력의 발굴·육성이라는 두 가지로 요약될 수 있을 것이다.

첫째, 전통제조업의 고부가가치화가 긴요하다. 중장기적으로는 주력

산업의 이동과 재편이 필요하지만 단기적으로는 기존 산업의 융복합화와 고부가가치화가 보다 바람직한 대안이다. 우리가 일반적으로 사양산업이라고 하는 산업들도 우리의 노력 여하에 따라서는 얼마든지 경쟁력을 계속 유지할 수 있다. 사양기업은 있어도 사양산업은 없다고 하지 않은가? 농업의 경우에도 국내에서는 사양산업으로 인식되고 있지만 프랑스의 포도주, 네덜란드의 화훼 등은 훌륭한 수출산업으로 육성되고 있다.

모든 산업은 고부가가치화를 통해 차세대 성장동력이 될 수 있다. IT 경쟁력을 바탕으로 한 디지털 컨버전스, 산업간 융합, 소프트화 진전 등이 가져다주는 기회를 제대로 활용하면 전통산업들도 재도약이 가능하다. 세계 톱 수준의 IT기술과 역동적 디지털 문화를 활용하여 산업의 융복합, 감성과 문화의 접목, 신사업모델 창출 등에 나서야 한다. 우리나라에서는 앞선 IT인프라를 이용하여 사이버 공간에서 새로운 문화가 끊임없이 등장하고 있고, 이것이 새로운 비즈니스 모델로 이어지고 있다. 한국인들의 유연성과 적응력은 변화속도가 빠른 디지털 분야에 적합하므로 디지털 기술과 역동성을 전통산업에 접목한 「+디지털」산업을 창조해 나가야 할 것이다.

디자인과 같은 지식서비스산업을 제조업에 접목시켜 제조업의 부가가치를 높이는 일도 중요하다. 최근 제조업과 서비스업 사이의 경계는 점차 모호해지고 있다. 통신, 소프트웨어, 엔지니어링, 출판·인쇄 등도 이제는 제조업인지 서비스업인지조차 판단하기 어렵게 되었다. 맥도널드 햄버거는 전형적인 서비스 사업으로 간주되지만 어느 가게든 그 주방을 들여다보면 조리된 고기제품을 생산하는 조립라인과 다를 바 없다. 반면에 제조업 분야의 회사에서는 디자인, 마케팅, 재무, 애프터서비스 등 서비스 부문의 부가가치가 크게 높아지고 있다. 애플의 아이폰을 제조업 관점에서 보면 훌륭한 디자인이 가미된 휴대 단말기라고 해야 할 것이다. 하지만 아이폰은 '휴대폰의 하나'가 아니다. IT통신기술, 디스플레이기술와 NT이미지 센서기술, HT인간 공학기술, 무선인터넷 컨텐츠어플리케이션 등이 어우러진 문화의 결정체다.

둘째, 차세대 신성장동력산업을 육성해야 한다. 우리의 전통주력산업은 지난 20~30년의 산업화 과정에서 오늘의 기적을 이루게 한 원동력이었고, 이들이 쌓아온 경쟁우위에다 IT, NT 등 신기술을 접목시킨다면 앞으로도 상당한 기간 동안 세계시장을 주도할 수 있을 것이다. 그러나 우리 제조업이 한단계 더 도약하기 위해서는 기존 주력산업을 대체할 새로운 성장동력을 하루빨리 발굴하지 않으면 안 된다. 우리 경제가 세계 10위권 초반에서 계속 정체되고 있는 것도 결국은 차세대 성장동력의 육성이 지연되고 있기 때문이다.

1960~1970년대의 산업발전 초기에는 시장에 널려있는 수많은 사업기회와 선구적 기업가들의 도전정신이 어우러져 끊임없이 신산업과 새로운 기업을 만들어 낼 수 있었다. 신산업을 추진함에 있어서는 왕성한 기업가정신이 필수적이다. 그러나 불행하게도 외환위기 이후에는 기업들의 위험회피 경영으로 신산업 발굴을 민간자율에만 맡길 수 없어 정부가 적극 나설 수밖에 없는 상황이 되었다. 이는 다른 선진국도 마찬가지다. 후발개도국의 도전, 지식기반 경제로의 전환, 저탄소 녹색성장에의 요구 등에 대응하면서 미래를 선점할 새로운 성장동력을 창출하기 위함이다. 미국은 지난 2000년에 발표한 NNI National Nano Initiative에서 바이오, 정보, 에너지 ·

환경, 우주기술 등 광범위한 분야에서 나노기술을 기반으로 한 전략을 마련한 바 있으며, 일본도 지난 2005년 신산업창조전략으로 연료전지, 정보가전, 로봇, 콘텐츠, 건강·복지, 환경·에너지, 비즈니스지원 등 7대 분야를 차세대성장산업으로 선점하였다. EU도 마찬가지다. 2008년 발표된 EU LMILead Market Initiative에서 e-Health, 바이오제품, 자원재활용, 건설, 첨단섬유, 재생에너지 등 6개 부문에 대한 육성의지를 구체화하였다.

우리나라에서도 2009년 1월 '신성장동력 비전과 발전전략'이 발표되었다. 대통령이 주재한 국가과학기술위원회와 미래기획위원회의 합동 회의에서 우리 경제의 새로운 성장 비전으로 3대 분야 17개 신성장동력을 확정한 것이다.

3대 분야 17개 신성장 동력

3대 분야		17개 신성장 동력
녹색기술산업	(6)	신재생에너지, 탄소저감에너지, 고도 물처리, LED 응용, 그린수송시스템, 첨단 그린도시
첨단융합산업	(6)	방송통신융합산업, IT융합시스템, 로봇 응용, 신소재·나노 융합, 바이오제약(자원)·의료기기, 식품산업
고부가서비스 산업	(5)	글로벌 헬스케어, 글로벌 교육서비스, 녹색 금융, 콘텐츠·소프트웨어, MICE·융합관광

자료: 지식경제부 보도자료, 2009.1.13.

정부는 이들 17개 산업을 시장과 기술의 성숙도를 감안하여 단기, 중기, 장기 과제로 나누어 차별화된 발전전략을 제시하였다. 5년 이내에 성장동력화가 가능한 단기과제로는 신재생에너지조력, 폐자원, 방송통신융합산업, IT융합시스템, 글로벌 헬스케어, MICE·관광, 첨단 그린도시를 선정하여 집중적으로 육성해 나가기로 하였다. 그리고 5~8년 이내에 성장동력화가 가능한 중기과제로는 신재생에너지태양·연료전지, 고도 물처리, 탄소저감에너지원전플랜트, 고부가 식품산업, LED 응용, 글로벌 교육서비스, 녹색금융, 콘텐츠·소프트웨어 등을 선정하였다. 그러나 디스플레이, LED조명 등은 시장이 형성되는 시기가 당초 예상보다 훨씬 빨라지고 있어 보다 적극적인 대응이 요구된다. 정부는 이러한 신성장동력에 2009~2013년간 총 24조 5,000억 원의 재정을 투입하여 2013년에는 수출 4,342억 달러, 일자리창출 144만 명, 부가가치창출 387조 원 등의 기대효과를 거둘 것으로 기대하고 있다.

4. 지역발전과 제조업의 역할

WTO 체제의 출범과 정보화의 진전으로 국가간의 경제적 장벽이 제거되고 기업활동 측면에서는 국경의 개념이 사라지고 있다. 국경없는 무한경쟁이 계속되면서 기업활동의 범세계화가 더욱 촉진되고 있는 것이다. 환경정책, 노동정책, 경쟁정책 등에 관한 규범과 관행도 이제는 한 국가 안에서만 적용되는 것이 아니라 국제적인 기준에 부합되지 않으면 안된다. 기업들의 입장에서 볼 때 세계화의 진전은 각국에 산재한 자본, 노동, 기술, 경영능력 등을 적절하게 조합하여 국제분업의 이익을 극대화할 것을 요구한다. 경제활동의 공간적 범위가 과거와 비교할 수 없을 정도로 확대된 것이다. 세계화는 국가권력의 분산화 및 정치·경제체제의 지역화 등을 촉진하기도 한다. 국가의 역할이 축소되는 대신 각 분야에서 지역과

도시의 역할이 점차 중요해지는 것이다.

세방화Glocalization라는 용어도 더 이상 낯설지 않게 됐다. 세계화와 지방화가 동시에 진행된다는 의미이다. 우수한 다국적 기업을 유치하는 일도 국가간 경쟁이 아니라 지역간·도시간 경쟁으로 바뀌고 있다. 물류산업의 국제적인 거점이 되고 싶은 지역이나 지자체는 홍콩, 선전, 싱가포르와 경쟁해야 하고, 세계적인 금융허브가 되려면 뉴욕, 런던, 홍콩과 대결해야 한다.

지역경쟁력을 높이기 위해서는 국가 차원의 정책적 지원도 필요하지만 지역 스스로의 노력이 무엇보다 중요하다. 현재 상황에 대한 정확한 진단을 바탕으로 장기적인 비전을 수립하고 세계 유수의 도시들과의 경쟁에서 살아남을 수 있는 구체적 전략을 수립해야 한다. 그러나 우리나라의 지방자치단체들은 아직도 확고한 자립기반을 갖추었다고 말하기 어렵다. 지방자치제도가 도입된 지 20년이 가까워 오지만 지자체들의 대부분은 재정확보, 정책수립 등에서 여전히 중앙정부에 대한 의존성을 보이고 있다.

다행히도 이명박 정부는 규제완화를 통한 지역투자 활성화, 국가예산 사용에 대한 지방권한의 확대 등을 추진하고 있다. 중앙정부가 징수하던 국세의 일부를 지방으로 넘겨주고 지방소득세와 지방소비세를 신설하는 한편, 200여 개에 달하는 국고보조금을 통합하여 포괄보조금제도를 도입함으로써 지방이 재량권을 가지고 사업을 추진하도록 하였다. 국가의 승인을 얻어야 가능했던 일반산업단지 개발도 지자체에 위임되었다.

그러나 권한의 강화는 동시에 책임의 증대를 의미한다. 과거와 같은 중앙의존적 관행에서 탈피해야 하고 알맹이 없는 전시성 사업도 지양해야 한다. 행정구역에 집착한 소지역 이기주의나 지역특성을 고려하지 않는 획일적인 개발관행도 없애야 한다. 지역경제가 발전하느냐 정체하느냐의 문제는 전적으로 지역 스스로의 의지와 노력에 달려 있다.

▌지역균형발전을 위한 노력

우리나라에서 지역발전과 지역균형은 제조업의 지역적 배치전략을 통해 추진되어 왔다고 해도 과언은 아니다. 우리나라의 지역균형발전 정책의 역사는 1960년대로 거슬러 올라간다. 당시 지역관련 정책구상으로는 서울로의 인구유입을 막고자 한 대도시 인구집중 방지책1964, 대도시의 발전잠재력을 활용하기 위한 6개 특정지역 지정1965~1967, 대국토 건설계획 수립 및 국토계획기본 수립1967 등이 있었다. 그러나 이러한 초기의 정책들은 지역발전을 목적으로 한 것이라기보다는 공업화를 추진하는 과정에서 파생된 결과로 보는 것이 타당할 것이다.

1970년대는 수도권에 산업활동이 집중되고 동남해안 지역이 개발됨에 따라 경부축과 비경부축 간에 인구나 경제력의 격차가 가시화되기 시작하였다. 그러나 이를 지역균형발전 차원에서 시정하려는 가시적인 정책은 거의 추진되지 않았다. 1970년에 제정된 지방공업개발법은 '지방'이라는 용어가 사용된 최초의 법이긴 하였으나 지역균형과는 거리가 있었다. 서울, 부산, 대구 등 대도시 지역에서 지방으로 이전하는 제조업 기업 및 지방공업단지에 입주하는 기업에 대한 지원에 초점을 둔 것이기 때문이다.

1980년대 들어서 서울과 부산 등 대도시 지역의 인구가 급증하고 도농간 소득격차도 심해짐에 따라 성장위주의 정책기조는 성장과 복지를 조화하는 방향으로 전환되었다. 제 2 차 국토종합개발계획1982~1991은 인구의 서울집중 억제, 공업의 지방분산, 도농간 교통망 구축 등을 기본목표로 하였다. 1982년 「수도권정비계획법」이 제정되고, 1983년 농어촌 소득증대를 위한 「농어촌소득원개발촉진법」이 제정되어 농공단지 개발 사업이 본격적으로 착수되었다. 또한 낙후된 서남해안 개발을 위해 서해안 종합개발사업계획이 수립되어 대불, 군산 등 서해안 지역에 대규모 국가산업단지를 개발하도록 하였다. 그러나 이같은 노력에도 불구하고 수도권으로의 경제력 집중은 지속되었다.

1990년대는 지역균형발전 정책의 틀이 형성된 시기이다. 제 3 차 국토종합계획1992~2001에서는 지방분산형 국토의 골격을 형성하는 것이 주요 목표로 책정되었다. 지방이 수도권에 대응할 수 있는 규모의 경제성을 확보하기 위하여 지방 대도시가 포함된 광역권 개발도 논의되었다. 이에 따라 1994년에 「지역균형개발 및 지방중소기업 육성에 관한 법률」을 제정하여 8대 광역권과 낙후지역을 개발하고자 하였으며 지방자치제도가 본격적으로 시행됨에 따라 전국적으로 107개에 달하는 지방산업단지가 지정되었다.

2000년대는 적극적으로 지역균형발전 정책을 추진한 시기이다. 지역산업진흥계획에 따라 주요 지역에 테크노파크, 지역기술혁신센터를 설립하고 4개 지역에 대한 지역산업진흥사업을 실시하였다. 2003년 참여정부가 들어서면서 지역정책은 획기적인 변화를 맞게 되고, 지역균형발전이 국정의 최상위 목표의 하나로 자리잡게 된다. 국가균형발전 5개년 계획과 지역혁신발전 5개년 계획을 수립하고 국가균형발전특별법을 제정하였으며, 이를 추진할 조직으로 국가균형발전위원회, 지역혁신협의회 등을 설치하였다. 또한 행정도시, 공공기관 지방이전, 혁신도시, 기업도시 등 적극적인 지방분산 정책도 실시하였다. 산업단지의 정책방향도 신규 단지의 개발·공급 중심에서 기존 단지의 혁신창출 위주로 전환되었고 산업단지 클러스터 구축이 핵심 아젠다로 부상하였다. 이에 따라 2005년에 7개 국가산업단지가 클러스터 시범단지로 지정되고, 2007년에는 5개 산업단지가 추가 지정되었다.

2008년 출범한 이명박 정부는 지금까지의 지역혁신정책을 재점검하여 기초, 광역, 초광역을 기본으로 하는 3차원의 지역발전체계를 정립하였다. 우선 163개의 시군단위로 기초생활권 발전계획을 수립하는 한편 전국을 5+2 광역경제권으로 설정하고 30대 프로젝트 등 광역사업을 추진하고 있다. 또한 동서남해안 및 접경벨트와 내륙권 특화벨트에 대해서는 4+a 초광역개발권 계획을 추진하고 있다.

▐ 지역경쟁력과 산업단지

앞에서도 언급한 바와 같이 산업단지 개발과 제조업 육성은 지역경제 발전을 위한 핵심전략이었다. 1960~1970년대 산업화 초기단계에서는 구로, 울산, 구미, 창원, 여수 등에 국가 주도의 산업단지를 조성하여 경제발전을 선도하게 하였다. 1980년대는 지역불균형 해소를 위해 서남권에 대규모 국가산단을 조성하고 농공단지제도를 도입하였으며, 1990년대에는 지방자치제도의 시행과 함께 지방산업단지 공급을 확대하였다. 2000년대 들어서는 산업단지 정책 또한 지역균형 정책에 맞추어 과거의 개발·공급

위주에서 탈피하여 혁신창출 능력을 제고하기 위한 산업단지 클러스터 사업에 주력하였다. 특히 현 정부는 지역정책의 핵심으로 5+2의 광역경제권을 구축하고 개별 산업단지 중심이었던 산업단지 클러스터 사업을 광역 내지는 전국 단위로 확산시켜 나가고 있다.

광역경제권 정책은 경제성장의 효과를 확산하여 지역 간의 격차를 줄이고 규모의 경제를 확보할 수 있는 가장 효과적인 방안이다. 나아가 각 지역이 가지고 있는 장점을 연계·통합함으로써 시너지 효과를 창출할 수 있는 길이기도 하다. 산업단지의 성장잠재력과 우리 경제에서 차지하는 비중을 감안하면 산업단지 중심의 광역클러스터 육성은 피할 수 없는 선택이다. 이런 의미에서 광역경제권 정책의 성패는 산업단지 중심의 지역산업 발전전략과 산업단지들을 연계한 광역클러스터의 육성 여부에 달려 있다고 본다.

이러한 목표가 순조롭게 추진되기 위해서 풀어야 할 숙제가 없는 것은 아니다. 무엇보다 지역 간의 이해관계를 넘어서는 협력적 거버넌스 체계가 마련되어야 한다. 우리의 현실에서 볼 때 행정구역을 넘어선 광역사업이 결코 쉬운 것이 아니기 때문이다. 개별 지역정책이나 각 부처의 관련 정책도 광역의 큰 틀 속에서 상호 연계되어야만 시너지 효과를 극대화할 수 있을 것이다. 참여주체들의 협력과 열린 자세, 거점단지와 연계단지 간의 기민한 협력이 수반되어야 한다. 세계와 겨룰 수 있는 경쟁력 있는 광역경제권을 만들어 낼 수 있느냐의 여부가 우리 경제 전체의 미래를 좌우하는 핵심과제가 되고 있다.

Chapter 03

우리나라
산업단지의 역사

03
우리나라
산업단지의 역사

우리나라만큼 산업단지가 경제에서 중요한 위치를 차지하는 나라는 드물다. 1964년에 처음으로 조성된 옛 구로공단을 시초로 2009년 말 현재 전국 각지에는 815개에 달하는 크고 작은 산업단지가 조성되어 있으며 이들 산업단지는 우리나라 제조업 생산의 60%, 수출의 72%, 고용의 40%를 차지할 만큼 국가경제의 핵심기반으로 자리잡고 있다.

많은 산업단지가 계획적으로 조성되고 이렇게 조성된 산업단지가 제조업 성장의 견인차 역할을 하게 된 이유는 무엇보다도 한국적인 산업현실에서 비롯된다. 서구와는 달리 우리나라는 산업화 초기부터 개별입지보다는 관련 산업을 집적시킨 산업단지형 개발전략을 채택하였다. 구미의 전자, 창원의 기계, 여수의 석유화학, 울산의 자동차 · 조선과 같이 산업단지 하면 바로 그곳에 집적된 산업의 내용이 떠오르지 않는가.

우리나라의 산업단지는 1962년에 시작된 경제개발계획과 그 궤를 같이 하고 있는데, 1964년부터 조성되기 시작한 한국수출산업공단이 최초의 공업단지이다. 이보다 앞서 1962년 울산공업센터가 착공되었지만 이는 산업단지라기보다는 공장지대의 조성이라고 해야 할 것이다.[1] 1950년대까지는 해방과 전쟁으로 인해 체계화된 산업입지정책이 없었고 따라서 기업이 자유로이 입지를 선정하는 개별입지 위주로 공장용지가 개발되었다. 1960년대에 들면서 산업활동 촉진을 위해 정부주도로 관련 법령이 제정되고 대규모 공업단지가 조성되는 등 본격적인 산업입지정책이 추진되었다. 산업단지 조성을 통한 거점개발방식이 대표적인 입지정책의 수단으로 활용되기 시작한 것이다. 산업단지 조성은 입지여건이 좋지 않은 대도시권 밖의 지역에 대규모 공업입지를 계획적으로 공급하여 기업의 산업용지 확보를 가능하게 함으로써 빠른 시간 내에 집적화된 제조업 발전을 견인하는 데 중요한 역할을 수행하였다. 1960년대 초 정부주도의 경제성장정책이 추진되면서 체계를 갖추기 시작한 산업단지는 이후 경제개발 단계에 맞춰 산업입지정책을 시의적절하게 변화시켜 가면서 오늘날까지 이어지고 있다.

우리나라가 추진하여 온 산업입지정책의 전개과정을 시기별로 개관해 보자. 1960년대에는 조속한 근대국가 건설을 목표로 생산의 효율성을 추구하기 위한 공업투자가 주로 서울과 부산을 비롯한 대도시 인근에서 이루어졌다. 수출 위주의 경공업 우선정책에 따라 서울 구로지역에 수출산업공단이 조성되었다. 1970년대에는 중화학공업의 육성과 공업벨트를 중심으로 한 성장거점 개발이 본격화되면서 창원, 안정, 옥포, 죽도 등 동남권을 중심으로 한 지방도시에 대규모 공업단지 건설이 이루어졌다.

1) 유영휘, 앞의 책.

1980년대에는 산업구조 조정과 지역 간 격차 해소를 위해 국토균형발전에 초점을 둔 입지정책이 추진되었다. 군산, 군장, 대불 등 서남권에 대규모 국가산업단지가 조성되고 농어촌 소득증대를 위해 전국적으로 168개에 달하는 농공단지가 지정되면서 농공단지 개발이 본격화되었다. 1990년대 들어서는 산업구조의 질적 고도화와 지역균형발전의 지속적 추진을 위해 광주, 전주, 강릉, 오창 등에 첨단과학단지가 개발되었고, 1995년 지방자치제가 본격적으로 시행되면서 10년 동안 107개의 지방산업단지가 새로 지정되었다. 2000년 이후에는 지식기반산업의 성장, 녹색산업의 등장 등 산업구조의 첨단화와 다양화 추세에 부응하여 생태산업단지, 도시첨단산업단지, 문화산업단지 등 새로운 형태의 산업단지가 개발되기 시작하였고, 기존 산업단지의 기능 개선을 위해 정부 주도하에 산업단지 클러스터 사업, 노후 산업단지의 구조고도화 사업 등이 추진되고 있다.

이와 같이 산업단지는 시대별로 주력산업을 수용하면서 제조업 성장을 위한 토대를 제공하고 국가경제 발전을 선도해 왔다. 그러나 국내외 경제·사회 여건이 빠른 속도로 변화함에 따라 산업단지의 역할과 기능에 대해서도 끊임없는 변화가 요구되고 있다. 그동안 공급 중심의 양적 성장에 치중해 온 산업입지정책도 앞으로는 수요자 중심의 질적 성장으로 전환해야 한다. 이는 과거와 같은 대규모 산업단지 공급정책은 더 이상 유용하지 않으며 산업수요에 대응한 탄력적인 산업용지의 공급과 양질의 입지환경 제공이 보다 중시되고 있음을 의미한다. 이제 산업단지는 생산시설 중심의 단순 집적지에서 탈피하여 국가와 지역의 혁신을 새롭게 창출할 수 있는 '혁신의 공간'으로 변화해야 하며, 미래형 산업을 육성할 수 있는

시대별 산업입지 정책 변화

구분	1960년대	1970년대	1980년대	1990년대	2000년대
정책 대상	-계획입지 개발 시도	-수도권내 산업집중	-지역적 불균형 심화	-개별입지 증대 -첨단산업 입지 공급	-지식기반산업 입지공급 -기존단지의 경쟁력 제고
정책 기조	-수출위주의 경공업 입지	-수도권 억제 -대규모 산업단지 조성	-산업단지 내실화 -농공단지 개발	-입지유형 다양화 -입지규제 완화 -구조조정 촉진	-지식기반경제 구축 -산업단지 클러스터 사업 -녹색산업단지
관련 법규	-국토건설종합 계획법 -수출산업공업단 지개발조성법 -기계공업진흥법 -조선공업진흥법 -전자공업진흥법	-지방공업개발법 -국토이용관리법 -산업기지개발 촉진법 -공업단지관리법 -공업배치법 -환경보전법	-수도권정비 계획법 -중소기업진흥법 -농어촌소득원개 발촉진법 -공업발전법	-산업입지법 -공업배치법 -국토이용관리법 개정 -산업기술단지 지원특별법 -벤처기업육성에 관한특별법 -정보화촉진법	-산업입지법 개정 -산업집적활성화 법 개정 -문화산업진흥법 -국토계획및이용 법
산업 구조	-경공업 우선 -섬유, 합판, 전기 제품, 신발	-중화학공업 육성 -석유화학, 철강, 선박, 자동차, 기계	-기술집약적산업 수출산업화 -반도체, 전자, 자동차	-정보통신 -반도체, 정밀화 학, 디스플레이	-지식기반산업, 기술융합산업 -녹색기술산업
비고	-울산공업센터 -수출산업단지	-지방공업개발 장려지구 -동남권 대규모 산업단지 -수출자유지역	-서남권 대규모 산업단지 -농공단지 -아파트형공장	-산업단지 명칭 변경 -개발절차 간소화 -개별입지 증대 -테크노파크	-도시첨단산업 단지 -문화산업단지 -생태산업단지 -클러스터 시범단지

자료: 한국산업단지공단, 「산업단지 입주기업의 구조변화 연구」, 2005. 12.

'보육의 공간'으로 거듭나야 한다.

우리나라가 1990년대 말의 외환위기와 최근의 금융위기를 이겨 낼 수 있었던 것은 튼튼한 제조업들이 버티고 있었던 덕분이며, 일찍부터 제조업의 집적지인 산업단지를 만들고 키워 온 결과이다. 좋은 전략은 자신의 장점을 최대한 살리는 것이다. 우리 경제의 지속적 성장을 위해서도 튼튼한 제조업을 더욱 강하게 키우는 것이 바람직하다. 산업단지는 제조업의 물적 토대가 되는 만큼 이를 활성화하는 일 또한 국가경제와 지역경제의 활성화를 위한 첩경이라 할 수 있다.

1. 산업입지 정책과 산업단지

(1) 산업단지의 태동: 1960년대

우리나라에서 공업단지가 본격적으로 조성되기 시작한 것은 1960년대이다. 기업의 공장용지 수요가 급증하면서 대규모의 계획입지 형태로 공장용지가 개발되기 시작한 것이다. 1960년대 이전에는 기업이 자유롭게 입지를 선정하고 공장을 설립하는 개별입지 위주로 공장용지가 개발되었는데 산업기반이 어느 정도 남아 있었던 서울, 부산, 대구 등 대도시 지역에 몰릴 수밖에 없었다. 당시에는 국내 제조업들이 내수형 소비재를 중심으로 발전한데다 원료, 노동력, 전기, 용수 등을 확보할 수 있는 곳도 대도시에 국한되어 있었기 때문이다.

1962년 제 1 차 경제개발 5개년계획을 추진하면서 정부는 해외원조에 의존하던 경제체제에서 탈피하여 자생적 산업기반을 조성하고 수입대체

산업을 육성하는 데 주력하였다. 이를 위해서는 산업단지의 개발이 무엇보다 시급한 일이었다.

▌ 최초의 산업기지, 울산

제1차 경제개발계획의 중점목표는 해외원조와 농업에 의존하던 산업구조를 공업 중심으로 고도화하기 위한 기반을 조성하는 것으로, 그 시발점이 바로 산업집적지, 즉 산업단지의 조성이라 할 수 있다. 제1차 경제개발계획 기간(1962~1966) 중 총예산의 10.7%가 공업기지 조성에 투입된 것이 이를 말해 준다. 1962년 2월 정부는 경제개발계획에 따라 울산을 특정공

● 울산공업센터 기공식 대통령 치사(1962. 2. 3)

"… 4000년 빈곤의 역사를 씻고 민족숙원의 부귀를 마련하기 위하여 우리는 이곳 울산을 찾아 여기에 신공업도시를 건설하기로 하였습니다. … 울산공업도시의 재건이야말로 혁명정부의 총력을 다한 상징적 용도이며, 그 성패는 민족빈부의 판가름이 될 것이니, 온 국민은 새로운 각성과 분발 그리고 협동으로 이 세계적 과업의 성공적 완수를 위해 노력해 주시기를 바랍니다 …."

▲울산공업센터 기공식

자료: 동남지역공업단지관리공단, 「중화학공업의 시작과 미래」, 1996.

업지구로 지정하고 울산공업센터현재의 울산국가산업단지 건설을 추진하게 된다.

초기에 정유·비료 공장이 주축을 이루던 울산공업센터는 석유화학·자동차 공장 등이 집적되면서 본격적인 성장단계로 접어들게 된다. 이들 주력산업들이 급성장하면서 울산지역에는 관련 부품·원자재 공장, 알루미늄과 기계 산업들이 자발적으로 모여들었다. 그리고 1974년 현대그룹의 조선소가 완공되면서 울산은 우리나라 최대의 중화학공업단지로 부상하였다.

울산국가산업단지 가동실적 추이

구 분	1963	1980	2000	2010. 7.
입주업체(개)	23	154	488	830
생산(억원)	7.3	43,298	458,270	667,463
수출(백만달러)	0.3	1,699	19,328	30,700
고용(명)	1,236	67,587	87,529	89,372

주: 2010년 생산액 및 수출액은 1~7월 누계.
자료: 한국산업단지공단.

식료품 공장 몇 개를 제외하면 변변한 산업기반도 없던 울산에 왜 우리나라 최초의 산업집적지가 조성되었을까? 여기에 대해서는 다양한 해석들이 가능하다. 분명한 것은 울산이 대규모 소비지인 부산, 대구와 가까울 뿐만 아니라, 해상과 육상의 운송망이 교차하는 수송환적의 거점이라는 사실이다. 주요 원자재를 전적으로 해외에 의존해야 했던 당시의 상황을 감안하면 울산은 공업입지로서 대단히 유리한 조건을 갖추고 있었던 것이다.[2]

---

2) 동남지역공업단지관리공단, 「중화학공업의 시작과 미래」, 1996.

▌ 여공들의 애환이 서린 수출현장, 구로

1964년에 공업단지로 지정된 구로수출공단정식명칭은 한국수출산업공단은 그 명칭에서 느낄 수 있듯이 수출산업의 육성을 위해 개발된 단지이다. 수출을 통해 외화를 벌어들인 다음 그 돈으로 공장과 집을 짓고 도로와 항만을 건설하겠다는 전략이었다.

문제는 자금과 기술이었다. 고심하던 정부는 재일교포의 자본과 기술을 도입하여 수출산업 육성에 나서게 된다. 당시 재일교포 실업인들은 모국 진출의 조건으로 두 가지를 제시하였는데 대정부 관계 등 행정적 지원을 담당할 창구로서 관리공단의 신설, 그리고 보세가공이 가능한 공업단지의 조성이었다. 이것이 구로공단이 개발되는 계기가 되었다. 공업단지라는 말 자체가 생소하던 당시 구로수출공단은 황무지를 개발하고 계획입지를 조성함으로써 한국 공업사에 새로운 장을 열었다.

● 구로수출공단 준공식 대통령 치사(1967. 4. 1)

"… 구로동을 수출공단이라고 우리가 얘기하는 것은, 여기서 생산되는 모든 제품을 국내시장에 팔지 않고 전량 해외에 수출하도록 되어 있기 때문입니다. 구로동 수출공단은 우리 정부에서 제일 처음으로 구상해서 착수되었고, 또 제일 먼저 준공이 된 수출공단입니다.… 이러한 공단이 완성됨으로써, 이 부근에 있는 주민 여러분들이 여기에 와서 일할 수 있는 그런 직장이 생기고, 여기서 연간 수출에 의한 막대한 외화가 가득하게 되는 것이고, 동시에 우리나라 수출산업의 육성과 공업기술 발전에 크게 이바지할 것을 기대해 마지않습니다. …"

자료: 국가기록원 대통령기록관(www.pa.go.kr).

이렇게 시작된 구로공단은 섬유, 봉제 등 경공업을 중심으로 기반을 닦아나갔다. 당시 구로공단은 시골에서 상경한 어린 소년소녀들이 생산의 주역을 담당하고 있었다. 이들은 열악한 환경과 사회적 멸시 속에서도 든든한 산업전사로 성장하였고 한강의 기적을 만들어 내었다.

● "저도 친구들처럼 교복 한번 입어보고 싶어요"

당시는 수출입국의 기치를 내걸고 대도시에 공장이 생기면서 농촌의 어린 남녀들이 서울로 서울로 몰려올 때였다. 특히 시골의 여자아이들은 초등학교만 졸업하면 가난한 집안의 입을 하나 덜어드리고 생활비를 벌거나, 오빠나 남동생의 공부를 뒷바라지 하기 위해 도시에 여공으로 취업하는 경우가 대부분이었다. 이들은 회사 기숙사나 소위 벌집이라 불리는 자취방의 열악한 환경 속에서 사회적으로 공돌이, 공순이라는 멸시를 받으면서 생활하고 있었다.

박정희 대통령은 수시로 산업현장을 방문하여 수출을 독려하고 종업원들도 격려하였다. 그날도 대통령이 장관을 비롯한 수행원들과 함께 구로공단의 어느 작업장을 방문하였다. 초등학교를 졸업한 여남은 살 된 앳된 소녀가 대통령이 제 옆에 와 서 있는 것도 모른채 일을 하고 있었는데, 대통령께서는 바쁘게 놀리고 있는 소녀의 손을 내려다보다 덥석 그 소녀의 손목을 잡고 '네 소원이 뭐냐'고 물었다. 엉겁결에 대통령에게 손목을 잡힌 소녀는 어리둥절했다기보다는 무슨 잘못이라도 저지른 것 아닌가해 겁에 질렸을 게 당연한 일이다. 대통령은 다시 소녀에게 나지막하게 네 소원이 뭐냐고 물었고 주위의 수행원들도 그 소녀에게 안심하고 네 소원을 말해보라고 했다. 그제서야 그 소녀는 기어들어가는 목소리로 입을 열었다. "저도 다른 친구들처럼 교복 한번 입어보고 싶어요."

공단 근로자들을 위한 산업체부설 야간학교가 탄생하는 순간이었다. 대통령은 공단에서 일하는 아이들이 원한다면 법을 바꾸고 절차를 고쳐서라도 근무를 마치고 다닐 수 있는 학교를 만들고 일반 학교와 똑같은 졸업장을 주도록 지시하였다.

　　힘든 하루 일을 마친 그 소녀가 아무도 보지 않는 밤길이었지만 교복 입고 가방들고 학교에 가는 심정이 어떠했을까? 그 소녀가 얼마만큼 열심히 공부했을 것이며, 직장에서도 얼마나 헌신적으로 일했을 것인가는 말할 나위 없는 일이다. 지금은 60대가 되어 있을 그 소년소녀 또래의 땀방울이 모여 오늘날 우리 경제가 있다해도 과언이 아니다.

주: 1960년대 상공부 장관을 2번(1963. 2~1963. 10, 1964. 5~1967. 10)이나 역임한 박충훈 전 총리가 역대 상공ㆍ동자부 장관들의 에세이집인 「남기고 싶은 이야기들」(1999)에 게재한 일화를 토대로 작성.

　　1980년대 중반까지 한국수출산업공단은 섬유ㆍ의복, 가발 등 경공업을 중심으로 수출의 전초기지로서 명성을 쌓았으나, 그 이후부터는 노사분규와 임금 상승, 토지비용 상승 등으로 경쟁력이 저하되고 제조공장들이 중국 등 해외로 이전되면서 급격히 쇠락해 갔다. 그러나 외환위기 이후 벤처창업의 열기와 디지털기술이 확산되면서 구로공단은 문자 그대로 상전벽해의 변화를 겪게 된다. 단지의 명칭이 서울디지털산업단지로 바뀌었고 입주 업종 또한 정보ㆍ지식산업을 중심으로 빠르게 재편되면서 도심형

▲1973년 구로단지

▲2010년 서울디지털단지

자료: 한국산업단지공단(www.kicox.or.kr).

첨단산업단지로 새롭게 태어난 것이다.

서울디지털단지 가동실적 추이

구　분	1967	1990	2000	2010. 7.
입주기업(개사)	31	261	712 (9)	10,025 (100)
종업원수(명)	2,460	55,694	32,958	123,596
생산액(억원)	–	4,4750	51,470	40,587
수출액(백만달러)	1	4,088	1,591	1,199

주: (　)는 아파트형공장 수. 2010년 생산액 및 수출액은 1~7월 누계.
자료: 한국산업단지공단.

(2) 중화학공업 육성: 1970년대

　　경공업에 의존하던 한국의 산업구조가 중화학공업 중심으로 바뀐 것은 1970년대 중반 이후이다. 지속적인 경제발전을 위해서는 중화학공업이 필수적이라는 것을 인식한 정부가 철강, 기계, 석유화학 산업의 육성을 국정의 최우선 과제로 제시한 것이다. 1973년 연두 기자회견에서 대통령이 중화학공업의 육성을 천명한 이후, 국무총리를 위원장으로 하는 중화학공업추진위원회가 설치되고 대규모 산업단지를 개발하기 위한 법적 근거로서「산업기지개발촉진법」이 제정되었다.

　　정부가 중화학공업의 육성을 적극 추진하게 된 것은 당시의 국내외 경제여건과 안보상황이 급변하고 있었기 때문이다. 우선 경제적 측면에서는 10여 년간 지속된 급성장의 그늘이 나타나기 시작하였다. 정부의 강력한 수출드라이브에 힘입어 경제성장률은 목표치를 초과하고 있었지만, 경공업이나 농산품 등 노동집약적 저부가가치 상품으로는 더 이상 고도성장을 기대하기는 어려운 실정이었다. 더구나 울산, 구로 등 대도시에 산업단지가 개발되면서 도시와 농촌 간의 불균형은 더욱 확대되고 있었다. 이에 따라 1972년부터 추진된 제3차 경제개발계획에서는 중화학공업의 육성과 수출 증대를 최우선 과제로 하는 한편, 침체된 농어촌 경제를 활성화하는 데 주력하였다. 중화학공업 육성을 본격적으로 추진하는 동시에 새마을운동을 통해 농촌의 환경개선과 소득증대를 추진하게 된 것이다.

한반도를 둘러싼 긴박한 안보환경은 방위산업의 필요성을 절실히 일깨워 주었고 이것이 중화학공업 육성정책의 결정적 계기가 되었다. 특히 1968년은 북한 특수부대의 청와대 기습, 미국 정보함 푸에블로호의 납북, 울진·삼척의 무장공비 침투 등 북한의 충격적인 도발이 이어져 남북 간의 긴장이 최고조에 달하였다. 설상가상으로 미국은 아시아에서 점차 발을 빼려 하고 있었다. 1970년에는 아시아의 방위는 아시아인이 책임져야 한다는 닉슨독트린이 발표되었고 실제로 미 지상군의 일부가 한반도에서 철수하였다. 이처럼 긴박한 상황 속에서 방위산업의 육성은 그야말로 발등에 떨어진 불이었다.

방위산업을 포함한 중화학공업 육성을 위해서는 대규모 중화학공업기지 개발이 필수적이었다. 1973년 「산업기지개발촉진법」이 제정되고 단지 개발을 담당할 산업기지개발공사현 한국수자원공사가 설립되어 임해공업단지 개발이 본격화되었다. 포항을 시발로 하여 울산, 온산, 옥포, 창원, 여천, 광양에 이르는 동남해안 일대, 그리고 동해안의 북평, 서해안의 아산만 일원이 각각 산업기지 개발구역으로 지정되고 각 업종별로 특화된 전문공업단지로 개발되었다.

오늘날까지 우리나라 제조업 발전의 중추적인 역할을 담당하고 있는 대규모 국가산업단지는 대부분 이 시기에 탄생된 것들이다. 물론 이 시기에는 내륙도시 지역에도 공업단지 개발이 계속되었지만 단지규모, 정부의 관심, 개발 붐 등에서 임해지역과는 비교가 되지 않았다. 이처럼 중화학공업기지가 주로 남쪽 해안을 따라 위치하게 된 것은 안보상의 문제가 중요한 요인으로 작용하였기 때문이다. 조선소는 해군기지와 가까이에 있는 진해만 인근으로 결정되었고, 여천의 질산공장은 평시에는 비료생산에 사용되지만 전시에는 화약제조용으로 전용할 수 있도록 계획되었다. 온산공업기지에는 제련소를 설치하여 동, 납, 아연을 생산하도록 했는데 이 역시 전시에는 탄피제조용으로 활용할 수 있었다. 또한 창원의 기계공단에서는 포, 장갑차, 탱크를 주로 생산하고 구미공단에서는 전자병기의 생산을 담당하게 하는 등 산업단지 간의 역할분담도 이때 이루어졌다.

한편 그동안 사용되던 공업단지라는 용어는 이 시기를 전후하여 '공업기지'로 바뀌게 된다. 공업단지는 공업지구만을 대상으로 하여 설계되었으나 공업기지는 공업지구, 주거지역, 상업지역, 도시계획까지 포괄하는 광의의 개념이었다. 계획단계부터 공업단지와 도시를 체계적으로 개발한 창원공업기지가 그 예이다.[3]

중화학공업은 자본집약적이고 기술집약적인 산업이다. 당시의 한국은 자본과 기술 모두가 태부족한 실정이었다. 그럼에도 불구하고 이러한 계획이 성공할 수 있었던 것은 최고통치권자의 강력한 의지와 일사불란했던 행정체제 그리고 국민들의 땀이 함께 했었기 때문이다.

---

3) 오원철, 「박정희는 어떻게 경제강국 만들었나」, 동서문화사, 2006.

■ 기계공업의 산 역사, 창원

1973년 착공된 창원단지는 우리나라 기계산업의 역사를 만들어 온 대표적인 산업단지이다. 정부는 국제규모의 생산공장을 집단적으로 유치하여 기계공업을 집중적으로 육성하고자 하였고 소재에서부터 부품, 완제품까지 일관 생산이 가능하도록 대규모 기계공업센터의 조성을 추진하게 되는데 그곳이 바로 창원단지였다. 이러한 청사진에 따라 1973년 9월 창원 기계공업기지 건설계획이 확정되었고 같은 해 11월 착공식이 거행되었다.

당시 우리나라 공업의 대부분은 서울과 부산의 2대 도시에 집중되어 있었고 기계공업의 발전 또한 도시기능에 크게 의존하고 있던 상황이라 기계공업기지 역시 당연히 양대 도시에 입지하는 것이 합리적인 것으로 생각되었다. 하지만 산업편중과 지역불균형에 대한 우려, 경남지역 내 기존 산업시설과의 연계성, 안보상의 이점 등을 고려하여 창원이 최종 후보로 낙점되었다. 당시 단지조성에 대한 정부의 기본 방향은 첫째 대규모의 종합기계공업단지를 조성하는 것, 둘째 우수한 기술자·기능공을 양성하

▲1973년 착공 전 창원단지

▲2010년 창원국가산업단지

자료: 한국산업단지공단(www.kicox.or.kr).

고 시험연구소를 수용할 수 있는 산업교육기지로 발전시키는 것, 셋째 공
업단지와 조화를 이루는 새로운 산업도시를 건설한다는 것이었는데 이러
한 목표에 가장 부합한 곳이 바로 창원이었다.

창원단지가 조성될 당시 국내의 재벌급 기업들은 섬유, 방직, 제당,
가발, 합판 등의 경공업이나 무역업 또는 건설업에 주력하고 있었고 기계
공업에 대한 경험은 전무하였다. 기계공업은 막대한 자본투자와 장기간
의 기술축적이 요구되고, 자본회수 기간도 길어 민간 기업들의 신규투자
는 기대하기도 어려운 상황이었다. 또한 당시는 제 1 차 석유파동으로 인
한 불황으로 선진국 기업들의 투자유치도 어려운 실정이었다. 이러한 난
국을 타개하기 위해 정부는 금융, 세제 면에서 파격적인 혜택을 제시하는
한편, 대통령이 직접 나서 기계산업 육성에 대한 강력한 실천의지를 천명
하는 등 외자유치에 총력을 다하였다.[4]

창원국가산업단지는 한국기계공업단지라는 이름으로 출발하였으나,
1976년에는 창원기계공업단지, 1996년에는 창원국가산업단지로 바뀌는

창원단지 가동실적 추이

구 분	1975	1990	2000	2010. 7.
입주기업(개사)	44	315	1,026	1,986
종업원수(명)	1,151	80,084	71,554	82,191
생산액(억원)	15	59,690	182,770	282,072
수출액(백만달러)	0.61	1,446	6,522	10,417

주: 2010년 생산액 및 수출액은 1~7월 누계.
자료: 한국산업단지공단.

4) 중화학공업기지 진출기업에 대해서는 장기 저리의 외자를 우선적으로 제공하고, 조세감
면규제법, 관세법에 의한 조세지원, 국민투자기금법, 산업은행법에 기초한 정책자금을
제공하였다.

등 수차례에 걸쳐 명칭이 바뀌었다. 생산제품 역시 초기의 획일화된 기계류 위주에서 벗어나 지금은 고성능 기계와 정밀전자기술이 결합된 메카트로닉스 제품이 주종을 이루고 있다. 특히 창원단지는 조성 당시부터 계획적 도시설계가 이루어짐으로써 정주여건 또한 우수하여 작업공간과 생활공간이 어우러진 국내 최대의 산업집적지라 할 수 있다.

■ 전자산업의 요람, 구미

구미단지는 지난 40년 동안 우리나라 전자산업의 성공신화를 일궈낸 현장이다. 국내 전자산업은 1970년대는 흑백TV, 1980년대는 컬러TV와 VCR, 1990년대 이후에는 LCD와 PDP, 모바일 등으로 주력제품이 변해 왔는데, 이러한 변화를 주도한 지역이 바로 구미이다.

1960년대 말 한적한 소도읍에 불과했던 구미에 대규모의 공업단지가 들어선 배경은 무엇일까? 구미는 공업입지 여건에서 결코 유리한 곳이 아니었다. 낙동강이 가로지르고 있어 공업용수가 풍부하고 경부선이 지나고 있어 철도교통이 편리한 것 정도인데, 이보다 유리한 입지조건을 갖춘 곳은 전국 각지에 얼마든지 있었다. 구미지역에 대규모 산업기지가 건설되리라는 것은 전문가들도 예상하지 못하였다. 구미가 전자산업의 요람으로 확정된 데는 박정희 대통령의 고향이라는 점이 크게 작용한 듯 하다. 1969년 당시 구미지역의 유지들은 공단설립추진위원회를 구성하고 대통령의 고향땅이라는 명분을 들어 전자산업단지의 유치를 적극 추진하였고 결국 성공하였다.[5]

---

5) 유영휘, 앞의 책.

대표적인 IT산업 클러스터로 성장한 구미국가산업단지는 최근 모바일 분야의 허브로 도약하는 중이다. 뿐만 아니라 국내외 대기업들이 2차전지·태양전지 등 신에너지 사업의 거점을 잇따라 설치하면서 앞으로 구미지역은 대경권의 경제발전을 보다 강하게 선도할 전망이다. 현재 구미산업단지는 노후화된 1단지를 대상으로 구조고도화사업이 추진되고 있으며 계획 중인 5단지가 완공되면 총면적은 34.6㎢에 달하게 되어 세계 최대의 디스플레이·모바일 클러스터로 발돋움할 수 있을 것이다.

▲1970년 산업단지 조성 전 전경

▲2009년 구미국가산업단지(1단지)

자료: 한국산업단지공단(www.kicox.or.kr).

● "세차비를 더 내세요"

1970년대 초 구미공단 앞 도로는 비포장에다가 자동차 2대가 겨우 지나갈 수 있을 정도여서 비가 오면 진흙 바닥이 되어 장화를 신고 엉거주춤 걸어야 했다. 시내버스도 드물어서 근로자들은 대부분 자전거를 타고 통근했다. 주위에는 술집이나 다방 같은 시설은 고사하고 일반주택이나 가게는 눈을 씻고 찾아봐도 없는 허허벌판이었다. 그래서 근로자들은 회식이라도 한번 하려면 구미역 부근까지 나가야 했는데 술을 먹다가 돈이 떨어져도 공단에 근무한다고 하면 외상이 가능했을 정도로 인심도 좋

앉고 여유가 있었다고 한다.

　특히 구미시에서도 꽤나 외진 변두리에 속했던 제3단지 조성 당시에는 근로자들의 불편이 이만저만이 아니었다. 평일에야 통근버스가 있어서 문제가 적었지만 휴일에 외출을 했다가 돌아오는 기숙사 거주 사원들은 마땅한 교통편이 없어 택시를 타려면 보통 미터기의 곱절은 줘야 탈 수 있었고 세차비까지 덤으로 요구하는 경우도 없지 않았다. 그나마 비가 오는 날은 아예 공단쪽으로는 택시가 들어가려고 하지 않아 꼼짝없이 빗길을 걸어야 하는 형편이었다.

▲1970년대 중반 구미단지 내 도로를 자전거로 출근하는 근로자들

자료: 한국산업단지공단, 「산업입지」(제35호), 2009.10.

■ 석유화학의 거점, 여수

　대한민국은 기름 한 방울 나지 않는다. 그렇지만 세계 최고 품질의 석유제품 수출국가다. 이를 가능케 한 초석이 된 곳이 바로 여수석유화학단지라 할 수 있다. 여수단지는 1967년에 국내 최초의 민간 정유회사인 호남정유현 GS칼텍스가 입지하면서 석유화학산업의 집적지로 발전하기 시작하였다. 그 후 1974년 4월에 광양만 일대가 산업기지개발구역으로 지정되고 여천지방공업단지를 포함한 총 18.9㎢ 규모의 기본계획이 확정됨으로써 여천석유화학단지 건설이 본격화되었다. 전남 광양만 내륙의 한 모퉁이에 자리한 시골 야산과 한적한 바닷가가 거대한 산업기지로 변화하게 된 것이다.

▲1975년 여수국가산업단지 부지 조성　　▲2010년 여수국가산업단지
자료: 한국산업단지공단(www.kicox.or.kr).

여수산업단지는 2009년 현재 약 50㎢의 면적에서 각종 석유화학 기초소재를 생산·공급함으로써 울산과 더불어 국내 최대 규모의 종합석유화학단지가 되었다. 한편 여수 인근지역인 광양에는 1980년대 후반부터 종합제철단지가 건설되었고, 이에 따라 여수·광양을 포함한 광양만지역은 제철·석유화학 등 기초소재를 중심으로 한 남해안 굴지의 공업지대로 발전해 가고 있다.

■ 중소기업의 자존심, 반월·시화
반월국가산업단지는 수도권에 산재한 중소기업들을 집단적으로 유치하기 위한 중소기업 집적단지이다. 반월단지는 창원단지와 함께 국내 최초로 계획도시 차원에서 건설되었다. 1970년대 중반 정부는 서울에 집중된 과밀한 인구와 공장들을 분산하기 위해 수도권재정비계획을 수립하였고 그 계획의 일환으로 탄생한 것이 반월단지이다. 배후도시와 공업단지를 연계시킴으로써 자족도시를 건설하고 이를 통해 인구분산의 실효성을 거둔다는 전략이었다.

반월단지가 탄생한 것은 1976년 7월 국무회의에서 대통령이 "수도권 내에 100만 평 규모의 공업단지를 갖춘 신공업도시를 건설하라"고 지시한 것이 계기가 되었다. 반월을 비롯하여 발안, 조암, 안중 등 경기도 내 여러 지역이 후보지로 거론되었으며, 처음에는 안중지역이 유리한 것으로 보고되었다. 인근에 개발될 예정이던 아산만 지역과의 연계를 고려한 것이었다. 그러나 서울소재 기업을 지나치게 원거리까지 이전할 경우 인력과 시장을 확보하기 어렵다는 판단에 따라 반월이 최종 후보로 확정되었다.

반월지역의 입지적 장점은 ① 직선거리가 서울은 35km, 수원 14km, 인천 20km에 불과하여 대도시 근접성이 유리하고, ② 남양만의 갯벌을 이용하고 순수 농촌지역을 도시화할 경우 도시개발 가능면적이 70%에 달하며, ③ 평탄부와 구릉지가 적절하게 분포하여 자연친화적인 공업입지 조성에 유리하고, ④ 수인산업도로와 인접하고 수인선 철도가 관통하여 인천항을 통한 물류 기능이 원활할 뿐만 아니라, ⑤ 개발이 절실한 낙후지역인 경기 서해안에 위치하고 있다는 것이었다.[6]

1977년 3월 단지 조성을 알리는 기공식이 거행되었다. 그러나 반월단

---

6) 서부지역공업단지관리공단, 「서부공단 15년사」, 1993.

▲1970년대 말 조성초기 반월국가단지　　　▲2010년 반월국가산업단지
자료: 한국산업단지공단(www.kicox.or.kr).

지는 가동을 시작하자마자 커다란 시련을 겪어야 했다. 1979년의 제 2 차 오일쇼크로 인해 입주계약이 취소되고 산업단지·신도시 건설계획이 지 연되었던 것이다. 그 이후에도 반월단지는 수 차례의 위기를 넘어서야 했 다. 1980년대 후반의 노사분규와 1990년대의 중국진출 열풍이 대표적이 다. 그러나 이러한 역경을 극복하고 반월단지는 우리나라 최대의 중소기 업 전문단지이자 수도권 최대의 산업단지로 성장하였다.

반월·시화단지 가동실적 추이

구 분	1990	1995	2000	2010. 7.
입주기업(개)	1,776	2,742	4,209	13,257
종업원수(명)	99,536[1]	126,076	115,112	205,690
생산액(억원)	48,740[2]	124,730	249,880	330,614
수출액(백만달러)	1,935[2]	3,749	7,289	5,046

주: 1) 시화단지는 1992년 자료.
　　2) 2010년 생산액 및 수출액은 1~7월 누계.
자료: 한국산업단지공단.

　반월단지와 떼내서는 생각할 수 없는 것이 시화국가산업단지다. 반월 단지의 연장선상에서 추진된 것이기 때문이다. 반월신공업도시 건설이 마무리 단계에 접어들고 공장용지 분양이 계획대로 완료됨에 따라 새로운 산업단지의 조성이 필요하게 되었고, 시너지효과를 고려하여 인접한 시화지구가 선정되었다. 시화지구는 당초 농경지로 활용할 목적으로 개발한 매립지였으나 산업지역으로 토지용도를 변경하고 1986년부터 반월신공업도시의 확장 개념으로 개발을 추진하였다.

(3) 산업입지를 통한 지역균형 추구: 1980년대

1970년대의 중화학공업화 정책은 우리나라 산업구조를 바꾸는 결정적인 계기가 되었을 뿐만 아니라 고도성장을 가능케 한 기반이 되었다. 수입대체에 머물던 경공업 위주의 산업구조가 수출주도형으로 바뀌게 되었음은 물론 가난한 저개발국의 위치에서 벗어나 본격적인 중진국으로 도약할 수 있는 기틀을 마련했던 것이다.

그러나 이러한 성과에도 불구하고 중화학산업 위주의 정책은 여러 가지 문제점도 함께 드러내었다. 우선 중화학공업 육성에는 충분한 자본과 기술의 축적이 선행되어야 하나 당시 우리나라는 낮은 저축률로 인해 투자재원 확보가 어려웠고 사업추진에 필요한 인력과 경험도 부족한 실정이었다. 열악한 여건 속에서 무리하게 추진된 중화학공업 건설은 막대한 외채 부담, 과잉·중복 투자, 기업의 재무구조 악화 등 많은 부작용을 드러내었다.

1973년과 1979년 두 차례에 걸친 오일쇼크로 인해 세계경기가 불황을 지속하는 가운데 과도한 정부지출에 따른 재정 인플레이션이 더해짐으로써 불황 속의 인플레이션, 즉 스태그플레이션도 경험하였다. 특히 1979년

대통령 시해사건이 겹치면서 1980년에는 경제개발계획 추진 이후 처음으로 마이너스 성장을 기록하게 되었다. 기반이 채 갖추어지지 않은 상황에서 추진된 중화학공업화는 조립산업, 즉 최종제품 위주로 될 수밖에 없었고 완제품 수출이 늘어날수록 무역수지와 교역조건이 악화되는 구조가 되었다. 기초원자재와 중간재의 대부분은 수입에 의존해야 했기 때문이다.

3차에 걸친 경제개발 5개년 계획은 저가의 노동력을 바탕으로 한 선성장 후분배 정책이었다. 그 결과 경제성장이라는 목표는 달성했으나 빈부 격차 및 지역간 불균형도 점차 확대되고 있었다. 이는 1980년대 후반에 본격화한 민주화운동과 노동운동을 촉발시킨 계기가 되었다.

1980년 제 5 공화국이 출범하면서 경제정책의 중심은 성장 위주에서 성장과 안정의 동시 추구로, 경제개발 위주에서 경제와 사회의 병행발전으로 전환되었다. 또한 경제 및 산업 발전의 주체로서 기업의 역할이 보다 강조되기 시작하였고, 이에 따라 그동안 정부주도로 추진되던 공업화 정책도 민간자본의 참여를 확대하는 방향으로 전환되었다. 시장메커니즘의 활성화를 통해 자연스러운 산업구조 재편을 유도한 것이다.

산업입지정책 또한 지역간 격차를 축소하기 위해 국토의 균형개발과 인구의 지방정착에 역점을 두게 되었다. 중화학공업 투자조정으로 인해 산업단지 내에 대규모의 유휴부지가 늘어나게 되자 중소규모의 산업단지를 지방에 분산 배치한 것도 그러한 이유에서였다.

공업의 지방분산과 균형개발정책은 1982년에 수립된 제 2 차 국토종합개발계획과 수도권정비계획법1982, 중소기업진흥법1982, 농어촌소득원개발촉진법1983 등에 의해 구체화되었다. 수도권정비계획법에서는 수도권을 5개 권역으로 구분하고 공업배치 제한을 통해 산업의 적정배치를 도모하였다. 중소기업진흥법에서는 농어촌지역과 비수도권지역에서 창업한 중소기업을 육성하는 한편 대도시 기업에 대해서는 지방으로의 이전을 적극 유도하였다. 또 농어촌소득원개발촉진법은 농어촌지역에 공업 및 서비스산업을 유치하여 농어촌의 소득원 개발을 촉진하려는 것으로 권역별 농공단지의 조성을 주요 전략으로 제시하고 있다.

1980년대 후반부터는 수도권지역의 공장건설 억제와 공해산업의 분산 배치를 위해 남동, 시화 등의 국가산업단지를 개발 또는 확장하였다. 낙후지역인 서남권 개발을 위해 대불, 군장지역에도 산업단지를 조성하는 한편, 지방산업단지와 농공단지의 개발도 동시에 진행하였다.

■ 수도권 영세기업의 보금자리, 남동

남동국가산업단지는 서울지역에 소재한 영세중소기업의 이전집단화를 위해 조성된 공단이다. 1980년 당시 서울에 있던 용도지역 위반 공장 7,559개 중 3,151개 공장이 서울 이외 지역으로 강제 이전되어야 할 처지였다. 이 중 1천 개 정도는 당시 조성 중이던 반월공단에 입주할 수 있었으나 나머지 2,000여 개 공장은 수도권 이남으로 강제 이전될 수밖에 없었다. 그러나 이들은 대부분 영세기업으로 스스로 마땅한 입지를 구하기 어려웠고, 따라서 정부가 앞장서서 이전 부지를 마련해 주는 것이 시급한 과제였다. 이에 따라 1980년 7월 국가보위비상대책위 제 1 호 안건으로 남동단지 조성계획이 확정되었고 반월공단과 시차를 두어 개발토록 하였다.[7]

7) 경향신문, 1980.7.14 기사에서 재작성.

▲조성 전(염전) 모습

▲조성공사 모습
자료: 한국수출산업공단, 「한국수출산업공단
30년사」, 1994.

▲2010년 남동국가산업단지
자료: 한국산업단지공단(www.kicox.or.kr).

　　조성 당시 남동단지9.5㎢는 염전4.1㎢과 공유수면3㎢이 대부분을 차지하고 있어서 보상과 매립공사가 용이하고 토지원가도 낮출 수 있다는 장점을 갖고 있었다. 서울과 김포공항에서도 가까울 뿐 아니라 인천항을 끼고 있다는 점도 커다란 매력이었다.

　　1985년 4월 조성공사가 시작되어 수인선 협궤철도 남동역과 철도변을 기준으로 내륙 쪽 1단계 지역은 1989년 말에, 해변 쪽인 2단계 지역은 1992년 6월에 각각 준공되었다. 한편 1986년 4월 남동국가산업단지는 수도권정비계획법상 이전촉진지역에서 유치지역으로 변경되었다. 서울·인천지역의 공장이 이전하는 경우 국세 및 지방세가 감면되고 수도권 내의 공장 신증설이나 이전을 제한하는 법규로부터도 자유로워진 것이다.

　　남동단지의 입주대상은 수도권 내 이전촉진지역과 제한정비지역에서 이전하는 공장, 중소기업진흥법에 의한 중소기업협동화사업 참여공장, 인천직할시장이 도시정비계획상 입주를 추천하는 공장 등이었다. 1990년 말 1,600여 개에 불과하던 입주업체는 2010년 7월 현재 5,800여 개로 급증하여 부품소재 산업이 주도하는 중소기업의 보금자리로 성장하였다. 남동단지는 2008년 기준으로 인천지역 제조업 생산액의 27%, 고용의 33%를 담당하는 등 인천 경제를 떠받치고 있는 핵심 단지이다.

남동단지 가동실적 추이

구 분	1990	1995	2000	2005	2010. 7.
입주기업(개)	1,622	3,071	3,360	4,146	5,802
생산액(억원)	–	–	70,851	94,378	114,474
수출액(백만달러)	83	307	1,211	1,576	1,897
고용(명)	13,913	38,923	57,935	64,752	76,606

주: 2010년 생산 및 수출액은 1~7월 누계.
자료: 한국산업단지공단.

개발 당시 남동단지는 폐염전과 바다였으나 인천시가 확장되고 인근에 송도경제자유구역 및 연수, 논현, 한화지구 등에 대규모 택지가 조성되면서 도심산업단지로 변모하였다. 최근 인천대교의 개통으로 인천국제공항과도 20분 거리로 가까워졌고 제 2, 제 3 경인고속도로와도 곧바로 연결된다. 무엇보다도 2,300만 명에 이르는 수도권 인구를 배후시장으로 갖고 있어 남동단지는 국내 산업단지 중 입지여건이 가장 우수한 단지 중의 하나이다.

■ 중국 진출의 교두보, 대불

대불산업단지는 낙후된 서남권 개발을 촉진함으로써 국토의 균형발전을 도모하고, 중국 및 동남아시장 진출을 위한 전진기지로 활용하기 위해 조성되었다. 대불단지는 1981년 영산강 하구언목포-영암을 축조하면서 생긴 대규모 간척지에 조성된 것으로 그 명칭도 간척지 내에 있던 대아산大牙山과 나불도羅佛島에서 유래하였다. 1987년 산업기지개발구역으로 지정되고 1989년에 착공되어 1995년에 1단계, 1997년에는 2단계 공사가 완료되었다. 단지 전체의 규모는 11.5㎢이며 국가산업단지76%, 외국인투자지역14%, 자유무역지역10% 등 다양한 형태의 산업단지로 구성되어 있다.

▲산업단지 조성 전

▲산업단지 조성 직후

자료: 한국토지공사, 「광주전남 토지개발 34년 발자취」.

▲2010년 현재 모습

자료: 한국산업단지공단(www.kicox.or.kr).

대불산업단지는 입지수요 예측이 크게 어긋난데다 조성 이후 경제여건이 악화됨에 따라 오랫동안 미분양단지의 대명사로 남아 있었다. 주요

대불산업단지 분양률 및 입주기업 추이

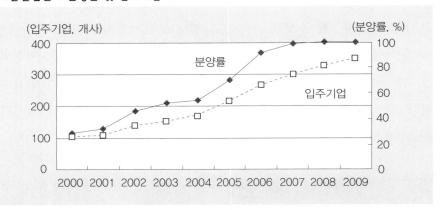

자료: 한국산업단지공단.

유치업종은 자동차, 화학, 기계관련 산업이었으나 준공시기인 1997년 말에 외환위기가 발생하면서 쌍용자동차, 만도기계 등 상당수의 대기업들이 입주를 포기하였다. 정부는 분양활성화를 위해 외국인투자지역 및 자유무역지역 지정, 국민임대단지 조성, 소필지화사업 등 다양하고 파격적인 국책사업을 시행하였으나 별 효과를 보지 못하였다. 분양이 완료된 것은 2008년이었는데 2005년 이후 조선산업이 활황세를 나타내고 대형 블록공장들이 입주한 덕택이었다. 이후 기업들의 입주수요가 계속 확대되면서 지금은 오히려 지원시설구역을 산업시설구역으로 용도변경하면서까지 입지공급을 늘려야 하는 상황에 이르렀다.

2009년 말 현재 대불단지에는 348개사가 입주하여 생산 2조 원, 수출 5억 7천만 달러, 고용 14,000여 명이라는 경제효과를 창출하고 있다. 대불단지는 국내 최대 규모의 조선산업 집적화단지로 인근에 위치한 현대삼호중공업구 한라중공업, 대한조선 등의 협력업체들이 가동업체의 70% 이상을 차지하고 있어 안정적인 성장세를 나타내고 있다.

그러나 당초 유치대상이었던 자동차, 화학, 기계산업 대신에 조선분야의 기업들이 대거 입주함으로써 여러 가지 문제가 드러났다. 예컨대 대형 조선기자재들의 물동량이 늘어나면서 단지 내에 설치된 도로, 교량, 전선 등이 장애물로 변하게 된 것이다. 대불산업단지 전봇대 사건도 여기서 비롯되었다.

대불단지 가동현황

(2009년 말 기준)

구 분	입주기업(개)	생 산(억원)	수 출(백만달러)	고용(명)
국가단지	263	11,070	94	7,520
외국인투자지역	54	4,133	54	3,205
자유무역지역	31	5,714	427	3,222
계	348	20,917	575	13,947

자료: 한국산업단지공단.

2008년 1월 이명박 대통령은 당선자 신분으로 대불산업단지를 시찰 중이었는데, 한 선박블록업체로부터 산업단지 내의 전봇대로 인해 대형 트레일러가 이동하기 어렵다는 얘기를 들었다. 이에 대통령은 "이러한 사례가 바로 기업활동에 장애를 주는 대표적인 규제"라면서 시정할 것을 지시하였고 이 내용이 언론에 보도되면서 대불단지 전봇대가 이슈화되었다.

사실 대불단지의 전봇대 같은 장애요인들은 산업단지 관리체계상의 구조적 문제 혹은 재정지원상의 문제에서 비롯된 것으로 볼 수 있다. 조립금속, 자동차부품 등의 기업유치를 목적으로 조성된 단지에 선박용 기자재업체가 입주하면서 도로나 전선 등이 통행에 걸림돌이 된 것이다. 입주기업의 변화에 따라 전선의 지중화, 도로 확장, 교량 보강 등이 신속히 이

○ 전봇대 철거 및 이설

전신주 이설	전신주 철거

○ 교량하중 보강

하중보강 이전	하중보강 이후

○ 도로경사 개선

공사 이전	공사 이후

자료: 한국산업단지공단.

루어졌어야 했으나 지자체의 열악한 재정여건으로 필요한 조치가 계속 지연된 것이다.

대통령의 지시에 따라 대불단지에는 국비가 긴급 투입되어 전신주 이설 및 철거, 교량하중 보강, 도로 확장, 전선 지중화 등 기반시설이 대폭 개선되었다. 이에 따라 점차 대형화되고 있는 선박블록, 데크하우스 등도 불편 없이 운송할 수 있게 되어 대불단지의 국제경쟁력을 더욱 향상하는 계기가 되었다.

▌ 북방진출의 교두보, 북평

북평산업단지는 영동·태백권의 지역경제 활성화를 위해 개발되었다. 고도성장 과정에서 상대적으로 소외되었던 동해권의 균형적인 발전을 위해 대규모의 공업단지를 조성하게 된 것이다.

1974년 동해권의 중심항구를 목표로 북평항현재의 동해항이 건설되기 시작하고 1975년 말 그 배후지역16.5㎢이 산업기지개발구역으로 지정되었다. 당시 정부는 북평지역을 홍콩에 버금가는 세계적인 자유무역항으로 개발하겠다는 야심을 갖고 있었다. 그러나 1979년 10월 북평산업기지 개발을 위한 실시계획이 승인되자마자 국내정치는 대혼란기를 맞게 되고 정부의 투자계획도 장기간 표류할 수밖에 없었다. 북평항과 산업단지 개발사업역시 1980년대 내내 사업계획이 축소되어 1988년 2월 산업기지개발구역의 규모는 4.2㎢로 조정되었는데, 이는 당초 면적의 1/4에 해당하는 것으로 이 사업에 대한 정부의 의지나 추진력이 크게 약화되었음을 보여준다.

북평항과 북평산업기지의 개발사업이 본격적으로 착수된 것은 1990

년의 일이었다. 사회주의 체제 붕괴로 인해 남북간 긴장완화에 대한 기대가 높아지면서 동해권의 무역기지 건설에 대한 요구도 커졌던 것이다. 북평산업기지는 착공 5년 만인 1995년 8월 준공되었다.

중국·러시아와의 수교, 남북관계의 개선으로 환동해권 시대에 대한 기대는 커져갔으나 북평산업단지의 분양은 여의치 않았다. 이에 정부는 1995년 3월 북평지역을 지방중소기업특별지원지역으로 지정하고 중소기업의 입주를 위해 법인세 및 소득세 감면, 창업 및 경쟁력강화 자금지원 등의 혜택을 부여하였다. 2005년 12월에는 북평국가산업단지 내의 24만 8천㎡를 동해자유무역지역으로 지정하여 세라믹, 신소재 분야의 기업들을 유치하는 데 주력하고 있다.

북평단지는 2010년 5월 현재 분양률 100%를 기록하고 있으나, 실제 공장을 건설하여 가동하고 있는 업체는 입주대상 기업의 70%103개사에 불과하다. 공장의 조기 건설과 가동률 향상을 위한 대안 마련이 필요하다.

▲조성 전 북평단지 모습　　　　　　　▲2010년 북평단지 모습

자료: 동해시 홍보팀.

▌ 서해안 시대의 희망, 군산

군산산업단지는 호남권의 산업기반을 확충하는 동시에 서해안 시대에 대비한다는 목표에 따라 장기간에 걸쳐 단계적으로 개발되어 왔다. 군산지역에 조성된 최초의 산업단지는 1976년 지정된 군산지방공업단지5.6㎢이다. 그러나 군산지방공업단지의 수용능력은 금방 한계에 도달했고 이에 따라 군산시는 1979년 장자도-오식도-내초도를 연결하는 6.8㎢의 간척지에 제 2 공단을 세운다는 장기계획을 마련하였다. 그러나 국내의 정치상황이 혼란을 거듭함에 따라 계획의 실현도 계속 지연되었다. 군산 2공단 산업기지현 군산국가산업단지가 지정된 것은 1987년의 일이었다.

그 후 제 2 공단 사업은 전북 군산과 충남 장항을 잇는 대규모의 광역 군장산업기지 조성사업으로 확대되어 1989년 2월 1단계 공사가 시작되었다. 군장산업기지는 당초 2021년까지 군산과 장항지역 134㎢의 해면을 매립하여 조성할 계획이었다. 그러나 개발계획이 수차례 변경된데다 2007년 환경단체의 반대로 충남 서천군이 장항지역의 갯벌매립을 포기함에 따라 결국 군산지역에만 총 22.6㎢의 산업단지가 들어서게 되었다. 그럼에도 불구하고 1단계 사업지구1989~1994년. 6.8㎢의 명칭은 군산국가산업단지이고, 2단계 사업지구1993~2006년. 15.8㎢는 여전히 군산과 장항을 뜻하는 군장국가 산업단지로 구분되어 있다.

군산 및 군장산업단지는 대기업의 입주가 단지 활성화에 얼마나 큰 영향을 미칠 수 있는지를 보여주는 좋은 사례이다. 군산단지는 대우자동차현 GM대우, 군장단지는 현대중공업이 각각 협력기업들의 동반입주를 주도하면서 분양률을 끌어올리는 기폭제 역할을 했기 때문이다.

특히 군산단지는 개발이 시작되기 전부터 대우자동차의 입주가 확정되어 단지의 분양이 조기에 완료되었다. 1996년부터 생산을 개시한 대우자동차는 전북지역에 자동차산업을 태동시킨 주역으로, 외환위기로 인해 GM대우로 바뀐 뒤에도 여전히 성장을 지속하고 있다.

군산단지와는 달리 군장단지는 분양률이 극히 저조하여 오랫동안 미분양 상태로 남아 있었다. 1993년 조성과 동시에 분양을 시작하였으나 2006년에 준공하기까지 분양률은 22.9%에 그쳤고, 그나마 대기업이 참여한 실수요자 개발용지를 제외할 경우에는 분양률이 1.4%에 지나지 않아 사실상 버려진 땅에 가까웠다. 중앙정부도 군장단지를 살리기 위한 다양한 정책수단을 동원했다. 2004년 국민임대단지 조성16만 5,000㎡을 시작으로 2005년 자유무역지역 지정125만㎡, 2006년 소필지화사업 실시, 2007년 임대전용단지 공급100만㎡ 등 매년 새로운 정책을 발표했던 것이다. 그러나 2007년 상반기까지도 분양률은 38% 수준에 머무르고 있었다. 군장단지에 희망이 보이기 시작한 것은 2007년 9월 현대중공업이 입주계약을 체결하면서 부터였다. 굴지의 대기업이 들어오면서 협력업체와 연관기업들도 속속 입주의사를 보였고, 2008년 말의 분양률은 97.5%로 뛰어올랐다.

군산·군장단지는 자동차, 선박, 건설기계 업종이 입주기업의 2/3를 차지하여 GM대우와 현대중공업이 단지의 중심기업 역할을 하고 있음을 알 수 있다. 최근 군산·군장단지에는 풍력발전 등 신재생에너지 기업들이 입주하고 있으며 장기적으로는 인접한 새만금 지역에 개발되는 산업단지와 연계하여 서해안 산업벨트의 중심축이 될 것으로 보인다.

▲군산 · 군장단지 조성 전
자료: 경향신문(1988. 4. 12).

▲군산 · 군장단지 조성 직후
자료: 한국산업단지공단(www.kicox.or.kr).

■ 농공병진정책의 전초기지, 농공단지

농촌지역은 1960년대 이후 급속히 진행된 산업화 과정에서 상대적으로 소외되어 왔다. 농공단지는 농사 이외의 소득원을 개발하여 농촌지역의 삶의 질을 높이고자 하는 취지에서 1984년부터 추진되었다. 사실 농어촌 지역의 유휴노동력을 활용하여 산업을 육성하고자 하는 노력은 농공단지 제도가 도입되기 훨씬 이전부터 있었는데 1967년에 시작된 농가부업단지 조성책이 그것이다. 이 정책은 농외취업과 소득 증대를 위해 처음 실시된 사업이라는 점에 의의가 있었으나 그 성과는 당초 기대에 미치지 못했다.

농촌지역에 새로운 희망을 가져다 준 것은 1970년대 시작된 새마을공장 건설사업이었다. 농외소득 증대를 통해 도 · 농간 소득격차를 줄이고, 공장의 지방 분산과 지역사회의 활력 제고를 목적으로 추진된 사업이었다. 하지만 이 사업 또한 오래가지는 못하였다. 기반시설이 열악한 지역에 무리하게 공장을 입주시킴으로써 생산원가와 유통 · 판매 비용이 크게 상승하였던 것이다.

농공단지 조성사업은 이러한 과거의 시행착오를 되풀이하지 않겠다는 의지에서 출발하였다. 비교적 입지조건이 양호한 지방중소도시를 중심으로 중소규모의 공단을 조성함으로써 농촌공업을 집단화시키고 주변 농촌지역과의 접근성을 향상시킨다는 계획이었다. 농공단지는 1984년부터 시행된 「농어촌소득원개발촉진법」에 따라 조성되기 시작했는데, 법의 시행과 동시에 7개 시범단지가 지정되었고 그 후 전국적으로 확대되었다.

농공단지는 전문단지, 지역특화단지, 일반단지로 구분되며 2009년 말 현재 401개63.9㎢가 조성되어 있다. 농공단지는 개수로는 국내 총산업단지 815개의 절반에 해당하나 면적기준으로는 4.7%에 불과하여 국가산업단지나 일반산업단지에 비해 단지규모는 현저히 작은 편이다. 단지의 규모가 국가산업단지는 평균 21.6㎢, 일반산업단지는 1.1㎢인데 반해 농공단지는 0.2㎢에 불과하다.

농공단지의 종류

구 분	내 용
전문단지	산집법의 산업시설구역 용지 면적 중 동일·유사업종 및 연관업종의 입주기업(4개 이상)이 차지하는 비중이 업체 수 및 면적기준으로 5분의 3 이상이 되는 단지
지역특화단지	지역특화산업을 육성하기 위하여 지역특화업종(향토산업 포함)을 영위하는 입주기업이 차지하는 비중이 업체 수 및 면적기준으로 2분의 1 이상이 되는 단지
일반단지	전문단지나 지역특화단지에 해당되지 아니하는 기타의 단지

자료: 농공단지의 개발 및 운영에 관한 통합지침(제4조).

농공단지 조성은 제도 시행 초기인 1980년대에 집중되었다. 전체 401개 농공단지의 절반가량인 210개 단지가 1984년에서 1990년 사이에 조성된 것이다. 1980년대 후반부터 도·농 간 및 지역 간 소득격차 해소가 경제정책의 주요 관심사로 떠올랐고 이 과정에서 농촌지역의 소득 향상을 목적으로 추진된 농공단지 사업이 크게 주목받았다. 그러나 한편으로는 정치적 고려나 지자체 간의 과당경쟁 등으로 입지여건이 열악한 지역에까지 농공단지가 건설되었고 이에 따라 부실한 단지가 나타나고 지방재정의 부담이 되기도 하였다.

1990년대에는 농공단지의 조성이 상대적으로 부진하였다. 특히 1995~2000년에는 조성된 단지가 20개에 불과한데 이는 외환위기를 거치면서 경기 침체가 전국적으로 확산된 결과이다. 이후 국내 경제가 빠르게 안정화되면서 2000년 이후부터는 농공단지 조성도 다시 확산되고 있는 추세이다. 2009년 말 현재 농공단지는 충청권과 영남권에 집중적으로 분포 66%되어 있으며 특히 충남지역에 85개가 입지하고 있다.

농공단지는 대도시권보다는 지역별 기초지자체를 중심으로 조성되어 있어 지방의 일반산업단지와 더불어 지역경제 활성화의 중요한 기반이 되고 있다. 최근 들어서는 지역 내 주요 국가산업단지 및 일반산업단지와 연계한 클러스터 구축사업에 농공단지가 포함됨에 따라 새로운 질적 도약이 기대되고 있다.

(4) 산업구조 고도화: 1990년대

1990년대 들면서 우리 경제는 기술경쟁의 심화, 지역경제 간의 블록화 확산, 후발개도국과의 경쟁 확대라는 도전에 직면하게 된다. 그동안 추진되어 온 거점개발 전략은 특정지역에 주요 산업을 집중적으로 배치함으로써 지역간의 불균형 성장을 초래하고 국토의 효율적 이용을 저해하는 결과를 가져왔다. 또한 지식기반경제 시대의 도래에 맞추어 정보통신 등 고부가가치 첨단산업이 성장할 수 있는 제도적 장치를 마련하는 것이 시급한 과제가 되었다. 이에 정부는 산업구조의 질적 고도화를 목표로 규제 완화와 행정절차 간소화를 대대적으로 추진하게 된다.

이러한 정책기조의 변화에 따라 산업입지정책의 틀도 크게 바뀌었다. 산업기지개발촉진법, 지방공업개발법 등으로 분산되어 있던 산업단지의 지정·개발 절차를 통합하여 「산업입지 및 개발에 관한 법률1990」을 제정하는 한편, 기존의 공업배치법, 공업단지관리법 등은 「공업배치 및 공장설립에 관한 법률1990」로 통폐합하여 산업단지 관리에 관한 규정들도 재정비하였다. 또한 지역간 균형발전을 목표로 「지역균형개발 및 지방중소기업 육성에 관한 법률1994」을 제정하여 특정지역 개발을 위한 개발촉진지구제도를 이 법으로 흡수하고, 성장거점의 조성과 낙후지역 개발을 위한 광역권계획 제도를 새롭게 도입하였다.

한편 지금까지 사용되어 온 '공업단지'라는 개념이 지나치게 제조업 위주여서 새롭게 등장하는 신성장산업을 제대로 포착하기 어렵다는 지적이 제기되었다. 이에 따라 1995년 「산업입지 및 개발에 관한 법률산입법」을 개정하여 공업단지를 '산업단지'라는 용어로 대체하였다. 이는 단순한 용어의 변경이라는 의미를 넘어서, 제조업 위주에 머물던 산업입지정책이 서비스산업 및 교육·문화적 요소까지 고려하는 수준으로 진화할 수 있는 계기를 마련한 것이었다. 이에 따라 산업단지에는 생산 이외에도 연구·물류·복지 등 다양한 산업과 지원기능이 집적할 수 있게 되었다.

1990년대 후반에는 벤처단지와 지방과학산업단지를 비롯하여 다양한 유형의 산업 및 기업 집적지들이 등장하였다. 1997년 8월 제정된 「벤처기업육성에 관한 특별조치법」은 벤처기업의 창업 및 기존 기업의 벤처기업 전환을 통해 국내 산업의 구조조정을 촉진하는 데 그 목적이 있었다. 이 법의 제정을 계기로 벤처타운, 벤처빌딩 등이 급속히 늘어났고 특히 각 지역별로 벤처기업육성촉진지구를 지정함으로써 벤처기업의 지방이전과 지역균형발전을 도모하고자 하였다. 광주첨단과학산업단지와 파주출판단지, 6개 지방과학산업단지부산. 대전. 대구. 전주. 강릉. 오창의 건설이 추진되었고, 테크노파크, 미디어단지, 영세중소기업 임대전용단지 등이 개발됨으로써 산업구조의 질적 고도화에 대응한 입지정책이 추진되었다. 한편 외환위기 이후 외국인투자유치에 대한 필요성이 증대함에 따라 정부는 첨단 고도기술 등을 보유한 외국기업의 국내투자를 촉진하고자 외국인투자지역 제도를 도입해 운영하고 있다.

▓ 광산업의 요람, 광주첨단단지

외환위기 이후 광주지역의 산업경제는 기아자동차를 비롯한 자동차와 전자 협력업체들의 부도로 암울함 그 자체였다. 이에 정부는 서남권 지역발전과 21세기를 이끌어갈 새로운 과학기술 발전의 메카로서 광주에 첨단과학산업단지를 조성하고 미래산업인 광산업을 집중적으로 육성하기로 하였다. 이는 상대적으로 낙후된 서남권 개발거점에 산업기술연구 기능을 강화하고 기존 산업과의 연계를 통한 신성장산업을 육성함으로써 지역경제를 활성화하기 위함이었다. 무엇보다도 수도권, 동남권에 비해 서남권의 산업기술 집적도가 낮고 과학기술 기반이 취약했던 것이 첨단단지를 조성한 이유 중의 하나였다.

1988년 초 대통령과 광주지역 대표들이 모인 간담회에서 세계적인 첨단산업연구단지의 조성방안이 논의되었고 1991년에 본격적인 조성공사가 시작되었다. 그 후 단계적인 부분준공을 거쳐 2001년 12월 전체공정이 완공되었다. 광주첨단단지의 특징은 단지조성 이전부터 생산, R&D, 주거, 교육시설이 집적된 산·학·연 복합단지로 구상되었다는 점이며, 이에 힘입어 우리나라를 대표하는 광산업 집적지로 성장하였다.

첨단단지가 조성되기 전까지 광주지역은 광산업 기반이 별반 없는 지역이었다. 이에 불모지나 다름없는 광주첨단산업단지에 광산업을 육성하기 위한 기본적인 인프라 구축과 원천기술의 개발, 개발된 기술을 사업화하기 위한 연구역량 확충사업이 집중적으로 추진되었다. 정부와 광주시는 2000년 지역전략산업진흥사업으로 광산업을 선정하고 연구인프라 등 성장기반을 다졌으며, 그 후 국내 유일의 광관련 전문연구소인 한국광기술원, 한국전자통신연구원 분원, 광통신연구센터, 광주과학기술원, 고등광기술연구소 등 10여 개의 전문연구소가 산업단지 내에 위치하여 관련기업의 원천기술 개발과 신제품 개발을 지원하고 있다. 한편 광주과학기술원을 비롯해 전남대·조선대·남부대 등은 광관련 학과를 개설하는 한편 산업단지 내에 산학캠퍼스를 구축함으로써 지속적인 인력양성체제를 갖추었다. 또한 한국산업단지공단, 한국광산업진흥회, 광주테크노파크 등 다양한 지원서비스 기관들도 함께 위치하고 있다.

2005년 산업단지 혁신클러스터 사업이 시작되면서 광주첨단단지가 7

개 시범단지의 하나로 지정되었다. 이를 계기로 중소기업 네트워크 활동의 구심체인 미니클러스터가 조직되고 산·학·연·관의 유기적인 협업 체계를 구축할 수 있었다. 광주첨단단지는 광통신, LED, 광응용 분야의 기업들이 집적하면서 국내 유일의 광산업 중소기업단지로 성장하고 있다. 광주지역 광산업체 수는 1999년 47개사로 출발하여 2009년 말에는 355개사로, 고용인원은 1,900명에서 7,000여 명으로, 매출액도 1천 1백억 원에서 1조 6천억여 원으로 증가하는 등 지속적인 신장세를 나타내고 있어 우리나라 광산업의 핵심기지로 확고히 자리매김하고 있다.

▦ 출판·문화 산업의 신 거점, 파주출판단지

파주출판문화정보산업단지는 출판문화산업 발전을 위해 국가가 지정하고 민간이 주도하여 개발된 산업단지이다. 출판단지 건설에 대한 논의는 1980년대 후반부터였다. 당시는 대학교육 자율화 등으로 대학생 수가 급격히 증가하면서 국내 출판시장 규모가 연평균 15% 내외의 경이적인 성장을 거듭하고 출판량도 세계 10위권으로 진입하던 때였다. 그러나 외형적인 성장과는 달리 출판산업의 내적 구조는 전근대적인 생산방식, 고비용 저효율의 비생산적인 유통구조와 불합리한 상거래 관행 등 개선해야 할 과제가 산적해 있었다. 출판문화산업의 일대전환이 요구되었던 것이다.

이에 출판인들이 중심이 되어 1989년 '한국출판문화산업단지 건설준비추진위원회'를 결성하고 '출판문화산업단지' 건설을 본격화하게 된다. 당시 정부의 출판단지 조성계획의 골자는 파주시 문발리 일대 1.4㎢의 부지에 출판산업 및 유통단지, 영상디자인 및 첨단도시형 공업용지, 행정 주거시설 및 근린시설, 공원녹지 등을 입지시켜 명실상부한 출판정보문화산업의 중심기지로 육성한다는 것이었다. 단지가 조성될 부지는 일산 신도시에서 불과 1㎞ 떨어진 지점의 자유로 오른쪽에 위치하고 있어, 서울과 일산 신도시, 통일동산으로 이어지는 남북교류의 중심지로 기대되는 지역이며, 김포 및 인천공항과 연결되는 교통의 요지에 자리잡고 있어 출판물 제작·유통의 현대화에도 유리한 지역이었다.

특정 산업단지가 국가단지로 지정받기 위해서는 단지 내에 입주하는 산업이 국민경제에 미치는 영향이 큰 산업이어야만 한다. 당시 정부에서는 출판단지 건설은 국가산업단지 차원에서 다룰 사항이라기보다는 민간주도의 일반산업단지로 조성하는 것이 타당하다는 견해가 우세하였다. 고민하던 파주출판문화정보산업단지 사업협동조합측에서는 여성잡지의 부록으로 발간하는 가계부에서 아이디어를 얻었다. 당시 가계부는 주부들로부터 큰 호응을 얻고 있었는데, 가계부의 비용항목에 장바구니 물가와 직결되는 항목이 들어있음을 근거로 출판산업이 국민경제에 큰 영향을 미치고 있다고 설득하였던 것이다.[8]

파주출판단지는 1997년 3월 국가산업단지로 지정을 받고 이듬해 11월 1단계 사업이 시작되었으며, 1단계 사업의 성공에 이어 2008년부터는 영상과 미디어 산업을 집적시키는 2단계 사업이 추진되고 있다. 2009년 말 현재 파주단지에는 230여 개의 업체가 입주해 있는데 이들은 출판, 인쇄, 제본, 저작권중개, 출판유통, 디자인 등 다양한 분야에 걸쳐 있다. 향후 영상·방송·통신분야의 업체들이 입주하게 되면 파주단지는 본격적인

---

8) 출판도시문화재단, 「파주 책마을 이야기」, 2008. 5.

출판문화클러스터로 발돋움할 전망이다.

　　파주출판문화정보산업단지는 산업단지와 문화도시의 복합적인 성격을 지닌 특별한 성격의 산업단지이다. 국가산업단지는 일반적으로 지식경제부가 관리하지만 파주출판문화정보산업단지는 문화체육관광부가 관리권자로 되어 있다.[9]

▲파주출판단지 전경

자료: 한국산업단지공단(www.kicox.or.kr).

■ 세계적 바이오 메카, 오송

　　세계 주요 선진국들은 일찍부터 차세대 전략산업으로 보건의료 · 생명산업을 선정하여 육성하고 있다. 우리나라에서는 1994년 11월 보건사회부가 '보건의료과학기술 혁신방안'을 발표하였고 이에 따라 충북 청원군 오송지역에 바이오산업 전용 생명과학단지 조성계획을 추진하게 된다.

　　오송생명과학산업단지는 1997년 9월 총면적 9.1㎢ 규모의 국가산업

9) 지식경제부 이외의 부처에서 관리하고 있는 또 다른 국가산업단지로는 오창바이오산업단지(보건복지부 관리)가 있다.

단지로 지정되어 개발이 추진되었으나 곧이은 외환위기의 여파로 투자가 위축되면서 그 후 4.6㎢로 면적이 축소되어 2003년 10월에 기공되었다.

오송단지는 본격적인 공사착수를 앞두고 2004년부터 시작한 문화재 발굴 조사 중 구석기시대 문화재가 발견되어 단지 조성 예정지의 30%에 달하는 광범위한 면적을 대상으로 장장 3년간에 걸쳐 문화재 조사와 발굴이 이루어졌다. 이에 따라 오송단지는 당초 목표보다 2년이나 늦어진 2008년 10월에야 준공되었으며, 발굴된 구석기시대 문화층, 신라 말의 다중환호시설 등 일부는 현재 공원으로 조성되어 보존되고 있다.

▲문화재 발굴

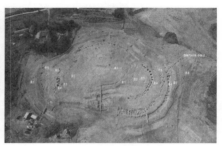
▲문화재 보존지역

자료: LH공사 충북지역본부.

현재 오송단지는 CJ제일제당, LG생명과학, 대한결핵협회 등 58개사에 분양이 완료되었고, 식품의약품안전청, 식품의약품안전평가원, 질병관리본부, 국립보건연구원, 한국보건산업진흥원, 한국보건복지인력개발원 등 6개의 보건의료 관련 국책기관들이 단지로 이전하는 작업을 추진하고 있다. 이들 기관의 이전이 완료되면 보건의료에 관련된 효율적인 원스톱 서비스가 가능해질 것으로 보인다. 또한 2013년 준공을 목표로 인체자원

중앙은행, 줄기세포연구센터 등 연구시설이 입주하고 오송첨단의료복합단지 지정을 계기로 오송단지와 연계한 충북도의 오송메디컬 그린시티 조성 등이 진행되면 오송단지는 명실상부한 세계적인 바이오 메카로 도약할 것으로 기대하고 있다.

▲오송단지 조성 전(2003년)　　　　▲오송단지 조성 후(2008년)

자료: LH공사 충북지역본부.

▌ 외국인투자지역

외국인투자지역은 외국인투자기업에게 저렴한 입지공간을 제공함으로써 외국자본과 첨단기술의 유치 및 고용 창출 그리고 지역산업의 구조 고도화 등을 도모하고자 도입된 제도이다. 이들 외국인투자지역에 입주하는 외투기업에게는 법인세·소득세 등의 세금감면과 50년간의 장기임대 및 부지가격의 1%에 해당하는 저가의 임대료 징수 등의 각종 혜택이 제공되고 있다.

외국인투자지역에는 단지형과 개별형이 있다. 단지형 외국인투자지역은 첨단고도기술 등 선진기술을 보유한 중소규모 외국인기업의 국내투자를 촉진하기 위해 1994년 도입된 제도로 국가·일반·도시첨단 산업단지 중에서 일정구획을 미리 지정하여 외국인투자지역으로 운영하는 것이다. 한편, 1997년에 도입된 개별형 외국인투자지역은 산업단지를 사전에 지정하지 아니하고 개별 투자가가 희망하는 지역에 지정하게 된다. 주로 대형투자를 유치하기 위해 투자자가 원하는 지역, 시기, 인센티브를 종합적으로 고려하여 외국인투자기업의 사업장 단위로 지정해 주는 것이다.

외국인투자지역 운영현황을 보면 단지형 외국인투자지역의 경우 1994년 천안과 광주 평동에 최초로 지정된 이후 2009년 말 현재 13개 지역에 총 9.2㎢가 지정되어 있으며, 200여 개사에 1만 6천여 명이 일하고 있다. 평동, 대불 등 입지여건이 비교적 열악한 지역의 경우에는 수차례에 걸쳐 외국인투자비율 조정, 임대단지 확대 등의 제도적 보완을 거쳐 오늘에 이르고 있다. 한편 개별형 외국인투자지역으로는 2009년 말 현재 BASF, 한국쓰리엠 등 36개사가 지정되어 있다.

(5) 신산업 입지공간의 확충: 2000년대

2000년대 초반의 한국경제 상황은 과거로부터 누적된 위기요인과 해외의 정치 · 경제적 불안이 겹치면서 불확실성이 크게 증대된 상황이었다. 외환위기는 어느 정도 극복되었으나 그 과정에서 생긴 후유증과 경제적 거품으로 인해 경제 전체의 불안감이 가중되었다. 대내적으로는 가계대출 증가와 신용카드 남발에 따른 신용불량자 급증으로 금융시장에 위기감이 커져갔고, 부동산시장 역시 경기활성화를 위한 각종 규제완화 조치와 저금리 정책으로 인해 유휴 자금이 부동산시장으로 유입되면서 주택가격이 급등하는 등 불안한 양상을 보였다. 외환위기를 넘긴 기업들은 성장보다는 안정에 초점을 맞추면서 신규투자에 대해 보수적인 경영을 고집함에 따라 미래성장동력 약화에 대한 우려감 또한 가중되었다.

이러한 상황에서 정부는 때마침 확산되기 시작한 정보혁명을 활용하여 벤처기업을 중심으로 새로운 성장동력을 마련하고자 하였다. 인터넷과 IT산업이 우리 경제가 외환위기를 극복하고 첨단기술 중심으로 산업구조를 전환할 수 있는 새로운 기회를 제공해 준 것이다. 1999~2000년 중 IT산업은 30%대의 높은 성장세로 한국경제 회복에 크게 기여하였으며, 특히 반도체는 1998~2000년 중 40% 내외의 성장을 보이면서 한국을 대표하는 산업으로 성장하였다. 같은 기간 한국의 총수출은 매년 20%대의 성장세를 실현하였는데 이 역시 IT산업의 높은 수출증가율에 힘입은 것이었다.

이러한 IT산업 성장의 원동력은 1990년대 말부터 불기 시작한 벤처 붐이며, 산업입지정책 면에서는 이들 벤처기업들이 입주할 수 있는 첨단단지의 육성이 필수적 과제로 대두하게 되었다.

먼저 구로단지현 서울디지털산업단지가 IT와 벤처산업의 성장에 발맞추어 과거의 모습을 일신하게 된다. 구로공단은 우리나라 최초의 공업단지로서 1960년대 말 섬유, 봉제산업의 집적지로서 우리나라 수출산업화를 선도한 지역이었다. 그러나 1980년대 이후 임금 상승에 따른 생산비 부담이 가중되면서 동남아 국가들과의 가격경쟁력에서 밀리기 시작하였고, 1990년대에 들어서도 유가와 인건비 상승이 지속되자 기업들은 하나 둘씩 문을 닫고 지방으로 또는 해외로 이전하면서 단지의 공동화 현상이 나타났다.

또 국내 제조업의 무게중심이 부가가치가 낮은 제조업에서 고부가가치의 첨단 IT산업으로 이동하자 노동집약적 제조업이 주류를 이루던 단지에 변화의 필요성이 제기되기 시작하였다. 이러한 시대적 상황에서 구로단지 변화의 시발점이 된 것은 1997년 한국산업단지공단이 수립한 '구로산업단지 첨단화 중장기계획'이었다. 그 해 7월 이 계획이 고시되면서 구로단지는 변화를 맞게 된다. 이 계획의 핵심은 경쟁력이 약화된 산업단지를 1997년부터 2006년까지 연구개발과 지식산업 중심의 첨단산업단지로 구조를 개편한다는 것이었다.

구로단지의 첨단화는 아파트형공장지식산업센터이 늘어나면서 본격화되었다. 과거 공공기관에만 자격이 주어졌던 아파트형공장 건설에 민간의 참여를 허용하고, 산업단지 입주요건을 제조업 중심에서 지식기반산업으로 확대하면서 2000년 이후 관련 기업들의 입주가 급증하였다. 1999년 이전에는 9개에 불과하던 아파트형공장이 2010년 7월에는 100개로 증가하였고, 이에 따라 입주기업 숫자는 2000년 712개사에서 2010년 7월 현재 10,025개사로 10년 만에 무려 14배가 증가하였다.

2000년대에 들어서는 종래 하드웨어 공급 중심의 입지정책에 소프트웨어적 성격이 적극적으로 가미되기 시작하였다. 세계화와 산업 전반의 네트워크화가 가속화되는 등 경제사회적 패러다임이 변화함에 따라 기존의 요소투입형 경제체제에서 혁신창출형 경제체제로 전환하기 위한 산업입지정책이 필요하게 된 까닭이다. 이에 따라 2003년 7월에는 「공업배치 및 공장설립에 관한 법률」이 「산업집적활성화 및 공장설립에 관한 법률」로 전면 개편되어 지난 40여 년간 추진해 온 하드웨어 중심의 '공업배치' 정책에서 소프트웨어 중심의 '산업집적클러스터 활성화' 정책으로 방향을 전환하게 된다.

중후장대형 산업위주로 공급되던 지금까지의 산업입지정책이 신산업의 입지수요를 뒷받침하는데 한계를 보임에 따라 서울디지털단지의 예와 같이 첨단산업용 입지공급을 확대하는 정책으로 관련 규정이 보완되어왔다. 벤처기업육성에 관한 특별조치법에 의한 벤처기업 전용단지와 벤처기업 집적시설, 산업기술단지 지원특별법에 의한 산업기술단지, 중소기업육성 및 제품구매 촉진법에 의한 협동화단지, 정보화촉진법에 의한 정보통신산업단지, 소프트웨어개발촉진법에 의한 소프트웨어진흥시설 및 소프트웨어진흥단지, 문화산업진흥기본법에 의한 문화산업단지 등 신산업을 입주시킬 수 있는 공간 창출이 활성화되고 있는 것이다.

전 세계적으로 환경에 대한 관심이 고조되고 녹색성장을 통한 지속가능한 산업발전 전략이 화두가 되면서 산업입지정책에도 이러한 개념이 도입되었다. 특히 경제성장과 환경보전의 조화는 산업의 터전이자 오염의 배출지인 산업단지가 풀어야 할 가장 시급하고도 중요한 과제로 인식되기 시작하였다. 이에 따라 저탄소 녹색성장의 새로운 패러다임을 산업단지에 접목하려는 시도가 활발히 진행되어 현재 생태산업단지 조성, 녹색클러스터 구축 등의 사업이 추진되고 있다. 새만금간척지 내에 조성되고 있는 군산확장단지, 시화단지의 연장선상에서 추진되고 있는 시화멀티테크노밸리, 그리고 대구, 구미, 포항, 군산 등지에 신규로 추진되고 있는 국가산업단지는 이와 같은 개념들이 접목되어 조성될 예정이다.

최근에는 산업단지의 공급방식도 다양해지고 있다. 단지 개발에 민간부문의 참여가 활발해지고 있으며, 기반시설이 정비되지 않은 토지를 싼값에 공급하여 개발자가 사업특성에 맞게 개발하는 원형지 개발방식도 산업단지개발의 새로운 모델로 등장하고 있다.

첨단산업을 유치하기 위해서는 관련기업의 집적은 물론 문화·교육·주거시설 등의 정주여건까지 고려하지 않으면 안 된다. 판교와 광교 신도시 내의 첨단단지 혹은 상암디지털미디어시티 등에서 보듯이 최근에는 산업집적지 내의 산업시설과 주거시설 간의 구별조차 희미해지는 단계로 접어들고 있다.

2. 산업단지의 성과와 개선과제

해방 이후 우리 경제는 세계적으로 유례를 찾아볼 수 없을 정도로 초고속 성장을 지속해 왔는데 이러한 고속성장의 배경에는 산업단지라는 베이스캠프가 있었다. 개발연대를 거치면서 우리나라 경제정책은 제조업을 중심으로 한 거점개발 방식으로 추진되었는데, 이러한 지역별 거점개발의 기반이 바로 산업단지였던 것이다.

2009년 말 현재 우리나라에 조성되어 있는 산업단지는 총 815개로 국가산업단지 40개, 일반산업단지 368개, 도시첨단산업단지 6개, 농공단지 401개이다. 지정면적은 총 1,350㎢[10)]로 서울시 면적의 약 2.2배에 해당하는 규모이다. 단지 수에서는 농공단지가 가장 많으나, 지정면적 기준으로는 국가산업단지가 전체 면적의 64%를 차지하고 있을 만큼 절대적이다. 이들 산업단지의 평균 분양률은 98%조성완료된 산업용지 기준로 매우 높은 수준을

---

10) 산업단지는 기업(공장)이 들어설 수 있는 산업시설구역, 기업지원시설이나 공공기관 유치를 위한 지원시설구역, 공공시설구역, 그리고 녹지구역으로 구분된다. 2009년 말 현재 산업시설구역은 570㎢이며 그 중 조성이 완료되어 기업에게 분양된 면적은 395㎢이다.

유지하고 있어 기업들의 산업단지 선호경향을 보여주고 있다. 일부지역에서는 과다 공급에 따른 미분양 문제가 제기되고 있기도 하지만 대부분의 지역에서는 산업단지의 인기가 여전히 높은 편이다.

유형별 산업단지 지정 현황(2009년 말)

구 분	단지수(개)	지정면적(㎢)	입주기업수(개)
국 가	40	863	38,201
일 반	368	422	17,357
도시첨단	6	0.7	107
농 공	401	64	5,632
계	815	1,350	61,297

자료: 한국산업단지공단, "전국산업단지 현황통계", 2009. 4분기.

산업단지에는 총 61,297개사가 입주해 있다. 국가경제에 대한 산업단지의 기여도를 2008년 말 기준으로 보면, 우리나라 전체 제조업체수의 15%, 생산의 60%, 수출의 72%, 고용의 40%를 산업단지가 담당하고 있어 국가경제의 중추적 역할은 물론 제조업 성장의 핵심기반으로 자리잡고 있음을 보여주고 있다. 특히 수도권에 비해 서비스업의 비중이 낮을 수밖에

지역경제에서 차지하는 산업단지의 비중(2008년)

(단위: %)

구분	서울	부산	대구	인천	광주	대전	울산	경기	강원	충북	충남	전북	전남	경북	경남	제주
기업수	15.6	11.9	15.8	34.4	27.2	14.4	25.8	18.2	15.8	12.5	11.9	22.2	16.7	17.9	14.5	3.2
생산	19.5	39.9	75.1	42.3	72.4	69.6	85.9	41.5	34.4	55.9	60.0	82.1	88.9	65.1	65.1	15.2
고용	37.5	28.5	54.0	50.1	67.5	48.9	71.2	31.3	40.6	42.7	39.8	62.0	74.1	49.7	45.1	5.2

자료: 한국산업단지공단, "전국산업단지 현황통계" 및 통계청 자료를 이용하여 재작성.

없는 지방의 경우 산업단지는 각 지역경제의 성장거점으로 확고한 위치를 점하고 있다. 고용흡수력 또한 매우 높아 일부 시·도의 경우 제조업 고용의 절반 이상을 산업단지가 담당하고 있을 정도이다.

이처럼 과거 개발연대를 통해 제조업 성장의 보금자리가 된 산업단지들은 2000년대 들어서도 주력기간산업, 미래전략산업, 차세대 성장동력산업 등 국가 주력산업의 핵심 집적지로서 그 위상을 더욱 확고히 하고 있다. 어떤 형태의 산업이든 토지를 떠나서는 존재할 수 없기 때문이다. 아래 표에서 보는 것처럼 우리의 차세대 먹거리가 될 주력 기간산업이나 미

주요 전략산업의 발전비전과 대상 산업단지

구 분		2001년 세계적 위상		2010년 세계적 위상		산업단지(예)
유 형	산 업	점유율(%)	순위	점유율(%)	순위	
주력기간 산 업	조 선	32.4	1	40	1	울산미포, 대불
	반 도 체	5.7	3	15	3	구미
	자 동 차	5.2	5	10	4	울산미포, 군산
	섬 유	5.2	4	5.6	3	구미
	석유화학	4.9	4	4.5	4	울산, 여수
	철 강	5.2	6	4.8	6	포항, 광양 연관
	기 계	2.0	15	5.0	7	창원, 군산
	부품소재	수출 $623억	–	수출 $1,475억	–	남동, 반월, 시화
미래전략 산 업	디지털전자	5.1	4	20	2	한국수출, 구미
	전자의료기기	1.5	13	10	5	광주첨단
	바이오산업	1.4	14	10	7	오송
	환경산업	1.2	16	2.1	10	울산
	항공산업	0.4	15	1.0	10	진사

자료: 산업연구원, 「산업단지 구조고도화 사업의 기본방향 및 중장기 추진전략 수립 등을 위한 연구」, 2008. 11.

래성장동력산업의 세계적 위상을 고려할 때 산업단지를 중심으로 하여 업종별 경쟁력강화 전략을 마련하는 것이야 말로 국민소득 4만 달러를 달성할 수 있는 가장 현실적인 대안이다.

그러나, 산업단지가 국부 창출의 터전이라는 역할을 지속하기 위해서는 개선되어야 할 과제 또한 적지 않다.

우선 지적할 수 있는 것이 기존 공단들의 대부분은 조성된 지 30~40년이 지나 매우 낡았다는 것이다. 아파트에 비유하자면 재개발 내지 재건축 기간이 한참이나 지난 단지가 대부분이다. 단지조성 당시의 여건과 지금의 경제사회적 상황이 너무나 달라진 것이다. 1970년대 단지조성 당시 공장 종업원이 하나같이 자가용으로 출퇴근한다고 누가 생각이나 했겠는가? 당시에는 너무 넓다는 비판까지 제기되었던 단지 내 도로는 화물차의 주차장이 되었고, 이면도로는 승용차로 덮여 트레일러가 공장에 진입하려면 주차된 차량의 주인들을 일일이 찾아내서 차를 옮겨야 할 지경에 이르렀다. 1970년대만 해도 공장의 종업원들에게 체육문화시설이나 녹지공간 같은 것들은 일종의 사치시설로 간주되었다. 그러나 이제는 아니다. 문화복지시설이나 정주여건을 제대로 갖추지 않고는 근로자를 구하기도 어렵게 되었다. 중후장대형 산업이 경박단소형 산업으로 바뀌면서 대규모 공장용지들이 소필지로 나누어지거나 임대공장이 증가하게 되는데, 이 때문에 기반시설 용량이 더욱 부족해지고 입주기업 관리 또한 어렵게 되었다. 노후화된 공단에 대한 구조고도화 내지는 리모델링이 필요한 이유이다.

과거의 공장 특히 지방단지에 입주한 공장들은 물건을 열심히 만드는 것이 주된 역할이었다. 생산에 필요한 도면은 서울 본사에서 내려왔고 물건의 판매는 종합상사나 본사의 몫이었다. 기술개발, 종업원에 대한 교육, 원료구매 등의 활동에도 신경쓸 필요가 없었다. 그러나 이 또한 사정이 달라졌다. 단순한 생산기지로서는 저임금과 대량생산으로 맞서오는 중국이나 인도와 같은 후발개도국과의 가격경쟁에서 이길 수 없게 되었다. 지역에 있는 공장들이 스스로 기술과 신제품을 개발하고 생산성 향상과 품질 제고를 통해 경쟁국 제품과 차별화해 나가지 않으면 안 된다. 협소한 국내 시장을 넘어 해외 판로도 스스로 개척하지 않으면 안 되게 되었다. 산학연의 연계를 통하여 산업단지 내 기업의 자생력을 높이는 클러스터 사업이 더욱 중요해지고 있다.

1980년대까지만 해도 산업단지는 공해배출의 대명사였다. 공단 주변은 공기의 질과 냄새가 다르고 공장지대를 지나는 하천은 말 그대로 폐수가 흐르는 길이었다. 지금은 많이 개선되었지만 산업생산이 공해배출과 뗄 수 없는 관계인 것은 어쩔 수 없는 일이다. 따라서 새로 조성되는 단지를 보다 환경친화적인 생태단지로 조성하는 일, 기존 단지의 오염배출량을 최소화하는 일 등이 앞으로의 과제이다.

지난날 공단 조성이라고 하면 당연히 넓은 땅에 각종 하드웨어적 인프라를 구축하는 것이 그 중심이었다. 이들 하드웨어 부문은 기초 인프라로 당연히 중요하다. 그러나 앞으로는 이러한 하드웨어 위에 기업들의 만족도를 높일 수 있는 소프트웨어의 제공에 더 역점이 주어져야 한다. 단지 내 입주기준도 개발연대와 같은 단순한 제조업 중심에서 벗어나 제조업 지원서비스까지 포괄하는 개념으로 확대될 필요가 있다. 단지의 조성이나 운영에 있어 지방자치단체나 입주기업의 의견이 반영될 수 있는 통로를 넓힐 필요가 있다. 단지 내 입주기업에 대한 인센티브의 기준이나 내용도 달라져야 할 것으로 보인다. 현재는 투자규모나 기술수준을 인센티브 기준으로 하고 있으나 앞으로는 고용창출 효과를 보다 중시하는 것이 바람직하며, 내·외국기업에 대한 동등 대우도 필요하다.

입주기업에 대한 서비스의 내용도 바뀌어야 한다. 개발연대에는 공장용지에 대한 수요가 많았으므로 토지공급은 공급자 중심으로 이루어지고 관리의 내용도 규제 중심일 수밖에 없었다. 그러나 앞으로 산업단지관리는 단순한 법규적용이나 관리보다는 입주기업들에 대한 지원이나 문제해결 중심으로 전환되어야 한다. 산업단지에 대한 관리권 일원화 문제도 검토되어야 한다. 단지의 조성업무와 관리업무의 분리, 각 기관별 관리업무의 분산 등으로 입주기업이 겪고 있는 불편이 이만저만한 것이 아니기 때문이다.

일반적으로 산업단지 안에 입주한 기업들은 개별입지에 산재된 중소기업에 비해서는 경영여건이 양호한 편이다. 오히려 산업입지와 관련하여 제기되는 민원과 환경오염 그리고 사회적 숙제는 개별입지 또는 입지 자체가 불가능한 지역에 난립한 무등록 공장인 경우가 더 많다. 수도권 그린벨트 내의 창고 또는 비닐하우스를 이용한 무등록공장, 도시내 공업지역이나 준공업지역 심지어 일반주거지역에 입주한 영세기업들, 경기북부지역 등에서 보듯이 개별입지가 모여 자연스레 공업단지화한 지역 등이 있다. 이들 지역은 종합적인 계획없이 시간이 흐름에 따라 자연스레 공장이 모이다보니 사회기반시설이나 환경처리시설이 턱없이 부족할 수 밖에 없다. 이들 지역에 대한 체계적 관리가 필요하다. 동시에 일부 농공단지에서 보는 것처럼 애초부터 산업입지로서는 부적합한 지역에 단지가 조성되고 입주희망자가 없어 그 후 거의 방치되다시피한 산업단지에 대한 활성화 방안도 필요한 시점이다.

Chapter 04

산업단지의
발전방향

04
산업단지의
발전방향

기 술혁신의 가속화로 산업구조가 급변하고 있다. 산업구조의 변화는 입지정책의 패러다임 전환을 가져오고, 입지정책의 패러다임 변화는 산업의 기반인 산업단지의 역할과 기능에 대해서도 끊임없는 변화를 요구하고 있다. 즉, 그동안의 공급 중심의 양적 입지정책에서 수요자 중심의 질적 입지정책으로의 전환이 필요한 것이다. 이는 과거와 같은 대규모 산업단지 공급정책이 더 이상 유용할 수 없음을 의미하는 것으로 산업수요에 대응한 탄력적인 산업용지의 공급과 양질의 입지환경 나아가 쾌적한 정주여건의 제공이 보다 중요시 되고 있음을 의미한다.

이러한 입지정책의 변화로 산업단지는 굴뚝과 잿빛으로 상징되는 과거의 공단과는 전혀 다른 새로운 모습으로 탈바꿈하고 있다. 제조업 중심의 단순 생산기능 집적지에서 벗어나 국가와 지역의 혁신을 새롭게 창출할 수 있는 '혁신의 공간'으로 변화하고 있으며, 미래형 산업을 육성할 수 있는 '보육의 공간'으로 재탄생하고 있는 것이다. 아파트형공장지식산업센터, 비즈니스센터가 들어서고 폐기물의 재활용과 자원순환이 이루어지면서 이제 산업단지는 지식 네트워크가 살아 숨쉬는 녹색의 산업공원으로 변해가고 있다.

▋ 기술혁신과 산학연 연계의 확산

정보통신의 발달과 지식기반산업의 성장은 물리적 생산설비 외에 대학, 연구소 등 기술적 파트너에 대한 의존성을 높이고 있다. 지식기반경제에서 기업경쟁력을 제고하기 위해서는 개별기업이 고립적으로 생산능력을 최대화하는 것보다 대학, 연구기관, 수급기업 간의 활발한 상호작용을 통하여 생산범위를 확장하고 새로운 시장을 개척할 수 있는 학습능력을 키우는 것이 중요하다. 기술의 복잡화와 고도화로 신기술 개발의 위험도가 높아지고, 연구개발 과정의 고도화와 시스템화로 인해 동종 또는 이업종 간의 기술융합 및 상호연계의 중요성이 강조되고 있는 것이다. 이에 기업들은 기업 내부의 자원뿐만 아니라 자신들이 소유하고 있지 않은 외부자원을 적극 활용함으로써 내부 경영자원의 한계를 극복할 수 있는데, 결국 네트워크 활동은 이러한 한계를 극복할 수 있게 하는 훌륭한 전략이 될수 있다.

이처럼 혁신 주체간의 네트워크에 기초한 지식생태계의 조성이 경쟁력 우위를 위한 필수적 요소로 부각되면서 기업들이 집적되어 있는 산업단지도 지식네트워크가 원활히 작동하는 클러스터로의 진화를 시도하고 있다. 2005년 7개 클러스터 시범단지를 시작으로 출범한 산업단지 혁신클러스터 사업이 지금은 5+2 광역경제권의 핵심 사업으로 정착되어 산학연관 협력시대의 중심축으로 부상하고 있는 것이다.

■ 신규단지 개발 중심에서 기존단지의 경쟁력제고 중심으로

최근 산업입지에 대한 관심은 신규단지의 개발보다는 기존단지의 경쟁력 향상으로 옮겨가고 있다. 조성된 지 오래된 단지의 경우 기반시설이 노후화되고 업종구조 고도화가 지체됨에 따라 지역사회와의 갈등은 물론 산업공동화를 초래하고 있어 기존단지의 유지·보수·재정비에 대한 요구가 점차 증가하는 추세이다. 기존 산업단지에 대한 재정비사업은 새로운 입지를 개발하는 것보다 유리한 측면이 많다. 기존단지의 경우에는 기반시설이 잘 갖추어져 있을 뿐만 아니라 관련 산업의 집적과 각종 산업지원시설에 대한 접근성이 뛰어나 새로운 입지의 개발보다는 기존 산업단지의 구조고도화가 입지환경 변화에 보다 신속히 대응할 수 있는 장점이 있는 것이다.

산업단지 관리측면에서도 주목할 만한 변화가 진행 중이다. 단순 관리 중심에서 지원업무 중심으로 지원체계의 패러다임이 변화하고 있다. 과거 산업단지의 관리는 단지 내 도로, 환경시설, 녹지 등의 기반시설정비와 단지분양, 입주관리 등의 단순 행정적 기능이 중심이었다면, 지금은 자금, 인력, 물류, 경영, R&D, 네트워킹 등 기업의 혁신역량 제고를 위한 지원서비스에 초점을 둔 지원체계가 마련되고 있는 것이다. 창업에서 시작하여 단지 내 입주 그리고 성장에 이르는 전 주기에 걸쳐 개별기업이 필요로 하는 서비스를 맞춤형으로 제공해야 할 필요성이 증대된 것이다.

■ 소외된 독립적 생산공간에서 관계적 공간으로

조성 당시에는 도심에서 멀리 떨어져 다소 격리된 독립공간이었던 산

업단지도 도시화가 진전되면서 점차 주거지역과 인접하게 되고 따라서 교통문제, 환경문제 등으로 지역주민과의 이해관계가 상충되는 경우가 자주 발생하고 있다. 이와 동시에 산업단지의 환경개선에 대한 관심이 높아져 단지 내 폐기물의 재활용, 자원순환 시스템의 정착, 환경친화적 산업단지 재정비 등의 사업이 주목받게 되었다. 산업단지가 독립적 생산공간에서 지역사회와의 관계적 공간으로 변화하고 있음을 의미한다.

　지난 2005년부터는 산업단지에서 발생되는 폐기물과 부산물을 재활용하여 지속발전이 가능한 친환경 산업단지로의 전환을 유도하고자 생태산업단지 시범사업이 활발히 추진되고 있다. 산업단지가 더 이상 지역사회와 격리된 이질적 공간이 아닌 물리적 · 사회적 지속가능성을 확보한 지역사회와의 관계적 공간으로 발전해야 하는 것이다.

　▪ 중소규모 단지 및 임대단지 수요의 증가

　과거 개발연대에는 장치산업 육성을 위해 대규모의 입지공급이 필요했으나 산업구조가 경박단소화되면서 최근에는 중소규모의 부지수요가 크게 증가하고 있다. 구태여 대규모 단지에 입지하지 않더라도 정보통신기술과 협력주체간 네트워킹으로 범위의 경제를 통한 경쟁우위 확보가 가능해졌기 때문이다. 이에 따라 공급자 중심의 대규모 산업단지 개발보다는 수요자 중심의 중소규모 맞춤형 단지개발이 보다 일반적인 추세이다. 세계적으로 보더라도 대만의 남항 소프트웨어단지, 중국 푸동 소프트웨어단지, 일본의 가나가와 과학단지 등은 모두 부지면적 30만㎡ 이하의 소규모 단지로 부지수요의 소형화 추세를 잘 반영하고 있는 사례이다.

한편, 제조업의 서비스화 진전, 아웃소싱의 확대, 집적과 네트워크 활성화가 중시되면서 아파트형공장이나 임차공장 등 소규모 공장에 대한 수요가 증가하고 있다. 특히 IT, BT 등 경박단소형 첨단산업과 지식기반산업 중심으로 산업구조가 변화하고 있어 일정한 생산액에 소요되는 부지면적, 즉 입지 원단위는 앞으로도 지속적으로 감소할 전망이다. 장치산업 육성기에는 단일공장 면적이 30만㎡ 또는 50만㎡를 상회하는 기업이 허다하였다. 그러나 최근에는 태양광산업, 2차전지산업, 로봇·항공산업 등에 보는 것처럼 대규모투자가 필요한 신규 사업의 경우에도 필요부지는 얼마 되지 않는다. 대기업이 신규 사업을 추진하는 경우에도 구태여 별도의 부지를 구하지 않고 기존 공장 내에서 생산시설의 재배치 등을 통해 신규 사업을 시작하는 것이 오히려 일반적인 상황이다.

1. 산업단지 중심의 광역클러스터화 추진

(1) 산업 클러스터의 의미

산업 클러스터의 개념은 19세기 말 산업지구Industrial District라는 개념으로 우리에게 처음 소개되었다. 영국의 경제학자 알프레드 마샬Alfred Marshall은 1890년 당시 쉐필드와 랭카셔 지역의 산업발전을 분석하면서 동일 지역 내에 집적되어 형성된 산업단지에서 근접성의 효과가 발생하고, 이를 통해 개별 기업이 경제적 외부효과를 누릴 수 있는 이점이 발생한다는 것을 발견했다. 그는 이를 '집적화에 따른 규모의 외부경제'라고 하였다.

클러스터의 중요성이 본격적으로 알려진 것은 1990년대에 들어서였다. 미국의 마이클 포터Michael Porter 교수에 의해 실리콘밸리 등 세계적인 산업집적지의 성공 사례가 체계화되기 시작하였고, 이에 따라 세계 여러 나라들이 혁신적인 산업 클러스터를 조성하기 위해 적극적이고 다양한 정책을 추진하였던 것이다. 이렇게 산업 클러스터 개념이 1990년대부터 집중적으로 재조명되기 시작한 것은 인터넷과 IT 기술이 확산되면서 생산요소로서의 지식의 가치가 더욱 중요해졌기 때문이다. 산업 클러스터는 기업-대학-연구소-정부기관 간의 네트워크를 통해 지식의 창출과 확산이 이루어지는 집적지로서 이것이 곧 지역혁신시스템의 구심점이 되고 있다.

▌기업들은 왜 모이는가?

기업들은 왜 특정 지역에 모이기를 좋아하는 걸까? 바로 옆집에 경쟁자가 입주하면 오히려 경쟁은 더욱 치열해 질 터이고, 초고속의 교통·통신망이 발달한 오늘날 물리적 입지는 더 이상 경쟁우위 요소가 아니며 실제로도 웬만한 기업의 비즈니스는 국가와 지역의 경계를 넘어서 이루어지고 있는데도 말이다. 그럼에도 현실 세계에서는 프랑스의 와인산업이나 네덜란드의 화훼산업처럼 산업별 집적이 일반화되고 있다. 뉴욕의 월스트리트와 상하이의 루자추이陸家嘴, 서울의 여의도에는 금융회사들이 대거 몰려 있고, 워싱턴의 패더럴 트라이앵글과 동경의 가즈미가세키에는 관청들이 모여 있는 것이다.

기업들을 한 데 모으는 힘, 혹은 기업들이 집적을 통해 얻을 수 있는 혜택은 집적의 경제라는 용어로 설명된다. 같은 분야의 기업들이 모여 있으면 자원 조달, 서비스 의뢰, 시장 확보 등을 공동으로 추진하여 이익을 얻을 수 있다. 여러 기업들이 모여 있으면 대량 구매를 통해 원재료나 부품을 싸게 조달할 수 있고, 학교를 유치하여 우수 인력을 구하기도 쉬워진다. 기술과 지식의 확산 및 선의의 경쟁에 의한 건전한 긴장감 등으로 동반 성장이 가능해진다. 특히 이들이 혁신지향적 기업들이라면 기술혁신의 누적적 상승작용이 나타나고 이것이 다시 관련 기업들을 불러 모으는 선순환 구조를 기대할 수 있게 된다.

같은 산업단지에 입주한 기업들은 다양한 전문적 서비스를 저렴하게 공급받을 수 있다. 개개의 기업만으로는 전문화된 서비스 산업이 입주할 만한 수요가 되지 않으나 다수의 중소기업들이 집적되어 있을 경우에는 전문화된 서비스 산업들을 유치시킬 수 있는 충분한 수요가 형성될 수 있다. 개별기업 입장에서는 전문화된 서비스 이용에 따른 편익과 비용 절감을 동시에 꾀할 수가 있는 것이다.

서로 다른 종류의 기업들이 공업화된 대도시에 집적하게 되면 공업발전의 전제조건이 되는 사회간접자본의 활용 또한 용이해진다. 소도시나 농촌지역에 입지할 경우에는 도로, 철도, 항만, 상·하수도, 공공보건, 교육, 치안, 화재 등 각종 공공서비스를 충분하게 공급받기 어려운 반면, 대도시나 산업단지에 입지할 경우 이러한 편익을 손쉽게 누릴 수 있어 생산비용뿐만 아니라, 운송비용, 판매비용까지도 절감할 수 있는 이점이 있다.

이와 같은 장점 외에도 집적의 이점으로 가장 중요한 것은 대면접촉을 통해 암묵적 지식의 이전이 가능하다는 것이다. 온라인에서 떠도는 정보들은 누구나 접근 가능한 지식, 즉 형식지에 불과하다. 진정으로 기업의 경쟁력을 좌우하는 것은 글로는 표현하기 힘든 경험과 숙련을 통해 축적되는 지식, 즉 암묵지이다. 이러한 지식의 이전과 획득은 기밀하고도 빈번한 공식·비공식적 교류나 상호 신뢰가 바탕이 된 접촉 네트워크를 통해서만 가능하기 때문에 기업들은 암묵지를 쉽게 얻을 수 있는 지역이나 암묵지가 군집되어 확산될 수 있는 지역을 선호하게 된다. 이러한 암묵지가 군집하고 있는 지역이 바로 클러스터이다.

첨단기술을 바탕으로 한 현대적인 의미의 산업집적지, 즉 산업 클러스터는 주로 대학을 중심으로 형성되어 왔다. 연구결과를 곧바로 상업화하거나 전문 인력을 쉽게 구하려면 대학의 실험실과 공장이 밀접하게 연결되어 있어야 하기 때문이다. 실리콘밸리의 역사가 스탠포드 대학에서 비롯되었다는 것은 익히 알려진 사실이다. 실리콘밸리뿐만 아니라 그 밖의 세계적인 첨단기술 단지들도 MIT보스턴, 캠브리지대학영국, 베이징대학중관춘 등 유명 대학 주변에 밀집되어 있는 경우가 많다. 이들 지역은 비싼 땅값에도 불구하고 계속 기업들이 몰려들고 있다. 특히 실리콘밸리가 있는 캘리포니아 지역은 심심찮게 지진까지 발생하는데도 그 인기는 식을 줄 모른다. 연구소는 연구단지 내에, 기업들은 산업단지 안에 함께 모여 있어야 '돈 되는' 정보와 지식을 얻을 수 있기 때문이다.

물론 지식기반사회가 되면서 기업들의 집적에 대한 인식이 변화하고 있는 것은 사실이다. 과거 물리적 집적에만 의존해 왔던 입지패턴이 최근 공간적 입지 제약을 최소화하면서도 기업간 집적효과를 극대화할 수 있는 방향으로 바뀌고 있는 것이다. 그럼에도 불구하고 집적의 효과 혹은 대면접촉의 중요성이 줄어든 것은 결코 아니다. 무선통신, 온라인게임 등 IT 분야의 첨단기술로 먹고사는 기업들도 가장 중요한 정보는 식당이나 커피숍에서 대면접촉을 통해 얻고 있기 때문이다.

■ 혁신클러스터

우리 경제가 혁신주도형 경제로 탈바꿈하기 위해서는 '공정혁신'을 통해 동일한 투입으로 보다 많은 재화를 만들거나 '제품혁신'을 통해 성능과 품질이 뛰어난 제품을 계속 만들어 낼 수 있어야 한다. 지속적인 혁신을 위해서는 새로운 기술과 지식이 끊임없이 창출되어야 할 뿐 아니라, 생산현장에서 확산되고 활용될 수 있는 시스템이 구축되어야 한다. 이는 한편에서는 산업현장이 필요로 하는 공정 및 제품에 관한 기술과 지식이 끊임없이 창출·공급되고, 다른 한편에서는 이것이 생산현장에서 지속적으로 확산·적용되면서 동시에 새로운 기술·지식에 대한 수요가 제시될 때 달성될 수 있다. 말하자면 기술과 지식의 창출과 이의 확산·적용이 상호 선순환 구조를 이룰 때 비로소 혁신주도형 성장이 달성될 수 있는 것이다.

그런데 원천적인 기술과 지식의 창출은 대학이나 연구기관에서, 그리고 이들의 확산과 적용은 산업현장에서 일어나는 것이 보통이다. 따라서 기술과 지식의 창출과 이의 확산·적용이 상호 선순환 구조를 이루기 위해서는 대학 및 연구기관과 산업체가 서로 긴밀히 협력하는 관계가 확립되어야 한다. 지금까지의 선진국 사례를 보면 이처럼 산·학·연의 협조 관계 속에서 혁신주도형 성장을 달성하는 가장 효율적인 수단이 바로 '혁신클러스터'를 조성하는 것이다.

혁신클러스터란 산업체와 대학 그리고 연구기관이 일정한 지역을 중심으로 모여서 상호 긴밀한 네트워크를 형성함으로써 상시적으로 혁신이 일어나는 체제를 갖춘 지리적 공간을 가리킨다. 미국의 실리콘밸리와 샌디에이고, 영국의 케임브리지 테크노폴, 프랑스의 소피아 앙티폴리스, 스웨덴의 시스타, 핀란드의 오울루, 일본의 도요타 등이 그 대표적인 사례들이다.

혁신클러스터가 형성되는 이론적 기반은 크게 보면 기업이 집적하는 이유와 같다. 즉 개별 기업 간의 공간극복 비용이 증가함에 따라 생산자들은 서로 근접하여 입지하려는 경향이 강해지며 그 결과 산업의 경쟁력이 단순한 기업단위의 경쟁력에서 벗어나 지역단위로 형성되는 것이다. 클러스터의 기본 원리는 산·학·연 간의 지리적 인접성 자체가 역내 기업의 경쟁력을 높일 수 있다는 것인 만큼 이는 국토가 좁은 한국에게는 대단히 매력적인 이론이 아닐 수 없다. 또한 이러한 클러스터 개념은 우리에게 역사적으로 전혀 생소한 개념도 아니다. 안성의 유기, 담양의 죽제품은 매우 원시적 형태이기는 하나 초기 산업 클러스터의 한 형태인 것이다.

현대에 들어서는 지난 40년간 요소투입형 경제성장을 해오는 과정에서 혁신클러스터와 유사한 산업집적지 내지는 연구개발집적지가 형성되어 왔다. 전국에 산재해 있는 산업단지가 바로 그것이다. 그러나 개발연대에 조성된 대부분의 국가 및 지방산업단지는 단순한 생산집적지로서 연구개발기능이 부족하고 기업지원기관들과의 상호 교류도 부족하였다. 우리가 개발한 대부분의 산업단지는 범용·모방 기술 중심의 대량생산시대에 적합하게 조성된 단지들이다. 즉, 연구개발은 모기업 또는 수도권 기업에 의존하고 생산은 낮은 지가와 규모의 경제가 가능한 지방에서 중간 기술을 가진 인력을 활용하여 수행하는 형태였다. 국가 전체적으로 보면 생산

기능과 연구개발기능을 모두 갖추고 있었으나, 개별 단지별로 보면 생산
기능과 연구개발기능이 분리되어 산·학·연의 유기적인 결합을 통한 혁
신이 상시적으로 일어나는 혁신클러스터로 성장하는 데 한계가 있었던 것
이다. 대표적인 사례가 연구개발기능과 생산기능이 분리되어 있었던 대덕
연구단지이다. 대덕연구단지에는 70여 개의 국공립연구기관과 대학 등이
있으며 석·박사급 연구원만 14,000명이 넘고 연간 R&D 투자비도 2조 원
이상에 달한다. 그러나 단지 인근에 대규모 산업단지 등 생산기능이 미흡
하여 R&D의 성과가 상업화로 이어지지 못한 아쉬움이 있었다.

● 대덕연구개발특구

　　대덕연구개발특구의 전신은 대덕연구단지이다. 1973년 서울에 위치
한 홍릉연구단지가 한계에 이르자 대전 유성일대에 새로운 연구단지를
조성하면서 대덕연구단지가 탄생하게 된다. 대덕연구단지는 당시 국내의
취약한 연구기반을 극복하는데 주도적인 역할을 수행하였다. 다양한 정
부출연 연구기관들이 단지에 입주하였고 1990년대 들어서는 민간연구기
관의 입주도 활성화되기 시작하였다. 2000년대 이후에는 정부가 지식
기반산업 육성정책을 추진하면서 기업들이 단지 내에 위치한 출연연구
소 및 민간연구소를 이용할 수 있다는 장점이 부각되었고 이것이 알려지
면서 벤처기업이 급증하게 되었다.

　　대덕단지에서는 그동안 CDMA, WIBRO, DMB, 다목적실용위성, 핵
융합시설(KSTAR), 차세대전차 등 우리나라를 대표하는 기술들이 탄생하
였다. 그러나 아쉬운 점은 순수한 연구 및 교육 기능 중심으로 운용됨에
따라 과학기술, 산업육성, 지역개발 등이 유기적으로 결합된 혁신클러스
터로 성장하기에는 한계가 있었다는 것이다. 이에 정부는 2005년 대덕
연구단지를 대덕연구개발특구로 지정하면서 우리나라의 대표적 혁신클
러스터로 육성하기로 하고 공간적 범위를 대덕테크노밸리와 대전 3·4

단지 등의 산업단지로 확장함으로써 기존의 연구기능에 생산기능을 결합시켜 시너지 효과를 극대화하려는 전략을 추진하게 된 것이다.

대덕특구의 강점은 우리나라의 중심부에 위치하고 있으면서 출연연구소, 민간연구소 및 정부투자기관 등이 밀집되어 있어 국가차원의 연구개발 네트워크 구축이 용이하다는 점이다. 대덕연구개발특구 내에는 2009년 말 현재 전자통신연구원, 한국생명공학연구원, 한국항공우주연구원 등 정부출연연구소 28개, 정부투자기관 7개, 국공립기관 14개, KAIST를 포함한 6개 대학, 1,000여 개의 벤처형 기업들이 집적하고 있으며 약 2만 명의 연구인력이 활동하고 있는 연구개발의 요람이다. 연구인력 중 박사급 고급인력은 6,800여 명으로 이는 우리나라 전체 이공계 박사의 10%에 달하는 규모이다.

● 대덕연구개발특구 강점

구 분	강점 요소	전국대비 비율
축적된 과학기술역량	– 국·공립 연구기관 70개 – 대학 6개 – 벤처형 기업 1,000여 개	– 국내 이공계 연구기관의 40% * KAIST, ICU 등 세계적 수준 대학 – 전국 벤처형 기업의 5% 내외
세계적 수준의 인재	– 박사 6,800, 석사 7,300명	– 국내 이공계 박사의 약 10%
최적 교류·연계환경	– 활동반경 5km 이내 집적	– 전국적 교통요지
공공R&D 투자지속	– R&D투자 약 2조 원 ('06년)	– 공공R&D투자의 33% (누적 30조원 이상)

자료: 대덕연구개발특구(www.ddi.or.kr).

이같은 풍부한 인적 자원을 배경으로 대덕특구에는 2009년 말 현재 22개의 코스닥 등록기업이 입지해 있으며, 19개의 연구소 기업과 84개

의 첨단기술기업이 둥지를 틀고 있다. 벤처기업의 창업보육사업이 본격
화되고 있으며, 대기업 연구소 중심에서 중소·벤처기업 연구소의 집적
화가 이루어지는 등 하루가 다르게 변모하고 있다.

대덕특구는 인근에 오송생명과학단지, 오창과학산업단지, 천안과학
산업단지 등이 소재하고 있어 연구와 생산이 결합된 전형적인 산학연 클
러스터로 성장할 것으로 기대된다.

이러한 점을 고려하여 참여정부는 생산기능과 연구개발기능을 상호
접목하여 상시적인 혁신이 가능케 하고자 하였다. 이것이 바로 혁신클러
스터 사업으로 우리 경제를 혁신주도형 성장 체제로 전환시키기 위한 정
책이다. 혁신클러스터 사업은 2005년부터 시작되었으며 창원, 구미, 울산,
반월·시화, 광주, 원주, 군산 등 7개 시범단지를 선정하여 인근 대학 및
연구기관과의 협력 네트워크를 활성화하는 데 주력하였다.

(2) 해외 클러스터의 성공사례

가. 클러스터의 효시

■ 실리콘밸리 (미국)

혁신클러스터와 벤처산업의 대명사가 된 실리콘밸리는 미국 캘리포
니아주 산타클라라 카운티를 중심으로 거대한 분지모양을 하고 있다. 초
기에는 스탠포드대학 남쪽의 공업단지를 중심으로 형성되었으나 이후 기
업이 몰려들면서 실리콘밸리를 관통하는 101번, 280번 고속도로 주변으로
확장을 계속하고 있다.

이 지역에서 첨단산업을 향한 움직임이 태동한 것은 1930년대였다.

당시 스탠포드대 공과대학에 재직하던 터먼 교수Frederick Terman가 능력 있는 졸업생들이 동부로 유출되어 지역과 대학의 발전이 정체되는 것을 우려하여 졸업생들에게 기업설립을 장려한 것이 계기가 되었다. 그 후 휴렛패커드, 페어차일드 등이 입주하고 1970년대 이후 반도체와 컴퓨터 산업의 중심지가 되면서 '실리콘밸리'라는 이름으로 불리게 되었다. 실리콘밸리는 2000년 초 IT버블이 붕괴되면서 인구와 투자액이 줄어드는 등 위기를 겪기도 하였으나 2004년부터는 다시 벤처 투자액과 인력 유입이 다시 증가하고 IT 분야에 집중되던 산업구조도 나노, 에너지, 환경 및 바이오 등으로 다양해지고 있다.

실리콘밸리를 성공으로 이끈 핵심적인 요인 가운데 하나는 무엇보다도 아메리칸 드림을 추구하는 왕성한 기업가 정신이다. 실리콘밸리의 기업가들은 신기술의 사업화에 성공할 경우 얻을 수 있는 막대한 이익을 목표로 창업에 도전하고 스스로 장시간 근로에 몰두한다. 실리콘밸리에서는 실패를 통해 배운다는 정신이 투철하며 정당한 실패가 사회적으로 용인되는 문화가 팽배해 있다. 실패를 용인하는 문화가 실력주의와 기업가 정신을 고취시키는 기반이 되고 있는 것이다.

또한 실리콘밸리는 수많은 사람과 기업·기관들로 구성된 네트워크가 역동적인 상호 의존 관계를 형성하고 있다. 단순한 물리적 공간이 아니라 우수한 전문 인력과 새로운 사업기회, 그리고 탁월한 인프라가 거미줄처럼 엮여 있는 하나의 거대한 생태계를 이루고 있는 것이다. 전문성과 정직성을 갖춘 벤처투자자들, 대학교수와 변호사, 시장조사 및 마케팅 전문가, 컨설턴트, 창업보육센터 운영자 등이 기업인들과 함께 거대한 인적 네트워크를 이루어 시너지 효과를 만들어 내고 있다.

실리콘밸리에는 첨단기술에 필요한 핵심 인재의 공급도 원활한 편이다. 고급인력을 배출하는 세계적인 수준의 대학은 물론 실리콘밸리의 기업들은 나이와 학력, 인종, 성별보다 업무능력을 채용기준으로 삼고 있기 때문에 전 세계의 인재가 모여들어 핵심 기술인력의 확보가 유리한 상황이다. 실리콘밸리는 자금조달에도 탁월하다. 실리콘밸리의 벤처캐피탈은 단순히 자금만을 공급하는 것에 그치지 않고 경험이 없는 벤처기업들에게 경영 노하우를 제공하기도 한다. 복잡하고 전문적인 시험, 시제품 생산, 마케팅, 포장, 전시회 개최, 기업 로고 제작, 회계, 법률, 헤드헌팅 등을 담당하는 기업지원 서비스 산업이 발달한 것도 기업의 창업과 성장을 촉진하는 요소이다. 실리콘밸리는 혁신클러스터가 성장 발전할 수 있는 제반 여건을 가장 완벽하게 갖추고 있는 곳이다.

▌ 보스턴 루트 128 (미국)

루트 128은 보스턴시 근교를 환형으로 우회하는 고속도로의 번호인데, 통상적으로는 이 주변에 형성된 수백 개의 중소규모 첨단산업 클러스터를 통칭하여 부르는 이름이다. 이 방대한 클러스터는 근래에 다소 침체되어 있지만 1970년대까지만 해도 미국 최대의 첨단산업단지였고 지금도 실리콘밸리와 더불어 양대 혁신클러스터로 꼽히고 있다.

영국에서 건너온 개척자들에 의해 개발된 도시인 보스턴은 섬유, 의류, 철강 등 미국의 초기 산업화의 중심지였다. 그러나 1920년대 중반 뉴잉글랜드의 섬유산업이 남부로 이전하면서 이 지역의 경제는 쇠퇴하기 시작하였다. 이를 극복하기 위해 두 번에 걸쳐 산업구조 재편이 추진되었다. 첫 번째가 1950~1960년대 방위산업 지원을 통한 것이었고 두 번째 산업구조 재편은 1970년대 컴퓨터산업의 성장으로 이것이 루트 128의 번영을 가져온 직접적인 계기가 되었다. 컴퓨터산업은 1970년대 말에 폭발적으로 팽창하여 1976년부터 1982년 사이에는 첨단기술산업이 고용성장의 70%, 지역고용 창출의 45%를 차지할 정도였다. DEC, 데이터제너럴, 왕연구소, 프라임컴퓨터, 컴퓨터비전 등이 모두 이 시기에 설립되어 활약하였다.

그러나 1980년대 들면서 루트 128은 실리콘밸리의 약진에 가리워져 급격한 침체기를 겪게 되는데 1990년대에는 실리콘밸리와 경쟁하기보다는 상호보완하는 쪽으로 방향을 전환하면서 다시 부활의 길을 모색하고 있다. 이러한 부활의 핵심적인 역할을 담당한 것이 인터넷 소프트웨어와 통신, 바이오테크놀로지 등의 분야에서 전문화된 중소기업이다. 부품연계에 기반을 둔 컴퓨터 생산보다는 아이디어와 인재망으로 승부할 수 있는 소프트웨어 분야가 대안으로 떠오르면서 새로운 경쟁력을 갖추어 가고 있다.

루트 128의 성공요인으로는 먼저 MIT를 비롯한 보스턴 지역의 우수한 대학들의 존재를 들 수 있다. 특히 산·학·연 중심의 실용적인 학풍이 강한 MIT의 존재는 졸업생들로 하여금 학자나 엔지니어뿐만 아니라 벤처기업가로 나서게 만들어 지역 내 창업과 벤처기업 문화를 정착시키는 데 일조하였다.

보스턴시의 다양하고 수준 높은 서비스 또한 첨단산업의 발전에 꼭 필요한 토양이 되었다. 미국의 주요 첨단산업단지들의 입지는 거의 대도시나 그 인근에 형성되어 있다. 이들 대도시는 첨단기업들이 필요로 하는 각종 원재료와 생산자 서비스를 공급함으로써 첨단기업의 생산활동을 지원해 왔다. 또 대도시는 수준 높은 소비자 서비스와 문화적 기회를 제공함으로써 전문직 노동자들이 선호하는 공간이 되어 왔다. 보스턴의 엄격하고 신사적이며 신뢰를 중시하는 도시 분위기도 루트 128의 성공요인이다. 첨단산업이나 대기업이 성장하기 위해서는 신뢰라는 사회자본이 중요하다. 보스턴은 미국 내에서 가장 보수적이면서 엄격한 신뢰가 바탕을 이루고 있는 사회라고 인식되고 있다.

나. 정부 주도형 모델

▌소피아 앙티폴리스 (프랑스)

소피아 앙티폴리스는 프랑스 남부의 해변휴양지인 니스와 칸에 인접해 있다. 1974년 단지개발에 착수하여 1982년부터 국공립연구소, 대학연구소를 비롯해 IBM, 다우케미컬, 시스코 등 세계 최첨단 연구기관 및 200여 개의 대기업들이 입주해 있는 유럽 최대의 산업 클러스터이다.

소피아 앙티폴리스는 1960년 국립파리공과대학의 라피트Pierre Laffitte 교수가 제창한 과학과 문화 및 지혜가 어우러진 도시를 조성하자는 아이디어를 코트다쥐르 지역이 받아들이면서 1974년부터 단지개발이 시작되었다. 그러나 1980년대까지는 양적인 발전과 첨단산업단지라는 이미지의 형성에도 불구하고 네트워크 구축이나 스핀오프, 체계적인 기술개발 전략 등에서는 미흡한 상태였다. 자생적인 네트워크가 본격적으로 형성된 것은 1990년대 이후이다. 이때부터 국립 정보처리자동화 연구원, 국립과학연구원 등과 같은 대규모 연구기관으로부터 파생기업이 생겨나기 시작했다. 대기업들도 구조조정과 세계적인 아웃소싱 트렌드에 따라 스핀오프 기업들을 증가시켰다. 또 각종 전문가, 기업가 단체의 출현으로 단지 내에서 기업 간 또는 연구기관 간의 역동성이 발생하기 시작했고 각종 국제적 교류도 활성화되기 시작했다. 이러한 네트워크 활동이 활성화되면서 대·중·소기업이 참여하는 유연하고 개방적인 클러스터가 형성되었다. 지금은 유럽 최고의 첨단산업 집적지로 정보통신 및 전자, 의학 및 생명과학, 화학 및 에너지 부문의 과학과 기술발전의 핵심거점으로 자리잡고 있다. 그 위에 편리한 교통과 전기·통신시설, 훌륭한 교육 및 보건시설 등을 두루 갖추고 있어 유럽에서 가장 모범적인 연구도시로 급성장하였다.

소피아 앙티폴리스의 성공요인 가운데 하나는 양호한 기후와 자연환경을 바탕으로 삶의 질을 높일 수 있는 근무환경을 조성했다는 점이다. 이를 위해 전체 면적의 2/3 정도를 그린벨트 및 녹지대로 보존했고 건물의 경우도 단지주변의 구릉지 등 자연지형보다 높게 지을 수 없도록 규제하여 우수한 외부 경관을 조성하였다. 또한 입주 공장은 모두 무공해 산업이며, 단지 내에는 호텔, 정보센터, 테니스코트, 골프장 등의 각종 편의시설을 완벽하게 갖추고 있다. 이러한 환경덕분에 단조로운 도심의 오피스와 연구실로부터 자유롭기를 원하는 현대의 연구개발자, 엔지니어, 기업체 직원들이 이 지역으로 눈을 돌리게 된 것이다.

프랑스 정부의 지방분산 정책과 지자체 및 지역상공회의소의 노력도 중요한 성공요인이다. 지방정부와 상공회의소는 대표자들로 구성된 SYMISASophia Antipolis Joint Management Board를 설립하여 단지의 관리 및 기업유치

업무를 담당하도록 하고 있다. SYMISA는 단지관리와 입주기업 선정은 물론 입주기업과 기업 근로자들을 위해 국내외 교류협력을 지원하고 있다. 또 단지 내 전문가들 간의 네트워킹을 강화하기 위해 각종 단체의 결성을 지원함으로써 브로커링 전문기관의 역할을 수행하기도 한다. 창업, 자금, 변호사, 인력문제 등에 관한 정보를 제공하기도 하며 입주기업 근로자들을 위해 각종 문화·과학기술 관련 이벤트도 개최하고 있다.

소피아 앙티폴리스의 성공은 입주기업과 전문가 간의 커뮤니티 활동이 클러스터 형성에 얼마나 중요한 요인인가를 보여주고 있다. 소피아 앙티폴리스에서는 1990년대 이후 새로운 아이디어나 프로젝트를 발굴하기 위한 다양한 클럽활동이나 모임이 활발하게 전개되고 있다. 이러한 모임에는 세계적인 기업들이 참여할 뿐만 아니라 교육·연구기관 및 지방정부, 협회 등이 함께 모여 경제적·기술적 우호관계를 구축하고 전문지식을 교환하고 있다.

▨ 신주단지 (대만)

대만의 신주新竹과학산업단지는 첨단산업의 발전과 산업구조 고도화를 목표로 실리콘밸리에 있는 중국계 엔지니어들을 유치하기 위해 대만정부가 정책적으로 조성한 첨단산업단지이다. 대만 북서부지역 신주시와 신주현 사이에 위치해 있는 신주단지는 수도 타이베이로부터 남쪽으로 70km 거리에 입지하고 있다.

신주단지에 관한 아이디어가 처음 제기된 것은 1968년이었다. 그러나 단지가 본격적으로 조성되기 시작한 것은 1979년「과학공업단지설치법」이 제정되면서부터였으며 이듬해인 1980년 12월에 정식으로 단지가 개소되어 오늘에 이르고 있다. 조성계획 당시 대만정부의 목표는 2000년까지 150~200개의 첨단기술기업을 유치해서 3만 내지 4만 명의 고용을 창출한다는 것이었다. 그러나 대만 정부의 성공적인 기업유치 전략에 힘입어 1996년에 이미 목표를 상회하였고, 2009년 말 현재 440개의 첨단기술기업과 13만여 명의 종업원을 고용하고 있어 역사상 가장 짧은 기간에 성공을 거둔 첨단산업단지가 되었다. 주요 산업은 반도체, 컴퓨터 및 주변기기, 통신, 광전자, 정밀기기, 생명공학 등으로, 이들 6대 산업은 대만 첨단기술산업의 핵심분야이자 국가경쟁력 창출을 위한 주요 전략산업이라 할 수 있다.

신주단지가 단기간에 성공을 거둔 것은 무엇보다도 대만 정부의 미래지향적이고 장기적인 사업추진 전략과 확고한 정책적 의지가 뒷받침된 까닭이다. 초기 단계에서부터 장기적 마스터플랜에 따라 단지가 조성되었고 사업수행 과정에서도 중앙정부의 수출가공구 운영 경험 등이 신주단지의 효율적 운영과 기업 유치에 큰 도움이 되었다. 조세지원 등의 인센티브가 갖는 한계를 효율적 행정지원을 통해 보완해 나가면서 대만 정부는 입주기업들이 국제적인 사업기회를 포착할 수 있도록 실질적인 도움을 주었던 것이다.

개발 초기부터 전략사업의 집적과 연계를 고려한 단지개발 방식도 빼놓을 수 없는 성공요소이다. 신주과학산업단지는 특정 전략산업을 중심으로 생산 네트워크를 구축함으로써 산업의 집적과 연계 효과를 극대화할 수 있었다. 반도체, 컴퓨터, 통신, 광전기 등과 같이 상호 연관성이 높은 산업이 상호 간에 긴밀하게 연계할 수 있도록 공간배치를 했을 뿐만 아니라 점진적인 단지 확장을 통해 관련 인프라가 밀도 있게 공급될 수 있도록 세심한 배려를 했다. 이러한 개발방식은 다양한 유치업종을 대규모 단지 내에 분산시킴으로써 시너지 효과와 거래비용 감소 효과를 제대로 얻지 못했던 여타 국가들의 첨단산업단지 개발방식과는 큰 대조를 이룬다.

신주단지 성공의 또 다른 요소는 대학과 연구소이다. 신주과학산업단지에는 단지 조성 이전부터 국립 지아오퉁交通대학 및 칭화淸華대학이 입지하여 단지내 입주기업들과의 각종 연구계약을 통해 기업들의 애로기술 해결에 기여했을 뿐만 아니라, 교육, 실무학습 등과 같은 다양한 형태의 기업지원을 해왔다. 1973년에 설립된 공업기술연구소ITRI는 첨단기술산업의 기반이 되는 혁신기술을 개발하고 기존 산업의 제조공정과 품질을 개선하는 것을 목표로 기초기술의 개발보다는 응용연구의 수행을 통해 기업들과 긴밀한 협력관계를 유지하며 산·학·연 협력체계의 구심적 역할을 수행하고 있다.

혁신적이고 개방적인 지역문화 역시 신주단지 성공의 주요 요인이다. 신주과학산업단지는 개발 초기부터 실리콘밸리에서 활동하던 중국계 미국인들을 주된 영입대상으로 삼았기 때문에 단지내 문화적 토양이 대만보다는 실리콘밸리의 문화에 더 가까웠다. 실리콘밸리의 문화를 신주로 이식시켜 옴으로써 대만의 여타 단지들과는 달리 초기부터 자유분방하고 개방적인 문화가 정착되었던 것이다. 따라서 산업계와 학계, 연구계 간의 교류가 극히 자유스럽고 연구개발 성과의 산업화가 매우 활발했다. 또한 실리콘밸리에서와 같이 각종 정보네트워크와 수많은 사적 모임이 활성화되어 있어 단지 전체가 거대한 거미줄처럼 치밀하게 연결되어 있는데, 이것이 신주과학산업단지의 경쟁력이다.

마지막으로 신주단지는 조성 초기부터 첨단산업단지로서 매우 양호한 입지여건을 구비하고 있었다. 우선 고속도로와 철도를 통해 수도인 타이베이에 쉽게 접근할 수 있었기 때문에 출퇴근이 불가피한 고급인력의 유치에 유리하였다. 또한 첨단산업단지의 가장 중요한 입지요건 중의 하나인 국제공항과도 45분이면 도착할 수 있는 거리에 있고, 타이중항과 길룽항과도 인접해 있어 물류상 이점이 크다. 정부의 적극적인 지원 아래 저렴한 토지를 기업들에게 충분히 공급할 수 있는 지형적 조건을 갖추고 있다는 점 또한 긍정적인 요소이다.

▎ 중관춘 (중국)

중관춘中關村은 중국 베이징시 서북부의 시가지 지역으로 중국 첨단산업 발전의 3대 거점 중의 하나이다. 제조업 중심의 주장珠江 · 창장長江델타와 달리 중관춘은 소프트웨어, 인터넷, IT관련 R&D 기능이 중심이다. 중관춘에는 중국을 대표하는 베이징대학, 칭화대학, 베이징이공대학 등의 대학과 중국내 최대 국가연구기관인 중국과학원 그리고 다국적 기업의 R&D센터가 모여 있어 중국 첨단기술산업 발전의 최선두 지역으로 부상하고 있다.

중관춘은 원래 1980년대 초 대학과 연구기관들에게 수입품 전자기기와 전자부품을 판매하는 전자상가로 출발했다. 전자부품을 조립하고 주문제품의 전자기기를 제조 · 판매하는 상점 등이 증가하면서 일본의 아키하

바라와 같은 전자 전문상가가 형성된 것이다. 중관춘은 1988년 '첨단기술 산업 시범단지'로 지정받으면서 국가 차원에서 클러스터 육성사업이 전개된다. 미국의 실리콘밸리와 대만의 신주과학산업단지를 모델로 첨단산업 개발과 벤처기업 육성을 집중 지원하기 시작한 것이다.

중관춘의 최대 장점은 지역 내 대학이나 공공연구기관에 소속된 풍부한 고급인력과 연구개발 성과이다. 대만 신주단지의 고급기술인력은 5만 명이 못되고 미국 실리콘 밸리도 20만 명 정도이다. 그러나 중관춘에는 대졸 이상의 고급인력이 36만 명에 이른다. 주변에 있는 70여 개의 대학교에 재학 중인 학생들까지 합치면 그 수는 엄청나다. 이런 풍부한 고급인력 자원을 바탕으로 대학교, 연구기관의 연구개발 성과가 1년에도 수만 건씩 배출되어 베이징의 연간 연구개발성과는 중국 전체의 50% 이상을 차지하고 있다. 특히 대학들은 스스로 자회사를 설립 운영함으로써 산학 연계의 활성화와 연구개발 성과의 상업화에 크게 기여하고 있다.

중관춘의 형성 과정에서 빼놓을 수 없는 것이 중국정부의 리더십이다. 국가주석의 강력한 의지를 바탕으로 국무원, 과학기술부, 베이징시정부 등이 중관춘 발전을 선두에서 이끌고 있는 것이다. 기업활동에 장애가 되는 계획경제 체제의 각종 규제를 과감히 철폐하고, 첨단산업 분야를 육성하기 위해 여타의 첨단지구와는 차별적인 인센티브를 적극 제공하고 있다. 중관춘 개발에 대한 특별법 성격인 '베이징시과학기술원구조례'에서는 특혜정책 실시에 대한 법적 근거 명시, 베이징시 토지이용계획과 중관춘 과학기술원구 건설계획의 일치, 중관춘이 필요로 하는 과학기술인력 유입에 대한 규제완화, 중관춘 내 학교의 외국어 사용 독려를 통한 해외 우수두뇌 유치 등을 규정하고 있다. 또한 중국정부는 R&D 역량 강화와 미래 유망기술 개발에 정부자금을 과감히 투입하는 등 적극적인 지원을 계속하고 있다.

한편, 첨단기술 민영기업과 산학협동 기업들이 빠르게 성장하고 있는 것도 중관춘 발전의 성공요인으로 주목된다. 첨단기술 민영기업은 개인이 자본을 소유하고 경영하는 기업을 의미하는데, 중관춘 개발 초기에 기업 운영의 기본적인 틀을 제공하였다. 1983년 중관춘의 첫 민영 과학기술개발 주체인 베이징화샤北京華夏신기술연구소가 설립되었고, 이후 징하이京海, 커하이科海 등 11개 기술기업들이 잇달아 창업하면서 중관춘의 새로운 창업문화를 주도했다. 이러한 민영기업과 더불어 롄샹聯想과 베이다팡정北大方正 등의 산학협동 기업들도 중관춘 발전에 크게 기여하고 있다.

이처럼 중관춘은 정부의 적극적인 지원 아래 풍부한 연구인력과 산학협력 네트워크를 갖추고 있으며, '1980년대의 선전, 1990년대의 푸동, 21세기의 중관춘' 이라는 슬로건을 내세워 아시아의 실리콘밸리로 발전을 거듭하고 있다.

다. 대학 주도형 모델

▌ 오울루 테크노폴리스 (핀란드)

'스칸디나비아 5개국의 첨단과학단지들 중 최초이며 가장 성공적인 산업 클러스터이자 최대 규모의 IT기술단지'라는 수식어가 따라다니는 오울루 테크노폴리스Oulu Technopolis는 핀란드 수도 헬싱키로부터 북쪽으로 500km 가량 떨어진 인구 20만의 작은 도시이다. 그러나 오울루는 핀란드 GDP

의 4%, R&D 투자의 30%, 수출액의 20% 정도를 차지하며 첨단기술 직종만 15,000여 개, 첨단산업 거래액이 매년 43억 유로를 넘어서는 세계적인 첨단과학도시 중 하나다.

역사적으로 오울루는 제지, 연어, 밍크, 타르 등의 무역이 활발했던 지역이었다. 그러나 1950년대 중반 중계무역의 침체로 지역경제가 점차 쇠퇴하면서 정부는 대학도시 건설을 통해 경제회복을 추진코자 하였고 이 과정에서 1958년 오울루대학이 설립되었다. 1973년 노키아 연구개발센터가 오울루지역에 조성되고 1974년 국립기술개발센터VTT가 설립되면서 클러스터의 형성요건을 갖추게 된다. 1982년에는 시의회와 지역기업, 연구소, 시민이 참여하여 첨단기술을 위한 IT집적지인 테크노폴리스를 조직하게 되는데 그 후 많은 중소기업들과 해외 유수기업들의 입주가 이어졌다. 현재 오울루 테크노폴리스에는 핵심기업인 노키아 이동전화 연구소를 포함하여 HP, Sun, 엘코텍 등 250개 이상의 IT 기업이 입주하고 있다.

오울루의 성공요인 중 첫째는 오울루 테크노폴리스의 존재이다. 이 회사는 오울루 과학단지와 입주업체의 효율적인 관리를 위하여 1982년 오울루대학, 지방자치단체, 부동산개발회사 등이 협력하여 설립한 것으로 지식이전사업, 네트워크 지원사업 등을 맡고 있으며 자회사인 테크노폴리스 하이텍을 통해 민원업무, 통신, 인터넷, 인력공급 등의 창업보육서비스를 지원하고 있다. 단순히 관리기관으로 그치는 것이 아니라 입주기업들을 위한 기업환경 개선, 기업과 지역사회와의 소통 및 협력을 유도하며, 기업, 연구소, 공공투자 등을 결합한 공동 프로젝트를 추진하고 성과물에 대한 상용화 지원 등도 담당하고 있다.

오울루 지역의 강점은 단순히 산학연이 몰려 있다는 점이 아니라, 오울루 테크노폴리스사와 같이 기업, 연구소, 학교를 연결해 주는 네트워크가 제 기능을 다 하고 있다는 것이다. 뿐만 아니라 1999년에는 오울루 테크노폴리스를 헬싱키 증권거래소에 상장하였는데 이는 도시를 상장한 최초의 사례이다. 오울루시가 전체 지분의 20% 가량을 보유한 최대주주이며, 오울루시의 기업이나 연구소, 시민 등이 개인주주로 참여하고 있다. 도시의 기업화로 테크노폴리스는 자본조달이 용이해진 것은 물론 경영의 효율성을 극대화할 수 있게 되었다.

중앙 및 지방정부의 강력한 지원 역시 빼놓을 수 없다. 지방도시의 경제 활성화를 위해 핀란드 정부는 대학의 조성과 함께 지역별로 8개의 산업 클러스터를 선정하고 그 중에서 정보통신 분야 클러스터에 많은 예산을 투입하였다. 대학과 산업 간의 원활한 연구활동을 위해 인력교류, 연구기금 조성 등 다양한 지원제도를 마련하였으며, 바이오센터, 인포텍Infotech, 툴레연구소Thule Institute 등 주요 국가연구기관을 오울루로 이주시켜 산학연을 통한 연구활동 및 연구성과의 사업화를 지원하였다.

핀란드 정부는 1990년대 초반에 닥친 금융위기를 간신히 넘기고 나서 산업정책을 산업별 방식에서 '클러스터 방식특화단지'으로 전환하고 각 클러스터별로 전문기술센터를 설치하여 운영하고 있다. 전문기술센터는 산업 분야별 전문지식을 활용하여 기업과의 공동 연구 및 교육지원, 정보제공 등을 담당하는 기관이다. 현재 핀란드 내에는 18개의 센터가 설립되어 있으며 4G 기술 및 IT·생명공학 분야의 대형 연구과제를 수행 중이다.

스웨덴의 시스타 과학단지가 에릭슨을 중심으로 형성되었다면 핀란드 오울루는 오울루대학을 중심으로 발달하였다. 오울루대학 졸업생의 80%는 오울루 테크노폴리스로 진출하여 과학단지의 일원으로서 전문기술자나 연구원으로 활약하고 있다. 오울루대학 졸업생이 졸업 후 곧바로 산업현장에 투입될 수 있는 것은 '인재 양성을 위한 과학 공동체'라는 교육이념 아래 단순한 인재가 아닌 현장전문가의 배출에 심혈을 기울인 까닭이다. 석·박사보다는 학사 출신의 엔지니어들이 큰 비중을 차지하고 있는 것이 그 예라고 할 수 있다. 오울루대학은 연구주제를 선정할 때부터 기업의 요구를 적극 수용하고 연구 프로젝트도 기업과 함께 수행한다. 교수진은 물론 학생들도 기업 프로젝트에 참여하는 것이 필수 과정이며 대학원생의 연구는 반드시 기업과 연계된 실습과정을 거쳐야 한다. 오울루대학의 학부생들도 예외가 아니다. 여름방학 동안 기업에서 인턴과정을 수료해야만 학점취득을 인정받을 수 있으므로 실무경험이 풍부한 경력사원 같은 신입인력들을 배출해 내고 있는 것이다. 기업은 적은 연구투자비로 기술을 사업화할 수 있고 대학은 프로젝트를 수행한 후 특허권을 취득할 수 있다. 기업은 대학에서 주요 기술에 대한 아이디어를 제공받고, 대학은 기업을 교육연장의 기회로 활용할 수 있게 된 것이다. 산학연 협력의 기본적 모델이 실제 현장에서 적용되고 있는 사례를 보여주고 있다.

라. 대기업 주도형 모델

▌ 시스타 사이언스 파크 (스웨덴)

시스타 사이언스 파크는 스웨덴의 수도 스톡홀름에서 북서쪽으로 20 km 떨어진 지역에 자리하고 있으며, 이미 30여 년 전부터 정보통신 분야에서 가장 역동적인 산업 클러스터로 평가받아 왔다. 시스타는 이동통신과 무선인터넷 분야에서 세계적인 경쟁력을 지니고 있어 '와이어리스 밸리Wireless Valley' 혹은 '모바일 밸리Mobile Valley'로 불리기도 한다. 시스타는 에릭슨, 노키아, 어도비, HP, 마이크로소프트 등 유명 하이테크기업들이 입주해 있으며, 스톡홀름대학, 왕립기술대학, 스웨덴 컴퓨터과학연구원, 스웨덴 시스템개발연구원 등 다수의 대학과 국립연구기관들이 자리하고 있는 스웨덴 최대의 과학기술 단지이기도 하다.

시스타 사이언스파크의 진화 과정

단계	태동기	형성기	정착기	확장기
시기	1976년–	1980년대 말	1990년대 중반	2000년대
성격	에릭슨 주도	클러스터 골격 형성	생태계 완성	자급자족형 복합클러스터
진출 기관 및 업체	에릭슨, IBM	일렉트룸(협력지원센터), 중소 부품업체, 다국적기업, 연구소(SICS), 스웨덴왕립공대(KTH) 및 스톡홀름대학	벤처기업(Spirea, Altitun 등), 다국적기업(Intel, Sun 등), 연구소(SITI), IT 대학(KTH+SU), 벤처캐피탈, 산학협동센터	지역단체(스톡홀름시 등)와 IT대학 주도, 시스타 사이언스 타워(32층) 및 시스타 갤러리아 건설, IT대학(확장)

자료: 복득규 외,「산업 클러스터 발전전략」, 삼성경제연구소, 2002. 5.

시스타가 성공할 수 있었던 데는 무엇보다 에릭슨의 공이 크다. 시스타 과학도시는 에릭슨에 의하여 에릭슨을 주축으로 생성된 기업도시라고 해도 과언이 아니다. 에릭슨은 전세계 이동통신 장비시장의 약 40%를 장악하고 있으며 스웨덴 수출의 20%를 담당할 정도로 그 비중이 매우 크다.

1970년대 중반 무선통신 관련 사업본부와 R&D센터를 한곳으로 모으려는 계획을 가지고 있던 에릭슨은 시스타에 산업용지를 분양받아 무선통신사업본부와 연구소를 설립하였다. 당시 스톡홀름시는 에릭슨을 시스타에 유치하기 위해 임대만 가능했던 원칙을 깨고 토지소유권 일부를 에릭슨에 넘겨주는 등 파격적인 특혜를 제공하였고 이는 상당한 논란을 불러일으키기도 했다. 그 후 IBM이 입주한데 이어 에릭슨이나 IBM과 사업관계를 유지해 오던 많은 회사들이 속속 이곳에 진출하였으며, 1990년대에는 벤처기업들이 새로이 탄생하고 디지털기술의 융·복합화로 무선통신 분야의 많은 기업들이 합류함으로써 시스타는 완벽한 생태계를 갖추게 되었다. 시스타는 대학-연구소-기업을 잇는 R&D 중심의 클러스터로서 이곳에서는 대규모 공장을 찾아보기 힘들다. 이곳에 진출한 기업들은 R&D 활동에 전념하고 생산은 해외공장을 이용하거나 아웃소싱으로 해결하는 것이 특징이다.

시스타의 성공요인에는 정부와 지자체의 노력을 빼놓을 수 없다. 겉으로 드러나지는 않지만 스웨덴 정부도 에릭슨만큼의 큰 공로자라 할 수 있다. 스웨덴 정부는 1970년대부터 시스타 단지의 개발은 지자체와 민간에게 맡기고 자신은 통신산업을 국가전략산업으로 육성하는 데 주력하여 통신사업에 대한 자유경쟁 체제 및 R&D 투자 지원을 위한 정책을 적극 추진하였다. 눈여겨 볼 만한 것은 스톡홀름시, 에릭슨, 스웨덴 정부가 1988년에 공동으로 설립한 일렉트룸Electrum이다. 이는 산학협동의 매개체 역할을 하는 지원센터로서 시스타의 효율적인 운영 및 운영 주체간의 이해관계 조정을 담당하고 있다. 동시에 벤처기업의 창업 촉진을 위한 'Kista

Innovation & Growth㎏'프로젝트를 추진하여 창업보육센터와 비즈니스 센터를 건립하고 자금 · 인력멘토 · 자문서비스는 물론 저렴한 공장부지까지 제공한다.

시스타가 성공할 수 있었던 것은 정부의 적극적인 지원 외에도 활발한 연구개발활동, 유연한 조직, 신속한 의사결정 등 특유의 기업문화가 정착된 덕택이다. 특히 비전제시자와 선도기업의 역할을 동시에 수행해온 에릭슨은 시스타의 성장에 결정적으로 기여하였다. 에릭슨의 주력 사업 분야는 수많은 부품이 결합되는 통신시스템이기 때문에 산학연 간의 유기적인 협력 네트워크가 필수적이다. 특히 이동통신과 무선인터넷은 기술변화의 속도가 대단히 빠르며 기술의 융 · 복합화가 끊임없이 진전되고 있어 에릭슨 또한 창의성과 도전성이 지속적으로 유지될 수 있도록 끊임없이 조직을 변화시키고 있다. 이처럼 산학연 네트워크로 무장한 시스타 사이언스파크에 대해 대부분의 전문가들도 그 미래를 낙관하고 있다.

■ 바덴뷔르템베르크 (독일)

바덴뷔르템베르크주Land Baden-Württemberg는 면적35,752㎢으로는 독일의 16개 주 가운데 세 번째로 크며 경제적인 지표로는 선도적 위치를 차지하고 있다. 기업수, 고용자수, 수출액 등이 독일 전체에서 차지하는 비중은 각기 20%에 달하며, 특히 기계산업매출이 차지하는 비중은 독일 전체의 33%나 된다. 바덴뷔르템베르크는 기계산업 외에 전자 · 자동차 분야에서도 세계적인 경쟁력을 보유하고 있다. 그러나 120~130년 전까지만 해도 이 지역은 몇몇 섬유공장이 입지한 자연녹지에 불과했다. 이 지역에 산업

집적이 이루어진 것은 지방정부를 포함한 혁신주체들이 기업유치 및 기술개발 전략을 강력히 추진한 덕택이다. 이 지역은 메르세데스벤츠, Bosch, BASF, 포르쉐 등 세계적 기업이 입지하고 있는 것은 물론, 활발한 연구개발 활동과 유기적인 산학연 협력이 이루어지고 있어 지역혁신 클러스터의 모범사례로 평가받고 있다.

바덴뷔르템베르크가 세계적인 기계산업 클러스터로 성장하는 데는 무엇보다도 대기업의 역할이 컸다. 바덴뷔르템베르크를 대표하는 자동차, 전기, 기계산업은 벤츠, 포르쉐, Bosch 등이 주도하고 있는데 이들과 협력기업들이 주축이 되어 공고한 지역클러스터를 형성하고 있는 것이다.

바덴뷔르템베르크의 성공에 기여한 또 하나의 요인은 산학협력에 대한 주정부의 강력한 지원책이라 할 수 있다. 주정부는 주교육법을 개정하여 바덴뷔르템베르크의 대학교수들이 공무원 신분을 유지하면서도 연구개발과 창업을 통해 부수적인 직업을 가질 수 있도록 허용하였다. 또한 대학교수가 수행하는 프로젝트에 학생들도 참여토록 하여 졸업 후 관련 기업에 취업할 수 있도록 하였다. 특히 주정부가 설립한 슈타인바이스Steinbeis 재단의 역할이 컸다. 이는 지역 안에서 이루어지는 과학적 발견을 전 산업에 파급시키기 위해 설립한 것으로, 초기에는 중소기업에 대한 기술이전을 촉진하는 데 주력하였으나 지금은 산학협력과 관련된 거의 모든 문제를 해결해 주는 핵심기관으로 자리잡고 있다. 재단의 활동은 기술과 시장에 대한 자문, 정보 제공, 훈련, 연구개발 프로젝트의 이전과 실행 등에 이르기까지 매우 범위가 넓다. 기업들은 일정한 대가를 지불하고 프로젝트 베이스로 이러한 서비스를 이용하게 되며, 재단 역시 기업이 요구하는 활

동에 주력하게 되는데 이것이 재단의 문제해결 능력을 더욱 향상시켜 왔다.[1]

바덴뷔르템베르크 주는 독일 내에서 연구개발이 가장 활발히 이루어지는 지역으로 슈튜트가르트 대학, 칼스루에 대학 등 9개 종합대학과 25개 기술대학, 막스플랑크 연구회 산하의 14개 연구소 등 130여 개의 각종 연구소가 자리잡고 있다. 이곳에서는 기초과학과 응용과학, 과학기술의 상용화 등 연구개발의 각 단계별로 역할분담이 뚜렷하고 산학연 협력을 통한 지식의 창출과 확산이 매우 활발하다. 특히 교수나 연구원의 창업을 돕기 위해 인력양성, 제품판매, 경영혁신 등의 노하우를 전수하는 지역혁신 네트워크도 유기적으로 작동하고 있다. 연방정부는 미래 핵심기술의 확보를 위해 개발비를 지원하고 지방정부는 기업하기 좋은 입지환경의 조성을 위해 다양한 인프라를 구축하고 있다. 연방정부와 지방정부, 종합대학 및 기술대학, 연구소와 사업자단체 간의 유기적인 협력 네트워크가 바덴뷔르템베르크를 세계 최고의 기계클러스터로 성장케 한 원동력이 되고 있다.

마. 중소기업 주도형 모델

▌오타구 (일본)

일본의 오타구大田區는 고기술 중소기업들의 집적지로 유명하다. 면적은 분당 신도시의 약 3배60㎢에 달하며 도쿄도都 23개 구區 가운데 가장 남

---

1) 박철우, "독일 슈타인바이스 재단의 Connect & Development 전략" (http://blog.paran.com/goodchild).

단에 위치하고 있어 가와사키, 요코하마 등 인접 도시와 함께 거대한 산업 벨트를 형성하고 있다.

　오타구의 역사는 100년이 넘는다. 청일전쟁과 러일전쟁 때부터 영세기업들이 모여들어 총기류 등 무기를 생산하면서 기계가공과 부품생산 기술을 축적해 왔다. 오타구는 1980년대만 하더라도 대기업의 하청 생산을 위주로 하는 중소기업들이 1만여 개나 모여 있었다. 그러나 정부의 수도권 분산정책과 엔고 압력으로 인해 상당수의 공장들이 지방이나 해외로 이전하게 되었고, 이때 남아 있던 일부 중소 공장들은 연구개발 및 시제품 제작을 담당하는 중핵적인 모공장mother plant으로 변신하였다. 종래와 같은 양산형 제품에 대한 주문은 대폭 감소한 반면, 연구개발용 및 시제품용 등 극소량 단위의 고난도 가공에 대한 주문이 증가한 것이다. 이 과정에서 오타구의 중소기업은 정밀전자기술을 적극 도입하는 한편 지역내 복수의 대기업들과 중층적 네트워크를 형성함으로써 새로운 산업기반을 확보하게 된다. 특정 대기업의 하청업체에서 벗어나 독자적인 기술을 바탕으로 대기업과 대등한 협력 관계를 유지할 수 있게 된 것이다.

　현재 오타구에는 4천여 개 이상의 부품소재 기업이 밀집해 있고 종업원수는 3만여 명 정도이다. 종업원수가 10명도 안되는 영세공장마치코바이 대부분인 셈이다. 그러나 이들 기업들 사이에는 생산, 기술개발, 정보 등 다양한 분야의 횡적 네트워크가 작동되고 있는데, 그 중에서도 생산 네트워크가 가장 중심적인 역할을 하고 있다.[2]

　오타구 생산네트워크의 특징을 보면 첫째, 다품종 소량주문을 단시

---

2) 권영섭 외, 「지역특성화 발전을 위한 혁신클러스터 육성방안」, 국토연구원, 2005.

간 내에 소화할 수 있을 만큼 유연성이 뛰어나다. 까다로운 사양을 요구하는 소량의 주문을 적기에 납품하기 위해서는 아메바처럼 자유롭게 이합집산할 수 있는 유연한 네트워크가 요구되는데 오타구는 제각기 전문 분야에 특화된 강소기업들이 긴밀하게 협력함으로써 단납기, 다품종, 고난도의 가공이 이루어지고 있다. 둘째, 오타구의 생산네트워크는 공동수주를 가능케 한다. 네트워크 참여기업들이 연합체를 구성할 경우 개별회사로서는 감당하기 힘든 대형물량을 수주할 수 있고 수주를 위한 과당경쟁이나 불필요한 영업활동을 줄여 고정비용을 절감할 수도 있다. 또한 수주가 안정적이어서 설비투자의 계획수립이나 실행도 손쉬워진다. 셋째, 기술학습의 네트워크로 활용되고 있다. 오타구는 주택과 공장이 혼재한 지역으로 24시간 대면접촉이 가능한 곳이다. 따라서 공식적 혹은 비공식적 인적 네트워크가 수없이 존재하고 있으며 암묵지의 공유가 활발하고 상호 학습을 통한 새로운 지식창출이 끊이지 않고 있다. 넷째, 생산네트워크는 창업지원 기능도 수행하고 있다. 오타구 중소기업의 종업원들은 어느 정도의 경력과 기능을 갖추면 독립해 나가는 전통이 있다. 독특한 것은 기존 기업들이 수주물량을 나누어 주고 경영노하우를 공유하면서 이 초보기업들을 정성껏 보육한다는 점이다. 이것이 창업을 지속적으로 가능케 하고 오타쿠의 생태계를 풍성하게 만든다.

    오타구 기업들의 탄탄한 협력 네트워크는 신뢰로 뭉친 지역공동체를 기반으로 하고 있다. 기업 간 네트워크에는 무엇보다 신뢰라는 사회적 자본이 중요한데, 오타구 공장들은 기술자들끼리 소위 나카마仲間라고 하는 끈끈한 동지애로 뭉쳐 있는 경우가 많다. 나카마란 '명확히 조직되지 않은 동업자나 지인' 정도로 해석되는데, 다품종 소량의 수주를 받은 마치코 바들이 점조직처럼 퍼져 있는 나카마를 동원해 일감을 처리하며 발주자와 수주자는 수시로 바뀌므로 그 구분도 명확치 않게 된다. 영세기업들이 그 물망처럼 얽혀 하나의 생산조직과 같이 기능하면서 대기업 못지않은 효율과 범위의 경제를 실현하는 것이다.

오타구에는 다양한 형태의 중소기업 지원기관들이 자리하고 있다. 대표적인 것이 오타구 산업진흥협회인데, 이는 구청과 기업이 공동 출자한 재단법인으로서 기업 간 교류, 기술개발, 각종 훈련의 거점인 동시에 수주 · 발주 · 알선 등의 업무를 담당한다. 한편 오타구 구청의 산업경제부는 역내에 위치한 하네다 공항의 이점을 활용하여, 오타구를 일본은 물론 아시아 전역의 기술 · 정보 허브로 육성하려는 계획을 추진하고 있다.

(3) 한국형 산업 클러스터의 구축

▌ 클러스터 정책 도입의 배경

우리나라를 대표하는 주요 산업단지들은 지난 40여 년 동안 한국의 주력 제품들을 생산하고 수출해 온 자랑스런 베이스 캠프들이었다. 그러나 아래에서 보듯이 클러스터라는 관점에서 보면 부족한 점이 한두 가지가 아니다.

기존의 산업단지는 도로, 용수, 전력 등 생산활동에 필요한 기반시설을 설치하고 가능하면 싼 값에 공장 부지를 제공하는 데 주력하였다. 혁신의 창출이나 지식의 확산 등은 고려할 단계도 아니었고 추진할 능력도 갖추지 못하였다. 물론 분양이 끝난 이후에는 한국산업단지공단과 지자체

산업단지와 클러스터

	산업단지	클러스터
입주기업간 연관성	낮음(경쟁 or 무관심)	높음(신뢰 & 협력)
인센티브	낮은 지가/입주혜택 공용 인프라 활용	신지식 창출/사업기회 네트워크 참여
관리의 포인트	분양/임대 하드 인프라 관리	네트워킹 지원 기업지원 서비스
조성기간	단기 (부지 조성 후 분양)	장기 (네트워크 형성과 활성화)
사 례	울산공업단지 마산수출자유지역 외국인전용단지 등	실리콘밸리 샌디에고(BT) 시스타 사이언스 파크 등

자료: 윤종언, "왜 클러스터인가?", 「산업 클러스터 발전전략 심포지움 자료집」(삼성경제연구소, 2001. 10. 15).

등이 나서서 산업단지를 관리하고 입주 기업들을 지원해 왔으나 환경변화를 감안한 단지 전체의 리모델링, 입주기업들 간의 네트워크 강화 등 산업단지의 경쟁력 강화를 위한 노력은 미흡할 수밖에 없었던 것이다.

그러나 이제 우리나라 산업단지들이 과거와 같은 생산기지 위주의 역할에만 머물러서는 안 되는 상황이 도래하였다. 현재의 상태가 지속된다면 생산비용이 우리보다 훨씬 저렴한 후발개도국들과의 경쟁에서 밀려날 수밖에 없기 때문이다. 특히 외환위기 이후 우리 경제는 생산성에 별다른 진전이 없는 상황에서 대기업-중소기업, IT산업-전통제조업, 완제품-부품소재, 수출-내수 등 각 부문간의 불균형이 심화되면서 성장잠재력 또한 약화되고 있다. 그 원인은 한마디로 R&D 및 인력개발 투자의 효율성 저하,

국가 및 지역의 혁신역량 부족으로 요약할 수 있는데, 이는 결국 지난 30년간 우리가 추구했던 투자주도형 성장 모델이 한계에 다다랐다는 의미이다. 위기를 돌파하기 위해서는 경제의 기본 틀을 혁신주도형으로 전환하는 길밖에 없었다.

그러나 불행하게도 국내 산업단지의 전반적인 혁신역량2004년 기준은 세계적인 산업 클러스터인 실리콘밸리와 비교할 때 그 절반 수준에 불과한 실정이었다. 이러한 분위기 속에서 외환위기 이후 지속되던 구조조정 작업을 조속히 마무리하고 하루빨리 우리 산업구조를 미래지향적으로 바꾸어야 한다는 주장이 설득력을 얻게 되었다. IT와 전통산업, 대기업과 중소·벤처기업 등 산업군과 기업군 간의 연합이 필요하며 국제경쟁력 제고를 위해서는 기업, 대학, 연구소, 정부가 어떤 형태로든 힘을 합쳐야 한다는 것이다. 산업집적지, 즉 클러스터의 중요성이 새로이 인식되기 시작한

산업입지 패러다임의 변화

양적 성장시대 요소투입형 생산중심 모델		21세기 지식경제시대 성장 한계 요인으로 작용
• 범용·모방의 생산기능 중심	→	• 주력산업의 R&D 역량 취약 • 기업 간 협력, 산학연 협력 취약
• 제조업 중심 획일적 입지공급	→	• 인프라, 물류, 지식기반서비스 취약 • 다양한 수요충족 곤란
• 입지와 배후시설 분리	→	• 고급인력 확보 곤란 • 정주여건 취약

자료: 국가균형발전위원회, 산업자원부, "산업단지의 혁신클러스터화 추진방안", 2004. 6.

우리나라 주요 산업단지의 혁신역량(2004년)

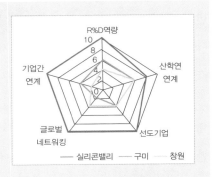

실리콘밸리대비 시범단지 혁신역량(04년)
● R&D역량: 47%
● 산학연 연계: 57%
● 선도기업: 49%
● 글로벌 N/W: 49%
● 기업간 연계: 51%
입주기업 342개사 조사(KIET)

자료: 국가균형발전위원회, 산업자원부, "산업단지의 혁신클러스터화 추진방안", 2004. 6.

것이다.

　뉴밀레니엄과 21세기를 맞이하면서 우리나라는 미래의 성장모델로서 유럽과 아시아의 '작지만 강한 나라'들을 집중적으로 벤치마킹하였는데, 이 또한 클러스터에 대한 관심을 증폭시킨 계기가 되었다. 특히 1990년대 중반부터 IT 산업에 주력하여 디지털혁명을 주도하고 있는 핀란드, 스웨덴, 아일랜드 등의 활약상이야말로 새로운 도약을 준비하는 한국의 입장에서는 대단히 매력적인 사례가 아닐 수 없었다. 국가든 기업이든 지자체든 '잘 나가는 곳'에는 공통적인 비결이 있었으니 특정 산업 분야의 기업-대학-연구소들이 한 지역에 모여 '클러스터'를 이루고 있다는 것이었다. 도요타는 일본 아이치현의 자동차 클러스터, 노키아는 핀란드 오울루 지역의 IT 클러스터를 주도하고 있었고, 샌디에고 시는 일찍부터 바이오 산업의 성장성에 주목하여 세계적인 바이오 클러스터를 형성해 나가고 있었던 것이다.

■ 산업단지 클러스터 정책의 전개과정과 그 내용

2003년 출범한 참여정부는 '지방분권과 국가균형발전'을 국정의 핵심과제로 내세웠고 이를 실현하기 위한 정책수단으로서 '클러스터' 개념에 주목하였다.[3] 경제위기를 극복하고 지역발전을 견인하기 위한 궁극적인 방안은 기존산업의 경쟁력을 제고함과 동시에 새로운 성장동력을 발굴하는 것이다. 이를 위해서는 혁신이 창출되고 지식이 확산되는 물리적 공간이 필수적인데 여기서 첨단산업단지 혹은 기술혁신지구 등의 산업집적지가 등장하게 되었다.

'클러스터'라는 개념이 법률 속에 당당히 자리잡게 된 것은 2002년 말이다. 기존의 「공업배치 및 공장설립에 관한 법률」이 흔히 클러스터법으로 불리는 「산업집적활성화 및 공장설립에 관한 법률」산집법로 개정된 것이다. 산집법에서는 클러스터 사업의 목적을 '산업구조고도화 및 지식기반산업화 등 산업환경변화에 능동적으로 대응하고 국가경제의 핵심거점으로서 지속적 역할을 수행하도록 생산 중심의 산업단지를 국가경제성장을 견인하는 산업 클러스터로 육성하는 것'으로 규정하고 있다. 클러스터이론의 대가인 미국의 마이클 포터 교수가 불과 몇 년 전에 발표한 최신 경영이론을 받아들여 국가의 산업정책으로 구체화하고 실천한 것은 그 성과 여부를 떠나서 대단히 과감한 결정이었음에 틀림없었다.

참여정부의 혁신클러스터 정책은 우리 경제를 혁신주도형 경제체제로 전환하려는 데 그 목적이 있었다. 세계적 경쟁력을 가진 클러스터의 육

---

3) 2004년 1월 29일 채택된 신국토구상 7대 중점과제에는 ① 지역혁신체계 구축 ② 산업단지 혁신클러스터화 ③ 농·산·어촌 혁신 ④ 지방분산 국가프로젝트 추진 ⑤ 친환경적 국토관리 ⑥ 개방거점 확충 및 광역개발벨트 조성 ⑦ 계획정비 등이 포함되어 있다.

성이 국민소득 3만 달러 달성 및 국가 도약을 위한 핵심과제의 하나라고 판단한 것이다. 혁신클러스터의 후보로는 각 지역의 산업거점인 국가산업 단지가 우선적으로 고려되었는데 이는 생산인프라가 갖추어진 각 산업단 지에 R&D 기능을 접목할 경우 혁신이 상시적으로 가능할 것이라는 판단 때문이었다.

이에 2004년 3월 대덕연구단지를 R&D 혁신클러스터로 육성하는 계 획이 발표되고, 2004년 6월에는 클러스터 사업의 종합계획인 '산업단지의 혁신클러스터 추진방안'이 확정되었다. 이어서 2005년 4월에는 국가산업 단지 중에서 혁신역량이 우수한 창원기계, 구미전자, 울산자동차, 반월 · 시화부 품소재, 광주광산업, 원주의료기기, 군산기계 · 자동차부품 등 7개 단지를 혁신클러스터 육성 시범단지로 지정하였다. 혁신역량이란 산업단지의 경쟁력, 산업집적 도, 산업단지의 지역 내 경제 비중 등을 고려하여 측정한 지표이다.

산업단지 혁신클러스터 사업의 추진체계는 국가균형발전위원회, 산 업자원부, 한국산업단지공단으로 이어지는 수직적인 구조를 기본으로 하 고, 여기에다 중앙정부의 정책협의회와 지방정부의 지원기관협의회 등이 수평적인 구조를 이루면서 보완토록 하였다. 국가균형발전위원회는 정부, 지자체, 대 · 중소기업, 지원기관 등 다양한 주체의 혁신역량을 결집시키 고 기관간 조정과 역할분담 체계를 구축하는 등 혁신클러스터 사업을 총 괄하는 역할을 맡았다. 산업자원부는 산업단지 혁신클러스터 사업을 주관 하되 주요 사항의 심의 · 결정은 산업집적정책심의회에 위임하였다. 산업 자원부의 위임을 받아 혁신클러스터 사업을 실제로 운영할 사무국 역할은 한국산업단지공단이 맡았다. 산업단지를 혁신클러스터로 전환하기 위해서는 지역 내 혁신주체들 간의 네트워크를 활성화하는 것이 관건인데, 여기에는 지난 40여 년간 국가산업단지를 관리하면서 지역과 산업, 입주기업들에 대한 지식과 경험을 축적해 온 한국산업단지공단이 적임자로 판단되었던 것이다. 한국산업단지공단은 클러스터 사업을 조기에 정착시키기 위해 관련 분야의 전문가들을 초빙하여 각 시범단지별로 '클러스터 추진단'을 별도로 조직하였다.

산업단지 혁신클러스터 추진방안에는 혁신클러스터 사업의 주요 내용이 6대 중점 추진과제로 요약되어 있는데, 이는 ① 산·학·연 공동 핵심선도기술 개발 ② 산업단지 연구역량 강화 ③ 혁신교육 및 전문인력 양성 ④ 우수기술인력 정주여건 개선 ⑤ 혁신클러스터 촉진을 위한 입지공급 확대 ⑥ 산업단지 구조고도화 관련 법·제도 정비 등이다.

2007년까지의 시범사업 기간을 거쳐 그해 11월에는 클러스터 사업의 성과 확산을 위해 인천의 남동, 부산의 명지녹산, 대구 성서, 전남 대불, 충북 오창 등 혁신역량이 우수하고 산업집적이 잘 이루어진 5개 단지를 추가로 지정하였다. 사업지역이 12개로 확대되면서 전국 단위의 혁신클러스터화가 시작되었으며 2008년부터는 사업범위가 농공단지에까지 확대되기에 이르렀다.

혁신클러스터 사업의 예산규모는 다음 표에 나타나 있다. 1차 사업연도인 2005~2009년간 총 3,386억 원의 예산을 투입하여 산학연네트워크 구축사업, R&D역량 강화사업, 맞춤형 특성화사업, 농공단지 클러스터 사업을 추진해 왔으며, 2010년에는 광역 간 연계활성화사업, 지식산업집적촉진사업, 녹색융합기술개발사업 등이 추가되었다.

주요 사업별 예산지원내용

주요 추진사업		지원액(억원)						
		'05	'06	'07	'08	'09	'10	계
기존	○ 산학연 네트워크 구축 · 운영	264	362	294	394	462	513	2,289
	○ R&D역량강화사업	–	–	108	108	–	–	216
	○ 맞춤형 특성화사업	33	31	140	240	170	–	614
	○ 농공단지 클러스터				56	56	61	173
신규	○ 광역간 연계활성화						36	36
	○ 지식산업 집적 촉진						48	48
	○ 녹색융합기술개발						10	10
총　　계		297	393	542	798	688	668	3,386

자료: 한국산업단지공단.

클러스터 사업은 각 산업단지별 추진단이 중심이 되어 추진해 왔으며, 기업이 필요로 하는 과제의 발굴에서 해결에 이르기까지의 전과정을 산학연 네트워크에 의해 수행하고 있다. 지식과 정보를 교류하고 신뢰를 형성하는 공동체를 먼저 구성하고, 이러한 공동체를 통해 기술기획 → 기술개발 → 사업화 → 특허 · 인증 → 디자인 → 마케팅 등의 가치사슬value chain의 전 과정에 걸쳐 기술혁신 활동을 지원하는 것이다.

이렇듯 클러스터 사업의 목표는 산업현장에서 당면하고 있는 애로기술을 해결하는 데 있다. 기존의 R&D지원사업과 달리 클러스터 사업의 과제발굴이 상향식으로 이루어지는 것은 이 때문이다. 수요자인 기업의 요구를 충실히 반영하고 맞춤형 현장서비스를 강화함으로써 타 사업에 비해 클러스터 사업은 참여기업의 만족도가 크게 높은 것으로 나타나고 있다.

한국형 클러스터의 작동 원리

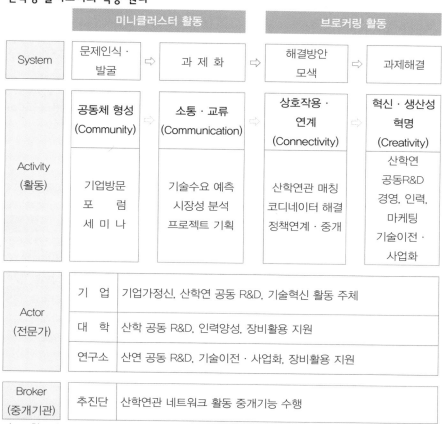

	미니클러스터 활동		브로커링 활동	
System	문제인식 · 발굴 ⇨	과 제 화 ⇨	해결방안 모색 ⇨	과제해결
Activity (활동)	공동체 형성 (Community) 기업방문 포 럼 세 미 나	소통 · 교류 (Communication) 기술수요 예측 시장성 분석 프로젝트 기획 ⇨	상호작용 · 연계 (Connectivity) 산학연관 매칭 코디네이터 해결 정책연계 · 중개 ⇨	혁신 · 생산성 혁명 (Creativity) 산학연 공동R&D 경영, 인력, 마케팅 기술이전 · 사업화
Actor (전문가)	기 업	기업가정신, 산학연 공동 R&D, 기술혁신 활동 주체		
	대 학	산학 공동 R&D, 인력양성, 장비활용 지원		
	연구소	산연 공동 R&D, 기술이전 · 사업화, 장비활용 지원		
Broker (중개기관)	추진단	산학연관 네트워크 활동 중개기능 수행		

자료: 한국산업단지공단.

　클러스터 활동은 미니클러스터Mini-Cluster라는 단위조직을 통해 구체적으로 이루어진다. 각 산업단지별 클러스터에는 다양한 산업이 혼재되어 있어 효율적인 사업추진은 물론 커뮤니케이션조차 곤란한 경우가 많다. 이를 고려하여 각 클러스터마다 주요 산업 · 기술별로 소규모 협의체를 구성하고 이들이 주축이 되어 과제를 도출하고 해결방안을 모색하도록 한 것이다. 미니클러스터는 상호협력, 공동학습, 정보공유 등의 혁신활동이 일상적·지속적으로 일어나는 현장으로 2009년 말까지는 모두 55개가 구성되어 있었다. 미니클러스터에는 관련 기업의 담당자는 물론 대학과 연구기관, 지원기관, 평가위원 등이 함께 참여하여 상시적인 협의가 이루어지고 있다.

미니클러스터 구성 현황(2009.12월) (단위:개)

창원(5)	구미(6)	울산(4)	반월시화(7)	광주(6)	원주(4)
기계산업	전기전자산업	자동차산업	부품소재산업	광(光)산업	의료기기산업
공작기계	파워	생산기반	정밀화학	광통신부품	계측의료기기
금형	디스플레이	파워트레인	섬유소재	LED	영상의료기기
운송장비	부품소재·	차체/샤시	자동차부품	광응용	재활의료기기
메카트로닉스	금형	의장모듈	전기전자	전자부품	헬스케어
금속소재	모바일		청정도금	금형	의료기기
	E&H		금형&소재	자동차부품	
	IT융합섬유		메카트로닉스		
	IT장비				

군산(4)	남동(5)	오창(3)	성서(4)	녹산(4)	대불(3)
기계및자동차 부품산업	기계부품산업	전자정보산업	메카트로닉스	기계조선 부품산업	중형조선산업
플라스틱	자동차부품	반도체	IT전기전자	조선기자재	조선
소성	정보산업부품	전지소재	기계금속소재	신기술융합	조선부품
기계철강	산업기계부품	전기전자	바이오	플레이팅	레저선박
이업종	생산기반부품		헬스케어	부품소재	
	화학산업		지능형자동차	운송장비	

자료: 한국산업단지공단.

클러스터 사업은 자금지원 규모가 단지당 50억 원 수준으로, 대형 R&D 과제보다는 산학연 네트워크의 구축과 소규모 과제발굴 위주로 추진되어 왔다. 따라서 대형 R&D 과제가 발굴되는 경우는 정부의 다른 정책사업이나 적합한 R&D 프로그램으로 연결해 주기도 한다. 특히 지방산업단지에 소재한 중소기업들은 R&D과제에 대한 참여기회가 제한될 수밖에 없어 이러한 R&D 연결기능은 창업보육센터와 같은 효과를 창출하고 있다. 한편 클러스터 사업은 과제가 해결된 경우에도 계속해서 후속 과제를 발굴하고 마케팅, 경영진단 등을 지원함으로써 가치사슬의 전주기에 걸쳐 기업의 혁신이 가능하도록 하였다.

지원분야 및 세부지원 내용(2009년 말 기준)

지원 분야	R&D	마케팅	경영일반	인력 · 자금
지원 내용	○ R&D인프라 　확충 ○ 현장맞춤형 　기술개발 ○ 이전기술사업 　화 지원 등	○ 국내외 전시회 　참가 ○ 해외시장개척 및 　연수단 파견 ○ 홍보 동영상 제작 ○ 제품광고 등	○ 경영컨설팅 ○ 제품포장디자인 ○ 시제품 제작 ○ 산업재산권 　확보	○ 현장 기술인력 　양성교육 ○ CEO 테크노경영 　아카데미 등 ○ 정책자금지원 　알선
비중 (건수기준)	11%	32%	51%	7%

자료: 한국산업단지공단.

미니클러스터 운영시스템을 도식화하면 다음과 같다.

미니클러스터 운영시스템

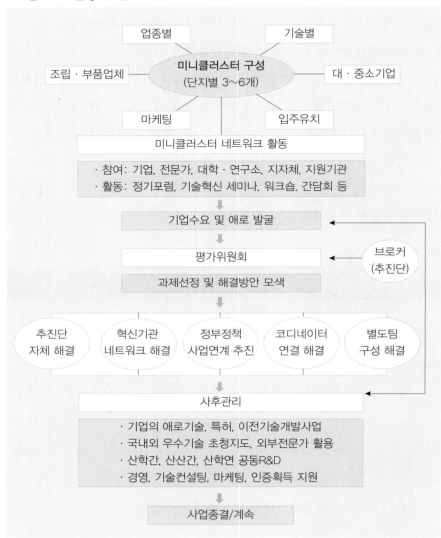

자료: 한국산업단지공단.

(4) 클러스터 사업의 성과와 제도개선 사항

산업단지 혁신클러스터 사업은 기업 간 또는 산·학·연 간의 네트워크를 촉진하고 이를 위한 제도적 기반을 마련함으로써 단순한 산업집적지를 혁신클러스터로 전환하는데 크게 기여하였다. 실제로 산업단지 클러스터 사업은 산학연 네트워크 활동의 중개 및 집단학습의 촉진을 위한 씨앗을 뿌렸다는 측면에서 대단히 성공적이라는 평가를 받아 왔다. 문제는 아직은 세계에 내세울 만한 자신 있는 클러스터를 찾기가 쉽지 않다는 점이다.

지난 5년간 추진된 클러스터 사업의 가장 큰 성과는 한국형 클러스터의 모형이 구축되었다는 점이다. 산업단지를 중심으로 수많은 미니클러스터가 구축되어 지역 내에 건전한 산업생태계가 조성되고 혁신주체 간에 지속적 네트워크 활동이 이루어지고 있다. 지난 5년간 클러스터의 참여회원 수는 약 2배, 교류회, 워크숍, 정기회의, 지원기관협의회 등의 네트워크

클러스터 사업의 성과(2005~2009)

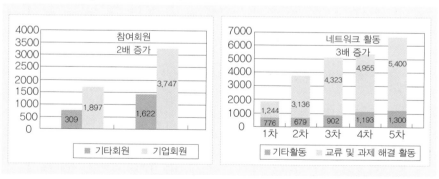

자료: 한국산업단지공단.

활동은 약 3배로 증가하여 각 단지 내에서 무형의 자산이 되고 있다.

사업 참여기업의 혁신역량도 크게 성장하였다. 특히, 산학연 협력건수와 기업간 연계건수가 괄목할 만한 성장을 나타내었다.

클러스터 사업에 따른 혁신역량 성과

구 분	'04년	'08년	증감율
ⓐ 산학연 협력건수(건/개사)	2.3	5.6	143.4% ↑
ⓑ 기업간 연계 평균건수(건/개사)	0.9	2.3	155.6% ↑
ⓒ 국내외 특허건수(건/개사)	2.3	3.5	52.2% ↑
ⓓ R&D 투자규모(백만원/개사)	426	582	36.6% ↑
ⓔ 판매관련 해외 네트워킹 비중(%)	19.6	19.8	1.0% ↑

자료: 한국산업단지공단.

한편 클러스터 사업을 시작하기 전인 2004년에 비해 2009년에는 7개 시범단지 전체에서 생산 45.8%, 수출 33.7%, 고용 11.9%가 증가하였다.[4] 또한 개별기업의 입장에서도 기술개발, 마케팅, 경영관리 등 여러 분야에서 무수한 성공사례를 낳고 있다. 이러한 성과에 힘입어 2007년 12월 한국형 산업 클러스터 모형은 ISO 인증ISO 9001을 획득하였고 하나의 글로벌 스탠더드로 정착되어 가고 있다.

> ● 클러스터 사업의 주요 성공사례
>
> · 네트워크 활동의 다양화
> 네트워크 활동은 동종업종은 물론 이업종 간으로도 확산되고 있으며, 이에 따라 애로기술 해결도 보다 용이해지고 있다. 반월·시화 클러스터의 경우 2009년 4월부터 D공업, L기계, H엔지니어링, K대학교 등

---

4) 한국산업단지공단, "국가산업단지 산업동향", 각년도.

이 공동연구에 참여하여 '고출력 디젤엔진용 복합 Re-Melting 강화기술을 적용한 피스톤' 및 '고강도 Alloying 기술을 적용한 친환경 클린디젤엔진용 피스톤'을 개발하였다. 공동연구가 성공함에 따라 이들 업체는 2011년도에 138억 원, 2013년도에는 157억 원을 투자하여 사업화를 추진하고 있다.

· 현장맞춤형 기술개발

M사는 전 직원이 10명도 안되는 작은 회사지만 의료수술용 봉합사의 원료를 국산화하겠다는 의지를 갖고 있었다. 이 소식을 들은 반월·시화 클러스터 추진단은 정밀화학 미니클러스터의 매니저와 운영위원을 현장에 파견하여 가능성을 확인하고, 전문가와 함께 컨설팅을 시작하여 8,000만 원의 연구비를 지원받을 수 있도록 하였다. 1년에 걸친 기술개발을 통해 국산화에 성공하면서 매출액 규모는 원료 국산화 이전의 5억 원에서 2008년 25억 원으로 급증했고, 2010년에는 50억 원을 기대하고 있다. 우수한 품질은 물론 20% 이상의 가격경쟁력을 갖고 있어 독일과 일본제품을 제치고 국내시장을 장악하였고, 해외 판로개척을 통해 독일, 일본시장으로 역수출하고 있다.

· 특성화 사업

 * 특성화사업이란 산업단지별 혁신역량, 발전유형, 지역여건 등에 따라 맞춤형 사업과제를 발굴해 지원해 주는 사업임.

부산 녹산단지에서는 조선기자재용 소재가격이 급등함에 따라 수입대체 품목의 개발에 도전하였다. S사 등 3개사의 주도로 '선박용 내마모 버터플라이 밸브 제조를 위한 플라즈마 클래딩 기술 및 부품개발'에 나선 것이다. 이에 미니클러스터 매니저는 관련분야 전문가 섭외를 통해 한국생산기술원을 기술지도기관으로 확보하고 국비 3억 5천만 원을 사업비로 투입하였다. 개발과정에서는 S중공업, H사 등 대기업과의 구매조건부계약을 성사시키기도 하였다. 1년 동안 4회의 기술교류회와 다수의 비정기 모임을 통해 개발에 성공하였고 국제학술지에 논문을 발표하고 특허도 출원하였다. 예상매출은 2010년 45억 원, 2012년에는 225억

원(수출 75억 원 포함)으로 기대되며 향후 해수담수화 및 해양플랜트 사업으로도 용도가 확대될 전망이다.

· 유관기관과의 협력을 통한 기술이전

광주클러스터추진단은 한국전자통신연구원(ETRI) 호남권 연구센터와 공동으로 2005년부터 클러스터 회원에게 (광)통신 및 응용분야 관련기술을 보급하고 있다. 2008년도 FTTH기반 서비스 산업체 상용화지원을 통해 광주지역 14개 기업에 애로기술을 지원하였고, 광통신 및 응용분야의 사업화를 위한 설명회를 통해 11개 참여기업으로부터 13건의 기술이전의향서를 도출하였다. ETRI는 기업기술이전 및 산업현장에 연구원을 파견하여 실질적인 지원이 이루어지도록 하고 있으며, 현재 FTTH기술의 해외시장 진출을 위해 4개 미니클러스터 회원기업과의 공동연구와 시범사업을 전개하고 있다.

> * FTTH(Fiber to the Home)란 광 통신회선을 일반 가입자의 안방까지 지원하여 고품질서비스 기반의 광대역 통신서비스를 제공하는 기술임.

· 국제규격 인증

군산의 K사는 군산클러스터추진단 미니클러스터 회원사로 항공, 방산, 신재생에너지 분야의 복합재료를 활용하는 사업을 추진 중이며, 최근에는 사업영역을 확장하여 풍력발전기의 날개(블레이드) 제조에도 참여하고 있다. 하지만 세계시장에 진출하기 위해서는 자사제품의 해외규격인증이 필요했다. 이에 클러스터 매니저와 과제발굴에 공동 착수하여 독일의 인증기관인 DEWI-OCC와 EUROS에 '블레이드 구조해석 및 제품인증'을 신청하는 성과를 이끌어 냈다.

· 성공적인 M&A 지원

평판형 광분배기 제조사인 U사와 근적외선 광검출기 제조사인 P사는 2010년 1월 8일 공식합병했다. U사는 1998년 광주 광산업의 1호로 출발하여 10년 이상의 업력을 보유하였으나, IT산업의 붕괴와 세계시장의 침체로 회사청산의 기로에 서기도 했다. 하지만 2007년에 흑자 전

환하여 2009년 150억 매출에 순익 40억을 달성하였고 2010년은 240
억 원의 매출을 목표로 하고 있다. U사는 P사의 사업분야인 포토다이오
드 분야에 뛰어들어, 광주클러스터 추진단의 지원으로 사업화에 성공한
'10Gbps APD-ROSA' 제품을 통해 세계시장에 도전하고 있다.

· 해외 교류협력

대구성서클러스터의 바이오헬스케어 미니클러스터는 회원기업의 해
외시장 개척에 성공하였다. 클러스터 매니저와 코디네이터는 회의를 통
해 이집트, 터키를 중심지역으로 선정하고 시장개척단을 구성하였다. 해
외 교류기관 및 현지기업 섭외, 수출 및 투자 상담회 등 다양한 활동을
추진하였으며, 상담회에서는 3건, 41만 달러의 수출계약이 성사되었다.

자료: 한국산업단지공단.

그러나 이와 같은 성과에도 불구하고 지난 5년 동안 클러스터 사업을
운영해 본 결과 앞으로의 더 큰 발전을 위해서는 개선해야 할 문제점들도
적지 않게 노출되었다.

첫째, 국내의 클러스터 사업은 개별 산업단지 중심으로 추진되어 옴
으로써 혁신자원의 동원에 한계가 있을 수밖에 없었다. 이제 막 뿌리 내리
기 시작한 산업단지 클러스터들이 지속적으로 성장해 나가기 위해서는 단
지 외부의 혁신자원을 적극적으로 받아들일 수 있는 개방성을 갖추지 않
으면 안 된다. 2009년 현재 산업단지 클러스터 사업에 참여하고 있는 기업
회원들은 대부분 산업단지 내에 소재하고 있으며 단지 밖의 기업은 겨우
11% 불과하다. 참여기업들의 업종도 거의 제조업 분야에 치중되어 있어
지식서비스산업 등 비제조업 분야의 기업들은 13.7%에 불과한 실정이다.

산학연 네트워크 역시 개별 산업단지 혹은 특정 미니클러스터 중심으

로 이루어져 왔다. 각 산업단지 내에서도 클러스터 사업에 참여하는 기업이 소수에 불과하여 심지어 정부예산 사업에 대한 특혜성 논란까지 제기되는 실정이다. 2005~2009년 기간 중에 클러스터 사업에는 총 2,718억 원이 지원되었으나 그 대상은 12개 산업단지 내의 3,122개 기업에 국한됨으로써 비참여기업을 중심으로 형평성 문제가 꾸준히 제기되고 있는 것이다. 국가산업단지에 입주하고 있는 기업체수가 35,000여 개에 달하고 있다는 점을 감안하면 실제 클러스터 사업에 참여하고 있는 기업은 10%에도 못 미치는 것이다. 향후에는 광역권 내 혹은 광역권 간의 미니클러스터 교류를 보다 활성화하는 한편 클러스터들과의 연계·교류를 보다 적극적으로 추진할 필요가 있다.

둘째, 각 산업단지별 특성을 반영한 정책수립이 곤란하여 차별화된 클러스터의 형성이 어려웠다. 이는 그동안 12개의 산업 클러스터를 육성하면서 표준화된 사업모델을 획일적으로 적용해 온 결과이다. 앞으로 각 클러스터별 특성을 감안한 창의적인 사업을 추진하고 사업추진단장의 자율권을 확대할 필요가 있다.

미니클러스터 간사의 전문성 미흡과 외부전문가 참여의 제한 등으로 그동안의 과제지원 활동이 단순한 애로해결에 그쳤던 점도 개선되어야 할 사안이다. 또한 전문가들 역시 현장경험이 미흡한 교수들이 대부분이며 연간 활동건수도 평균 1.1회에 그치고 있어 다양한 분야의 전문가가 참여할 수 있는 방안을 모색해야 한다.

셋째, 정부가 과제지원 비용은 물론 미니클러스터 운영비까지 예산으로 지원하고 있으나 이것이 오히려 기업들의 자발적인 참여의지나 미니클

러스터의 자생력을 저해한 것은 아닌가하는 우려가 제기되고 있다. 선진
국의 클러스터는 민간기업의 주도하에 자연발생적으로 형성된 반면 우리
나라는 정부주도하에 단기간 내에 클러스터를 육성하고자 하였는데 이것
이 참여기업들을 소극적이고 수동적으로 만들었을 가능성이 크다. 매년
12개 클러스터추진단의 사업실적을 평가하여 예산을 차등 배분하는 등 경
쟁을 자극하기도 하나 졸업이나 퇴출 제도가 없다는 점에서 한계가 있다.

　　과제의 발굴과 평가과정에서도 경쟁이 제한되고 있다. 과제의 발굴
은 물론 평가까지 각 거점단지별로 이루어지고 있어 과제간 경쟁률이 낮
고 우수과제 발굴도 미흡한 실정이다. 2009년도의 경우 현장맞춤형 기술
개발사업 과제의 선정률은 무려 90%에 달하고 있으며 이 또한 미니클러스
터 회원기업 간 회의를 통해 발굴된 과제나 단독과제가 대부분이다. 네트
워크 활성화의 목적이 기업 간 경쟁과 협력을 통해 기업의 자생력을 높이

클러스터 과제선정 시스템

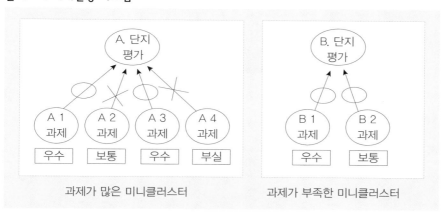

과제가 많은 미니클러스터　　　　　과제가 부족한 미니클러스터

자료: 한국산업단지공단.

는 것임에도 불구하고 현실에서는 나눠먹기식으로 예산이 운용될 가능성이 큰 것이다.

　이러한 문제점들은 2009년 5월 산업연구원이 사업참여기업들을 대상으로 실시한 모니터링 결과에서도 지적된 바 있다. 기업들은 클러스터 사업의 중점추진 분야로 산업단지 R&D역량 강화와 산학연 연계활동 강화를 꼽았다. 또한 대·중소기업간 협력강화도 중점 분야로 지적되었으며 이를 구체화하기 위한 방안으로는 공동프로젝트의 개발이 가장 필요한 것으로 조사되었다. R&D역량 강화, 산학연 연계활동, 그리고 대·중소기업 간 공동과제 발굴 등은 결국 미니클러스터 간사의 능력에 좌우된다. 따라서 이들의 전문성을 제고하는 것 또한 시급한 일이다.

클러스터 사업의 중점추진 분야

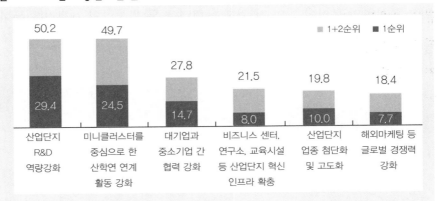

자료: 산업연구원, 「2009년도 클러스터 사업 모니터링 조사」, 2009. 5.

(5) 광역경제권과 클러스터 사업

■ 광역경제권의 등장

세계화의 진전, 지식기반경제로의 이행 등으로 글로벌 경쟁이 일상
화 되면서 경쟁의 단위도 국가 간은 물론 지역 간 경쟁으로 전환되고 있
다. 여기서 지역이란 우리나라의 시 · 도 단위를 넘어서는 보다 광역화된
경제권을 의미한다. 행정구역 단위로는 글로벌 경쟁에 대응하기가 곤란하
게 된 것이다. 광역경제권이란 인접지역들을 통합하여 인프라를 구축하고
보다 넓은 지역을 대상으로 산업육성 및 지역개발을 추진함으로써 규모의
경제를 실현하고 투자의 효율성을 제고하는 공간전략을 의미한다.

세계 각국들도 광역경제권을 기반으로 한 집적이익을 창출하기 위해
다양한 형태로 지역산업 육성책을 추진하고 있다. 프랑스의 경쟁거점 및
지역생산체계, 영국 지역개발청RDA 주도의 지역클러스터 사업, 일본의 산
업 클러스터 정책 등이 공간정책 광역화의 대표적인 사례들이다.

주요국의 광역화 추진 사례

	광역화 추진 내용
영　　국	42개주 카운티 → 9개 광역경제권
일　　본	47개 도도부현 → 8개 광역지방경제권
프 랑 스	96개 데파르망 → 22개 레지옹 → 6대 광역권
독　　일	16개주 → 9개주

우리나라에서도 1990년대 후반부터 지역산업 정책이 본격적으로 추
진되고 있다. 그러나 이들은 시 · 도 단위의 소규모 분산 투자에 주로 의존
해 왔고 그 결과 지역의 자립적 발전이나 지역경제 활성화에는 한계를 지

니고 있었다. 지역 간 안배를 중시하는 중앙정부로서는 자원을 분산 배분할 수밖에 없었고 지자체 또한 글로벌 경쟁보다는 국내 타지역과의 경쟁에 치중해 왔다.

그동안 우리나라의 지역산업정책은 지역전략산업의 선정과 기업지원인프라의 구축에 주력해 왔으나, 지역의 자생력 확보 등과 같은 실질적인 성과를 창출하는 데는 미흡하다는 평가이다. 각 지역의 전략산업이 IT와 BT 분야에 편중되어 중복투자가 심화되기도 했으며 투자의 내용도 건물이나 장비 등 하드웨어에 치중되었다. 지원 사업이 지나치게 세분화되어 운영이 경직되고 전략산업의 발전단계에 상응한 유연한 대처도 부족하였다. 지역 간 경쟁이 과열되면서 투자규모는 계속 확대되고 부진한 사업도 중단되는 경우가 없어 지원사업의 건수는 매년 증가하고 있어 추진체계는 복잡해지는 반면 사업수행의 효율성은 오히려 저하되고 있다는 우려가 높아지고 있다.

우리나라에서 광역경제권 사업의 논의는 바로 이러한 기존 지역산업지원사업의 성과에 대한 반성에서 출발하였다. 지금까지의 지역산업정책에서 나타난 문제점을 해소하기 위해서는 무엇보다도 사업의 목표를 투입 중심에서 성과 중심으로 전환할 필요가 있다. 중앙정부가 주도하는 투입 중심의 관리보다는 사후 성과평가 및 피드백을 중시하는 사업관리체계로 전환하고 이 과정에서 지역의 자율성과 책임성을 강화하는 것이다. 산업 클러스터의 경쟁력 강화를 위해서는 시도 단위를 기본으로 한 공간적 범위에 대한 재검토가 필요함은 물론 이를 지원하기 위한 새로운 정책수단이 요구되고 있다.

이러한 관점에서 광역경제권 사업의 키워드는 글로벌 경쟁력 확보, 연계협력의 강화, 민간주도의 사업추진, 가치창출 능력의 확충 등으로 압축할 수 있다. 광역경제권 사업의 목적은 각 지역별로 글로벌 경쟁거점을 형성하는 것이다. 구체적으로는 인접 시·도 간의 연계와 협력을 바탕으로 기존의 인프라와 연구개발 성과, 지원체계를 활용하여 장기적으로 민간 주도의 글로벌 경쟁력을 갖춘 산업 클러스터를 육성해 나가는 것이다.

광역경제권별 경제지표 비교

(단위: %)

구 분		면적(㎢)	인구(천명)	GRDP (조원)	공항 및 항만	주력산업
5대 권역	수도권	11,730 (12)	23,602 (49)	370.0 (48)	인천 김포 평택	IT, 금융비즈니스, 물류
	충청권	16,572 (17)	4,876 (10)	87.6 (11)	청주 태안 보령 장항 대산	정보통신, 자동차부품, 반도체, 생물
	호남권	20,629 (21)	5,054 (10)	72.4 (10)	군산 광주 목포 여수 완도 광양	광산업, 자동차부품, 신소재·조선 기자재
	대경권	19,910 (20)	5,170 (11)	80.5 (10)	대구 포항	전자정보 메카트로닉스, 신소재부품
	동남권	12,342 (12)	7,780 (16)	130.8 (17)	김해 울산 사천 부산 삼천포 통영 마산	기계부품, 자동차 조선·항만물류
2대 권역	강원권	16,613 (17)	1,474 (3)	17.0 (3)	양양 원주 삼척 동해 목포	의료기기, 신소재, 방재
	제주권	1,848 (2)	542 (1)	6.6 (1)	제주 서귀포	친환경농업, 관광, 디지털컨텐츠
전 국		99,644 (100)	48,498 (100)	767.4 (100)	−	−

자료: 한국산업단지공단, 「산업 클러스터 중심의 광역클러스터 구축 연구」, 2009. 9.

정부는 2008년 7월 광역경제권을 중심으로 한 지역발전 정책방향을 확정하였다. 여기서는 우리나라의 경제권을 「5+2 체제」, 즉 규모의 경제가 가능한 인구 500만 내외의 5대 광역경제권과 인구 100만 전후의 2대 특별광역경제권으로 구분하였다. 이러한 계획 추진을 제도적으로 뒷받침하고자 2009년 4월에는 국가균형발전특별법을 개정하여 광역·지역발전특별회계를 설치하고, 이를 추진할 기구로 지역발전위원회2009.5와 광역경제권 발전위원회2009.8를 각각 구성하였다.

「5+2 광역경제권 체제」에 맞추어 광역경제권을 선도할 산업과 세부 프로젝트도 확정하였다표 참조. 이러한 선도산업 육성을 위해서는 산업의 터전이자 지역경제의 핵심거점인 산업단지의 역할이 매우 중요하다. 하지만 특정산업이 집중되어 있는 일부 단지를 제외한 대부분의 산업단지들은

광역경제권별 12개 선도산업 및 20개 프로젝트

권 역	선도산업	프로젝트	권 역	선도산업	프로젝트
충 청 권	NEW IT	무선통신	대 경 권	그린에너지	태양전지
		반도체			수소연료전지
	의약·바이오	신약실용화		IT융복합	의료기기
		후보물질			로봇
호 남 권	신재생에너지	태양광	강 원 권	의료융합	바이오메디컬
		풍력			
	친환경부품소재	전기버스		의료관광	의료관광거점
		LED			
동 남 권	수송기계	그린카	제 주 권	물산업	제주 워터
		해양플랜트			
	융합부품소재	기계부품		관광레저	MICE
		수송부품			

자료: 지식경제부.

지역의 전략산업 혹은 선도산업과는 무관하게 관리 운영되어 오고 있는 것이 현실이다. 따라서 앞으로는 전체적인 지역산업정책의 맥락에서 해당 산업단지가 나아가야 할 방향을 구체적으로 설정하고 차별화된 입주기업 유치와 지원전략 마련을 모색해야 할 것이다. 산업단지 클러스터 사업과 광역 선도산업 간의 매칭작업도 필요하며 광역경제권별 선도산업과 지역 내 기존 전략산업과의 관련성을 기준으로 지원을 차별화하는 방안도 마련 해야 한다.

▋ 산업단지의 광역클러스터화와 개방성의 확대

광역경제권 사업이 성공하기 위해서는 무엇보다도 지역의 자발적 참여가 요구되며 이를 위해서는 시·도 간의 물리적 경계를 극복할 수 있는 공간적인 유연성이 중요하다. 그동안 개별 산업단지별로 진행되어 온 클러스터 사업 역시 시·도 간 경계를 초월하는 개방형 클러스터, 즉 광역클러스터 사업으로 전환되어야 함을 의미한다. 광역클러스터는 광역경제권별 선도산업을 육성할 수 있는 산업생태계이기도 하다.

2009년 4월 산업단지 클러스터 사업은 '산업집적지 경쟁력강화 사업'으로 명칭이 바뀌었고, 같은 해 9월에는 5+2 광역경제권 체계에 맞추어 광역클러스터 체제로 전환되었다. 종래 12개에 불과하던 클러스터 사업의 대상 단지도 2010년부터는 193개25개 거점단지와 168개 연계단지로 대폭 늘어나게 되었으며 미니클러스터 역시 거점단지별로 재구성되도록 하였다.

광역클러스터 사업은 대상 산업단지를 거점단지Hub와 연계단지Spoke로 나누어 이를 패키지로 지원하는 Hub-Spoke 형태로 개편하였다. 거점단지를 중심으로 하되 기업 간 거래관계 등을 감안하여 주변 단지를 연계함으로써, 광역경제권 내의 가치사슬을 지방산업단지 및 농공단지로까지 확대하고자 하는 것이다.

거점단지별 미니클러스터 현황(2010년 10월 기준)

광역본부	거점단지	광역 미니클러스터	
수 도 권	반월시화	○ 금속소재 ○ 메카트로닉스 ○ 전기전자	○ 정밀화학 ○ 청정표면처리 ○ 자동차부품
	남동	○ 산업기계부품 ○ 생산기반부품 ○ 자동차전장	○ 정보융합부품 ○ 친환경나노기반부품
	서울	○ 디지털콘텐츠 ○ 정보통신	○ IMT ○ 그린IT
	부평주안	○ 산업용전자부품	○ 기계소재산업
충 청 권	오창청주	○ 반도체 ○ 신재생전지	○ 옥천농공
	아산천안	○ 디스플레이 ○ 산업소재부품	○ 천안농공
	충주	○ 메카트로닉스	
대 경 권	구미	○ 모바일 ○ 전자부품금형 ○ 에너지디스플레이 ○ E&H ○ IT융복합소재	○ IT장비 ○ 구미농공 ○ 문경농공 ○ 포항농공
	성서	○ 기계금속재료 ○ 바이오융합소재	○ 지능형자동차 ○ IT전자제어
	경산진량	○ 자동차부품	○ 산업기계금속

동 남 권	창원	○ 메카트로닉스	○ 김해농공
		○ 공작기계	○ 함안농공
		○ 기계부품	○ 마산녹색융합기술개발
		○ 수송기계	
	울산	○ 생산기반	○ 의장모듈
		○ 차체	○ 그린소재부품
	녹산	○ 부품소재	○ 플랜트
		○ 조선기자재	○ 신재생에너지
	양산어곡	○ 운반기계	○ 소재가공
	사천	○ 항공우주	
호 남 권	광주	○ LED	○ 전자부품
		○ 광응용	○ 정밀금형
		○ 광통신	○ 산업기계
	군산	○ 기계금속부품소재	○ 군산농공
		○ 자동차부품소재	○ 김제농공
		○ 그린부품소재	
	대불	○ 해양레저	○ 해양에너지
		○ 조선ㆍ조선부품	○ 나주농공
	익산	○ 오토앤일렉파트	
강 원 권	원주	○ 계측의료기기	○ 재활의료기기
		○ 영상의료기기	○ 원주농공
		○ 그린헬스의료기기	
	북평	○ 융복합의료기기	
제 주 권	제주	○ 바이오산업(제주농공)	
계		81개	

자료: 한국산업단지공단.

사업프로그램의 운영방식도 개편하여 종래 11개 분야로 세분화되어 있던 기업지원 프로그램을 5개 분야로 단순화하였다. 이는 산업단지 간 또는 광역권 간 연계ㆍ협력 사업을 적극 발굴ㆍ지원하기 위함이다.

기업지원 프로그램 개편내용

활동단계		(1단계)기술개발	(2단계)제품화	(3단계)시장화
사업프로그램	개편후 개편전	① 생산기술 사업화 지원	② 제품제작지원	③ 토탈마케팅
		○ 현장맞춤기술개발 ○ 이전기술사업화 ○ 산업재산권출원	○ 시제품제작 ○ 시험분석	○ 해외규격인증 ○ 제품포장디자인 ○ 공동마케팅 ○ 해외시장개척지원
연계지원		④ 맞춤형 교육훈련	⑤ 현장맞춤 종합지원	

자료: 한국산업단지공단.

거점단지별로 진행되던 과제평가 역시 광역권별로 통합하여 실시하게 되는데, 이는 과제 간 혹은 미니클러스터 간의 경쟁을 촉진하는 효과를 가져올 수 있을 것으로 기대된다.

앞으로는 각 미니클러스터 단위에서도 개방성을 보다 확대해야 할 것으로 보인다. 현행 미니클러스터 회원관리제를 폐지하고 산업단지 내의 특화산업 관련업체를 모두 회원으로 받아들이는 방식으로 운영될 예정이다. 다만 이 경우에는 자연히 회원가입 수의 증가에 따른 미니클러스터 운영의 어려움도 예상되므로 성공적인 사례발굴과 미니클러스터 운영을 위한 간사 및 전문가들의 활동이 동시에 강화되어야 할 것이다.

개방성과 연계를 확대하기 위해서는 해외 클러스터와의 적극적인 협력도 요구된다. 그동안 자동차산업 분야에서 수도권반월시화―호남권군산―대경권성서―동남권울산의 클러스터들이 광역 차원에서 협력해 왔으며, 광산업광주과 IT산업구미 등 이업종 간의 연계 사례도 나타나고 있다. 그러나 그간

사업 평가체계 변경 모형

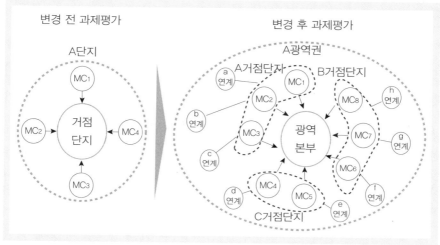

자료: 한국산업단지공단.

미니클러스터 내의 교류를 중시하다보니 미니클러스터 간 교류 및 해외클
러스터와의 교류는 매우 미흡한 실정이다. 미니클러스터별 영문 홈페이지
조차 갖추지 못한 실정이며 글로벌 코리아의 위상에 맞는 해외 마케팅 활
동이 부족하고 해외 기업과 비즈니스 미팅도 초보적인 수준에 머물고 있
다. 따라서 EENEnterprise Europe Network 등과 같은 해외의 기업 네트워크들과도
협력 채널을 확보하는 것이 바람직하다.

광역권별 클러스터 사업을 효율적으로 추진하기 위해서는 이에 상응
하는 조직이 필수적이다. 2009년 12월 클러스터 사업을 담당하고 있는 한
국산업단지공단은 충청과 강원지역에 본부를 신설하는 한편, 서울, 경인,
서부 등 3개의 지역본부로 분리되어 있던 수도권 조직을 수도권본부로 통
합하는 등 광역경제권 시대에 부합하는 형태로 조직을 전환하였다. 동시

에 한국산업단지공단의 계선조직에서 분리되어 있던 클러스터 추진단을 각 지역본부 내의 조직으로 통합하였다.

광역클러스터가 지역경제 활성화의 구심체로 작동하기 위해서는 중앙정부와 지자체가 협력할 수 있는 광역경제권 단위의 거버넌스 구축이 긴요하다. 또한 지역 간 과당경쟁을 조정하고 광역경제권 사업의 시너지 효과를 촉진할 수 있는 국가 차원의 거버넌스 역시 필요하다. 이 경우 중앙정부의 부처 간, 중앙정부와 지자체 간, 지자체 내 각종 혁신지원기관들 간 등 다양한 형태의 연계와 협력이 고려되어야 하며 지역발전과 관련된 여러 조직들의 위계와 기능을 명확히 하여야 한다.

지방정부는 전략적 우선순위를 결정할 수 있는 능력을 배양해야 한다. 다양한 이해집단이 공동으로 참여하여 자율적으로 사업을 선정하고 효율적으로 추진하는 지역별 거버넌스 구축이 선결조건이 될 것이다. 특히 시·도 단위에서 사업을 추진할 경우는 규모의 경제를 확보하기 어려우므로 광역경제권 단위의 클러스터 사업이 필요하게 된다. 그리고 여기에는 협력과 경쟁을 병행할 수 있는 지혜와 리더십이 요구된다. 이와 함께 각 지역에서는 기획역량의 강화, 기술 및 비즈니스 서비스의 중개, 기업지원 프로그램 수립, 그리고 클러스터 지원기관 간의 역할분담 등에 주력해야 한다.

(6) 클러스터 발전을 위한 제언

클러스터 정책이 광역경제권 시대에 부합하기 위해서는 어떤 방향으로 진화해야 하는가? 여기서는 크게 네 가지로 나누어 생각해 보자.

첫째, 클러스터 정책은 각 지역별 특성을 최대한 반영하는 방향으로 추진되어야 한다. 표준화된 사업모델을 획일적으로 추진하기보다는 지역별 여건에 따라 다양한 모습의 클러스터를 창출하는 것이 바람직하다. 이를 위해서는 미클을 구성하는 단계에서부터 차별화된 비전과 실천전략을 수립하여야 한다. 미니클러스터별로 해당 분야의 시장·기술 환경을 분석하여 맞춤형 실천전략을 수립하고 전략에 적합한 과제를 발굴해야 한다. 특정 지역에서 성공한 사업이라해서 다른 지역에서도 성공하리란 보장은 없다. 지역마다 산업문화적 여건이 상이하기 때문이다. 따라서 사업기획, 예산편성, 사후평가 등 클러스터 사업의 주요 기능을 각 지역에 과감하게 위임할 필요가 있다. 발전전략의 수립 역시 외부용역에 의존하기보다는 지역 내의 전문가와 기업들이 함께 고민하여 수립하는 것이 바람직하다.

제대로 된 한국형 클러스터 모델이 구축되려면 어느 정도의 시간이 필요할 수밖에 없다. 외국의 성공한 클러스터들도 제대로 모습을 갖추기까지는 대부분 수십 년의 세월이 소요되었다. 클러스터는 일정 지역 내의 기업들이 보유하고 있는 가치사슬의 일부 요소를 수평적·수직적으로 연계한 것이며, 이러한 연계가 경제적인 의미를 갖고 지속되기 위해서는 일정한 임계규모가 필요하다. 그런데 이러한 클러스터 존립의 근본적인 조건을 무시한 채 클러스터 자체가 마치 완결된 가치사슬 체계, 즉 연구개발, 부품생산, 조립생산, 지원서비스 등의 기능을 모두 갖추어야 한다는 강박관념에 사로잡히는 경우도 있다. 이 또한 경계되어야 한다. 대덕단지를 제외하면 우리나라에서 클러스터 사업이 시작된 것은 10년도 채 못된다. 중앙정부도 인프라 구축 등 기본에 충실하면서 지방이 스스로 성공사례를 창출하기를 기다려주는 것이 좋다.

둘째, 클러스터의 자생력을 강화해 나가야 한다. 당초 5년간 시범사업으로 추진될 예정이었던 클러스터 사업은 2010년 광역클러스터 사업의 형태로 개편됨으로써 연간 700억 원 내외의 예산이 계속 지원되고 있다. 이렇듯 클러스터 사업이 과제지원과 미니클러스터 운영비까지 정부가 지원해 주는 형태가 됨에 따라 기업들의 자발적인 의지와 미니클러스터의 자생적 운영이 미흡한 것이 현실이다. 이에 정부에서도 클러스터 사업을 점차 민간주도로 전환하여 각 클러스터들이 자생력을 배양토록 하는 방향으로 정책을 전환하고 있다.

정부가 발표한 자생력 강화 방안의 주요 내용은 ① 클러스터 간 경쟁과 자율성 강화를 통한 클러스터 생성·소멸의 활성화 ② 클러스터의 개방성 확대 및 연계 활성화를 통한 혁신역량 확충 ③ 대기업 퇴직인력을 활용한 '기업 주치의' 제도 도입 등 코디네이터의 전문성 강화 ④ 민간 주도로의 단계적 전환 등이다.[5]

참여기업의 자생력을 강화하기 위해서는 중앙정부의 지원 비율을 점진적으로 축소해 나가되 산학연협의체를 민간주도하에 운영할 수 있도록 유도하여야 한다. 자립 가능성이 큰 미니클러스터에서는 회원들의 회비로써 운영비를 충당할 수도 있을 것이다. 동시에 전국의 미니클러스터를 대상으로 매년 성과를 평가하여 부진한 미니클러스터는 퇴출시키고 우수한 미니클러스터는 분화시킴으로써 경쟁을 통한 자율성 강화도 가능해질 것이다.

---

5) 지식경제부 보도자료, "산업단지 클러스터 자생력 강화 시스템 도입" (2010. 4. 20).

자생력 강화를 위한 클러스터 체계 변화

구 분	기존(변경 전)	향후(변경 후)
클러스터 사업참여	−12개 클러스터 대상 산업단지 −산업단지내 클러스터 회원기업 　(미니클러스터 가입업체)	−전국 193개 산업단지 −산업단지내 특화산업 모든 업체 　(미니클러스터 회원제 폐지)
클러스터 범 위	−산업단지 내에서 클러스터 활동	−클러스터 활동이 광역권으로 확대 −해외클러스터와의 교류 확대
클러스터 활 동	−중소기업 중심으로 전개 −대면접촉 위주로 활동	−선도 · 중소기업 공동 프로젝트 강화 −Mobile, Online 등을 활용한 다양한 　형태로 활동 전개
과제평가	−산업단지별로 과제평가	−광역권으로 통합하여 평가
과제지원	−기업 단독과제 위주로 지원	−기업들간 공동과제 우선 지원
지원한도	−과제당 지원한도: 2억 원	−과제당 지원한도: 5억 원
과제관리 시 스 템	−오프라인(Off−Line) 과제관리 −과제작성 · 평가 · 관리를 　Off−Line에서 실시	−온라인(On−Line) 과제관리 −과제작성 · 평가 · 관리를 On−Line에서 　실시
전 문 가 활 용	−지역대학 교수 위주로 활용	−대기업 퇴직 전문인력을 "기업 주치의" 　로 활용

자료: 지식경제부 보도자료, "산업단지 클러스터 자생력 강화 시스템 도입" (2010. 4. 20).

　지방자체 단체들도 클러스터 사업에 적극적으로 참여해야 한다. 예컨
대, 자금지원에 있어서도 중앙정부와의 매칭비율을 확대하는 것이 바람직
하다. 해외의 우수 클러스터 사례에서 보듯이 클러스터는 지역혁신의 요
람이요 클러스터의 성공에는 지자체의 관심과 지원이 무엇보다 중요하기
때문이다. 그러나 대부분의 지자체에서는 클러스터 사업을 여전히 중앙정
부의 사업으로 인식하고 있어 지역발전을 위해 스스로 나서야겠다는 의식
이 약한 실정이다.

　셋째, 참여기관의 전문성이 보다 강화되어야 한다. 현재 미니클러스

터 내에서의 과제해결 사례를 보면 중소기업의 단순애로 해결이 대부분인데, 이는 과제의 발굴과 해결을 주도하는 미니클러스터 간사의 전문성 부족 및 전문가 참여의 한계 때문이다. 현재 전국의 미니클러스터에서 코디네이터로 활약하는 전문가들은 약 2,800여 명으로 각 추진단별로 평균 270여 명의 인재풀이 구성되어 있다. 그러나 대학교수가 전체의 55% 이상을 차지하고 있어 현장문제의 해결에도 한계가 있고, 코디네이터별 연간 활동도 평균 1.1회에 그치고 있어 다소 소극적인 것으로 나타나고 있다.

2010년 4월 한국산업단지공단은 클러스터 추진조직을 추진단 체계에서 자체조직 안으로 흡수한 것을 계기로 이러한 문제점 해결에 적극적으로 나서고 있다. 우선 산단공 직원인 미니클러스터 간사들의 전문성을 강화하는 동시에 교수 위주의 코디제도를 개선하여 대기업 퇴직인력을 수석 코디네이터로 영입하는 등 현장밀착형 기술·경영 자문을 강화하고 있다.

클러스터 활동의 효율성을 높이기 위해서는 온라인과 모바일 네트워크를 적극 활용해야 한다. 현재 클러스터 사업은 대부분 오프라인 위주로 이루어지고 있고 웹 트렌드에 맞는 개방형 컨텐츠도 미흡한 실정이다. 참여자 간의 소통과 정보의 범위를 확대하기 위해서는 스마트폰, Facebook, 트위터, Youtube 등 다양한 커뮤니케이션 채널을 활용하는 것이 바람직하다. 정보교환 및 과제의 발굴·수행·평가 등 클러스터 활동과정에서 각 이해관계자들의 참여를 보다 쉽게 할 수 있기 때문이다.

영상회의 시스템의 구축도 광역 간 교류 활성화에 도움될 것이다. 클러스터 활동이 광역화됨에 따라 네트워크 내의 대면접촉 기회는 줄어들 수밖에 없으며 따라서 영상회의를 통해 이를 보완할 필요가 있다. 한국산업단지공단의 광역별 본부 및 주요 지사에 영상회의시스템을 구축하여 기업이 공동으로 활용하도록 하고 특히 해외 클러스터와의 교류 확대에 적극 이용하는 것이 바람직하다.

넷째, 대기업과 중견기업의 참여를 활성화해야 할 것이다. 클러스터의 형성과 발전을 위해서는 지역 내 비전제시자이며 시스템통합자로서의 기능을 수행하는 선도기업의 적극적인 참여가 필요하다. 지금까지는 클러스터 기반 형성과 중소기업의 혁신역량 확충을 위해 중소기업 지향적인 개별과제가 주로 지원되었으나, 앞으로는 대기업 및 중견기업이 중소기업과 협력할 수 있는 과제를 집중적으로 발굴하여 선도기업의 혁신역량을 최대한 공유하도록 해야 할 것이다.[6]

클러스터의 핵심은 네트워크형 조직체계이다. 이는 수평적인 관계만을 대상으로 하는 것은 아니며 당연히 수직적인 관계도 포함한다. 그러나 실제 현장에서 보면 클러스터는 수직적 하청관계에서 벗어난 일부 경공업, 지역연고산업, 생산자 서비스 등에서 쉽게 이루어지고 대기업의 참여는 적은 편이다. 통상적으로 대기업이 클러스터 정책에 적극적으로 참여하게 되면 산학연 및 중소기업 간 협력의 성과가 대기업의 영향력 아래에 놓이게 되는 부정적인 효과가 발생할 수도 있다. 즉, 대기업이 여러 네트워크 형성에서 주도적인 영향력을 행사할 수 있는 자원과 교섭력을 가지게 되는 것이다. 그러나 독일의 바덴뷔르템베르크, 스웨덴의 시스타, 일본의 도요타 등에서 보는 바와 같이 산업적 특성과 대기업의 노력 여하에 따

[6] 예컨대 구미산업단지에서는 대기업(코오롱, 웅진케미컬)과 중소기업(프로템 등 8개사)이 기계장비 분야에 대한 공동기술개발을 통해 향후 3년간 매출 200억 원, 고용창출 103명의 효과를 기대하고 있다.

라서는 수직적인 생산네트워크에 기반한 클러스터가 성공하고 있다.

우리나라의 경우 산업발전 과정에서 기여한 대기업의 역할을 고려할 때 대기업을 산업 클러스터 사업에 적절하게 참여하도록 하는 것이 중요하다. 이를 통해 지역경제의 중요한 행위자로서 대기업의 역할을 인식하게 하고 지역과 기업의 성장에 대한 비전을 공유함으로써 반기업 정서를 누그러뜨릴 수 있는 계기로도 삼을 수 있다.

대·중소기업 간 공동 미니클러스터 구성이 절실한 이유 중의 하나는 우리나라의 경우 대기업과 중소기업 간의 하청관계가 지속적으로 확대되고 있고 중소기업이 하청생산에 의존하고 있는 경향이 상당기간 계속될 것으로 판단되기 때문이다. 산업단지 입주기업들은 수직적 생산 네트워크에 편입되어 있는 중소기업들이 대부분이다. 이러한 기존의 수직적 네트워크에 대기업이 참여하게 되면 대·중소기업 간의 갈등을 유발하기도 하지만 하청기업들에게 안정적인 시장을 제공한다는 점에서 경제적 유인을 가진다. 그러므로 기존의 수직적 생산 네트워크를 동반자적 생산 네트워크로 탈바꿈하려는 노력이 필요하다. 예를 들면, 일련의 클러스터 사업과 대·중소기업 상생협력 사업을 연계하여 수직적 생산 네트워크를 협력에 기반한 혁신형 생산시스템으로 변화시키는 것이다.

이와 함께 정부는 개별기업보다는 중소기업 간 협업체를 지원 대상으로 하는 정책을 적극적으로 검토해야 한다. 소기업 간의 협업을 활성화하려면 기존의 다양한 기술적 네트워크 사업을 클러스터 사업에 접목시키는 노력이 필요하다. 중소기업들의 협업체계를 강화하기 위해서는 참여기업들이 집적할 수 있는 여건을 마련해 주고, 협업의 촉진자로서 네트워크 브로커의 역할을 제고할 수 있는 정책을 마련해야 한다. 최근 글로벌 소싱의 확대와 대기업의 수직계열화로 중소기업의 사업기회가 축소되는 경향이 있는데, 중소기업 네트워크 강화정책은 이러한 경향에 대한 대책으로서도 중요한 의미를 갖는다.

2. 산업단지 구조고도화

(1) 구조고도화의 배경

2009년 말 현재 전국의 국가산업단지 및 일반산업단지 중 조성된 지 20년 이상된 산업단지는 모두 57개로 전체 산단의 14%에 달한다. 산업단지의 개수로 볼 때는 전체에서 차지하는 비중이 크지 않으나 그 중에는 대규모 국가산업단지가 상당수 포함되어 있어 이들 노후산업단지는 산업단지 전체 입주기업의 74%, 총생산의 76%를 차지하고 있다. 오래된 산업단지들은 유지보수가 제때 이루어지지 못하여 단지 내의 각종 시설물, 특히 기반시설의 노후화가 갈수록 심화되고 있으며 이는 산업단지 자체의 경쟁력을 떨어뜨리는 주된 원인이 되고 있다.

산업단지 구조고도화 사업은 입지환경 변화에 대응할 수 있도록 노후산업단지를 재정비함으로써 입지 자체의 경쟁력을 제고하는 사업이다. 이 사업의 필요성은 한국경제의 산 역사인 산업단지가 조성되기 시작한 지 40여 년이 지났다는 사실이 대변하고 있다. 조성된 지 오래된 산업단지를 리모델링하여 새로운 활력을 불어넣는 사업이 바로 산업단지 구조고도화 사업이다.

노후산업단지 현황

(단위 : %)

	10년 이하	11~20년 미만	20년 이상	계
단 지 수(개)	236	115	57	408
	(57.8)	(28.2)	(14.0)	(100.0)
생 산 액	464	1,162	5,004	6,630
(천억 원)	(7.0)	(17.5)	(75.5)	(100.0)
기 업 수(개)	7,165	7,534	40,859	55,558
	(12.9)	(13.6)	(73.5)	(100.0)
면 적(㎢)	644	202	439	1,285
	(50.1)	(15.7)	(34.2)	(100.0)

주: 국가 및 일반 산업단지 만을 대상으로 함(농공단지 제외), 2009년 말 기준.
자료: 한국산업단지공단 「전국산업단지 현황통계」에서 재작성.

　　오래된 산업단지의 경우에는 낮은 생산성, 기반시설 및 생산설비의 노후화, 입주업종의 사양화 등으로 새로운 생산체제로의 전환에 많은 어려움을 겪고 있다. 특히 산업구조가 지식기반산업 위주로 바뀌고 있어 연구기반, 지원시설, 교통시설, 문화·복지시설 등 산업기반에 대한 종합적인 재정비가 필요함에도 불구하고 노후산업단지는 여전히 생산 중심의 낙후된 기반시설을 그대로 지니고 있어 기반시설의 재정비가 시급한 상황이다.

　　기반시설의 노후화 외에도 산업단지 구조고도화 사업이 필요한 이유는 더 있다. 국가 간·지역 간에 인적·물적 자본의 이동이 자유화되면서 산업입지의 변동성이 커지고 있는 것이다. 중국, 인도 등과 비교할 때 우리나라는 산업용지의 가격경쟁력이 열위에 있어 이를 보완하기 위해서라도 산업단지의 입지 매력도를 높여줘야 하는데, 이때 구조고도화 사업이 유용한 수단이 될 수 있다.

산업단지의 도시화라는 추세에 대응하는 데도 구조고도화 사업이 필요하다. 산업화 초기에는 대부분의 산업단지가 도시 외곽에 조성되었으나 도시화의 진전에 따라 자연히 도심에 편입되는 경우가 많다. 이에 따라 각종 환경문제로 지역주민과의 갈등이 고조되기도 하고 지가 상승으로 입주희망 기업들이 좌절하기도 한다. 도심 내의 산업단지가 제대로 기능을 하기 위해서는 비싼 땅값에 걸맞는 고밀도의 토지이용이 필수적이다. 산업단지 내에 고부가가치 산업의 입주를 확대하고 업무지원, 연구개발, 교육훈련, 주거, 문화복지 등을 위한 다양한 시설을 배치하여 공간효율을 극대화하는 것이다. 산업단지도 생산환경과 생활환경이 조화를 이루는 창조적 복합공간으로 변하지 않으면 제 기능을 발휘할 수 없는 시대가 도래하였다.

조성된 지 오래된 산업단지의 경우 가장 시급한 것은 도로와 주차장을 확보하는 것이다. 이들 노후단지는 도로확보율이 낮고 도로의 폭도 좁아 출퇴근 시간에는 차량들이 뒤엉기는 경우가 허다하다. 주차장 시설도 턱없이 부족해 불법주차가 만연하고 있으며 이로 인해 단지의 미관이 손상되고 교통체증이 가중되고 있다. 단지 내에서는 승용차의 통행조차 쉽지 않으며, 화물차의 경우 주차된 차량을 일일이 이동시키면서 공장에 진출입해야 하는 실정이다.

산업단지의 기반시설이 갈수록 노후화되고 있음에도 불구하고 유지보수가 제때 이루어지지 않는 가장 큰 이유는 기반시설의 공급과 관리가 지자체, 산업단지관리기관, 기반시설담당기관 등으로 다원화되어 있기 때문이다. 산업단지가 준공되면 단지 내 도로 · 녹지 등 기반시설에 대한 유지·보수 업무는 지자체로 이관된다. 하지만 지자체의 대부분은 예산이 부족할 뿐만 아니라 산업단지에 대한 투자는 우선순위도 낮아 개보수가 제 때 이루어지기 힘든 실정이다. 한편 산업단지의 관리기관들은 단지분양, 입주심사, 공장등록지원 등의 관리업무에 치중하고 있어 단지 내 시설의 유지보수에는 소극적일 수밖에 없다. 지자체 입장에서도 할 말이 많다. 세금은 모두 중앙정부가 거두어가면서 지자체에게는 유지보수 비용만 떠넘긴다는 불만이다. 지역 내에 산업단지가 있다고 해서 국세 중 일정액이 별도로 배정되는 것도 아니기 때문이다.

외국의 산업단지 관리기관들은 민간기업이든 공공조직이든 수익자 부담원칙에 따라 입주기업으로부터 일정한 비용을 징수하고 이를 재원으로 하여 산업단지를 지속적으로 유지·보수하고 있다. 우리나라의 경우도 초기에는 산업단지 관리기관이 입주기업으로부터 일정액의 공동부담금을 징수하였으나, 1998년에 부담금 제도가 폐지되고 유지·보수 업무도 지자체로 이관되었다. 이에 따라 국가산업단지 관리기관인 한국산업단지공단은 유지·보수에 관해서는 단순한 지원업무만을 담당하고 있을 뿐이다.

그러나 공장용지의 분양, 기업입주 촉진, 입주기업에 대한 사후관리만으로는 산업단지 관리기관으로서의 책무를 다했다고 말하기 어렵다. 산업단지를 조성한 초기에는 일상적인 관리기능 만으로 충분했으나 조성된 지 30여 년이 지나면서 유지·보수 업무가 산업단지 관리에 있어 중요한 비중을 차지하게 되었기 때문이다. 입주기업의 불편을 고려하면 산업단지의 유지·보수가 지자체 소관인지 관리기관 소관인지를 따질 계제가 아닌 것이다.

　기반시설뿐만 아니라 각종 지원시설과 편의시설이 부족한 것도 문제다. 오래 전에 조성된 산업단지는 산업용지의 비중이 지금보다 월등히 높게 설계되었고, 따라서 교육·검사·연구 등의 기업 지원시설이나 문화·체육공간 등 근로자 편의시설이 들어설 공간이 턱없이 부족하다. 지원시설의 부족으로 간이 컨테이너 시설물들이 식당이나 매점으로 운영되면서 보행자 통행과 물류를 방해하는 경우도 많다.

　기존의 산업단지들은 주로 생산설비로 채워져 있었으나 산업구조가 지식집약화됨에 따라 R&D, 디자인, 엔지니어링, 컨설팅, 물류 등과 같은 다양한 제조업지원 서비스 기능도 함께 필요하게 되었다. 또한 과거에는 산업단지가 독립적 생산공간이었으나 이제는 교육·문화·생활 등의 시설과 지속적으로 교류해야 하는 관계적 공간으로 전환되고 있다.

　주변지역이 도시화되면서 산업단지와 인근 주민 간에 마찰이 빚어지기도 한다. 단지를 조성할 때만 하더라도 도시에서 멀리 떨어진 허허벌판이었으나, 인근 도시가 팽창하면서 산업단지가 도시의 효율적 공간구조를 방해하는 경우가 생겨나는 것이다. 산업단지 주변에서 도시개발 사업이 진행되면서 각종 민원이 제기되기도 하고, 단지 입구에 건물이 들어서면서 진입도로가 제 기능을 발휘하지 못하는 경우도 많다.

　산업구조가 경박단소화되고 아웃소싱이 확대되면서 산업단지 내의 대형 공장이 소규모 공장으로 분할되기도 하고, 공장용지를 매입한 후 다수의 소필지로 나누어 재분양하거나 임대하는 사례도 늘어나고 있다. 특히 수도권의 경우 공장 임차율이 50%를 웃도는 산업단지도 있으며 임차 기업들은 임대료 인상 및 임대계약 만료 등에 대한 부담으로 장기적인 전략 수립이 곤란하게 된다. 필지 분할과 기업의 영세화는 가뜩이나 열악한 기반시설에 과부하를 초래하여 단지의 생산환경을 악화시키고 있다. 한 필지 내에 다수의 임차공장이 난립하면서 법률적 의무인 입주계약조차 하지 않는 경우도 있어 단지관리 측면에서도 어려움이 많다.

구조고도화가 긴요한 또 다른 이유는 산업입지에 대한 기업인들의 선호가 바뀌고 있다는 점이다. 1960년대 이후 대규모 국가산업단지가 조성되면서 우리나라의 산업입지 공급 형태는 개별입지 중심에서 계획입지 중심으로 바뀌었다. 반월·시화, 울산, 여천 등은 단지면적이 무려 30㎢에 달하며, 최근에도 구미, 대구 등에 대규모 국가산업단지가 조성되고 있다. 이처럼 특정지역에 대규모 단지를 조성하여 분양하는 것은 공급자 위주의 방식이라 할 수 있으나, 앞으로는 수요자 중심의 소규모 단지가 늘어나게 될 전망이다. 대규모 공장이 집적된 거대 산업단지 대신에 기업의 특성을 감안한 맞춤형 산업단지가 요구되고 있다. 또한 신규단지의 개발에만 의존하기보다는 기존 산업단지의 리모델링을 적극 활용하는 것도 맞춤형 입지 공급의 한 방안이 되고 있다.

이러한 필요에 의해 추진되는 노후단지의 재개발 혹은 리모델링 사업이 다름아닌 구조고도화 사업이다. 이처럼 산업단지 구조고도화 사업은 오랜 기간 기업들이 생산활동을 하면서 구축해 놓은 유·무형의 자산을 최대한 유지하면서 필요한 일부 기능을 보완하는 것이며, 산업단지의 경쟁력을 혁신적으로 제고할 수 있는 입지정책으로 주목받고 있다.

이러한 필요성에도 불구하고 산업단지 구조고도화 사업이 원활하게 추진되기는 쉽지 않은 상황이다. 산업단지가 조성된 지 30~40년이 넘도록 재개발이나 리모델링이 제대로 추진되지 못하는 사이 사업의 당위성에 대한 입주업체와 주민들의 반응은 냉소적으로 변했고 급등한 토지가격은 사업추진을 더욱 어렵게 하고 있다.

그러나 그 가운데서도 관련부처와 유관기관에서는 법과 제도의 정비를 지속적으로 추진해 왔고, 이러한 노력에 힘입어 2009년 9월 대전 1·2산업단지, 대구 도심산업단지, 전주 제 1 산업단지, 부산 사상산업단지 등 4개 지역이 노후산업단지 재정비 우선사업 시범지구로 선정되었다. 또한 같은 해 12월에는 국가산업단지의 구조고도화 시범사업지구로 남동, 반월·시화, 구미, 익산 등 4개 단지가 선정되었다. 이에 따라 구체적인 사업 추진 방식, 이해관계자 참여방식, 기반시설부담금을 비롯한 개발이익 환수방법 등 다양한 세부 추진방안이 논의되고 있어 사업추진에 대한 기대를 한층 높이고 있다.

(2) 구조고도화 사업의 내용

산업단지 구조고도화 사업은 산입법과 산집법의 2개 법률에 의해 이원적으로 진행되고 있다. 두 가지 방식의 근본적인 차이는 토지이용계획의 수립 여부에 있다. 즉, 산입법상의 재정비 사업[7]은 단지 전체에 대한 마스터플랜을 설정하고 토지이용계획에 따라 신규 도로 개설, 환경시설 설치, 도심공원 및 지원시설 확보 등을 추진하는 사업으로, 기반시설 등 인

---

[7] 산업구조의 변화, 산업시설의 노후화 등으로 재정비가 필요한 산업단지를 대상으로 구조를 변경하거나 기반시설 및 지원시설의 신설·확장 및 개·보수 시행을 위한 사업.

프라 확충에 초점을 두고 있다.

　반면, 산집법상의 구조고도화 사업[8]은 입주업종의 구조고도화를 목표로 하는 산업단지 재생사업으로, 토지이용계획과 상관없이 사업에 찬성하는 입주자들로 블록단위의 조합을 결성해 사업을 진행하게 된다. 이 경우에는 도로 등 기반시설의 정비가 일괄적으로 진행되지 않기 때문에 인프라 개선효과는 산업단지 재정비 사업에 비해 다소 미약하나, 사업체 구성이 수월하고 자금부담도 적어 보다 현실적인 대안이라 할 수 있다.

산업단지 구조고도화 관련사업 개요

구 분	구조고도화 사업	재정비 사업
근 거	· 산업집적활성화 및 공장설립에 관한 법률 제45조의2	· 산업입지 및 개발에 관한 법률 제38조의3
목 적	· 산업단지의 업종 고도화 및 입주업체 지원을 통한 집적 활성화	· 산업시설 및 기반시설 노후 등에 대응하여 기존산단 공간구조 계획적 정비
주 요 사 업	· 업종 부가가치화 · 산업재배치 · 입주기업 지원 · 부분적인 환경정비	· 기반시설(도로, 공원, 녹지) 확충 · 지원시설정비 · 용도변경

자료: 한국산업단지공단.

　앞서 살펴보았듯이 산업단지 구조고도화 사업은 노후화된 단지를 대상으로 기반시설을 정비하고 문화 · 복지시설을 확충함으로써 입주기업의 경쟁력 제고와 단지 내 산업구조의 고부가가치화를 추진하는 것이다. 노후화된 산업단지를 완전히 밀어 붙여서 새로운 것을 만드는 사업이 아니

---

8) 산업단지 입주업종의 고부가가치화, 기업지원서비스의 강화, 산업집적기반시설 및 산업기반시설의 유지 · 보수 · 개량 및 확충을 통하여 기업체 등의 유치를 촉진하고, 입주기업체의 경쟁력을 제고하기 위한 사업.

라 옛것을 새롭게 재창조하여 활력을 불어넣는 것이다.

산업단지 구조고도화 사업을 넓은 의미에서 보면 사회적·경제적·환경적 재생사업을 모두 포함하고 있다. 즉 구조고도화 사업은 첫째, 문화·복지·교육환경 등을 쇄신하고 지속가능한 커뮤니티를 조성하며 주민참여를 활성화하는 지역친화적 사업이다. 둘째, 기업의 생산활동과 상권의 활력을 강화하는 동시에 신산업을 육성하고 일자리를 창출하는 지역경제 활성화 사업이다. 셋째, 토지이용을 고도화하고 건축물이나 기반시설을 정비하는 한편 도로, 하천, 공원 등의 인프라를 구축하여 도시의 어메너티를 높여나가는 환경재생사업을 모두 포함하고 있다.

또한 내용면에서 산업단지 구조고도화 사업은 업종구조 고도화, 기업지원시설 확충, 단지 기반시설 정비, 문화·복지시설 확충사업이라고도 할 수 있다. 업종구조 고도화 사업은 지역전략산업 및 선도산업의 육성을 위해 단지 내 업종구조를 전문화하고 고부가가치화하는 사업이다. 여기에는 기업 이전, 업종 전환, 노후공장 재개발, 아파트형공장 건설, 창업 및 기업유치, 네트워크 활성화, R&D 사업화 촉진, 기업지원서비스 제공 등의 사업이 포함된다. 기업지원시설 확충사업은 기업의 생산성 향상과 고부가가치화에 필요한 산업집적 기반시설을 유지·보수·확충하는 것으로서 각종 연구소, 창업보육센터, 연수시설, 회의장, 공공기관, 법무·세무·회계·변리·노무 등의 비즈니스 서비스기관 확충 등이 여기에 해당된다. 기반시설의 정비는 산입법에서 규정하고 있는 산업단지 재정비 사업과 유사한 것으로 산업단지 내 기반시설 및 유틸리티를 재정비하는 사업을 말한다. 즉 도로, 주차장, 공원·녹지, 경관 개선 등을 포함한 물리적인 기반

산업단지 구조고도화 사업별 지원기능 및 지원시설

사업유형	지원기능	지원시설
업종구조 고 도 화	기업이전	이전부지 조성 및 건물 신축
	업종 전환	업종전환 지원센터
	노후공장 재개발	공장재건축, 아파트형공장
	창업 및 기업유치	창업보육센터
	각종 기업지원	종합비즈니스센터
기업지원 시설확충	공공지원시설	출입국, 환경, 노동사무소, 전신전화국, 우체국, 중진공, 상의, 은행, 수보, 신보, 기보
	기업지원시설	BI, Post-BI, 기업연구소, 교육연수시설, 국제회의장, 전시홍보관, 비즈니스룸
	업무지원시설	전자상거래, 소프트웨어개발, 광고, 디자인, 인쇄출판, 법무사, 세무사, 회계사, 변리사, 노무사, 관세사, 여행사, 번역
단지기반 시설정비	도로 · 주차장	진입도로, 단지 내 도로, 주차장, 가로등
	공원 · 녹지	쌈지공원, 중앙공원, 차단녹지, 담장녹지, 옥상녹지
	정보화	단지 정보화, 기업 정보화
	경관개선	표지판, 안내판, 지중선, 단지 디자인
	유틸리티	열병합발전소, 변전소, 상수도, 주유소
	환경처리시설	하수도, 폐수처리장, 폐기물처리장, 하수종말처리장
문화복지 시설확충	문화시설	박물관, 공연장, 미술관
	복지시설	근로자문화센터, 탁아소, 도서관
	상업시설	편의시설, 종합상가
	주거시설	사원 · 근로자 임대아파트, 게스트하우스
	체육시설	피트니스, 종합운동장, 체육공원
	의료시설	보건소, 산재병원, 종합병원

자료: 한국산업단지공단.

시설과 상하수도, 변전소, 하수종말처리장 등의 유틸리티 시설의 정비를 통해 산업단지의 경쟁력을 제고하는 것이다. 마지막으로 문화·복지시설의 확충은 의료, 복지, 문화, 주거, 유통, 체육 등의 각종 편의시설을 확대하여 근로자들이 일하고 싶고 머물고 싶어 하는 정주공간으로 산업단지를 변화시킬 수 있는 제반 사업이 포함된다. 결국 산업단지 구조고도화 사업은 기업경영과 노동생활의 질을 동시에 제고하는 QWLQuality of Working Life 전략의 하나라고 할 수 있다.

(3) 구조고도화 성공사례

가. 해외의 구조고도화 성공사례

▌세계 최초의 산업단지, 영국 트래포드 파크

트래포드 파크는 1896년 영국 북부의 중심도시인 맨체스터 지방에 조성된 세계 최초의 산업단지이다. 이 단지는 민간기업에 의해 조성된 임해형 단지약 4.9㎢로 1950년대까지 전기, 기계, 건축, 재생고무 및 군수산업 분야의 기업들로 구성된 세계 최대의 제조업 집적지였다. 그러나 트래포드 파크의 성장세는 2차대전 종료를 기점으로 점차 둔화되기 시작했고 1960년대에 들어 급속히 쇠퇴하였다. 전통 제조업의 쇠퇴와 도시화에 따른 과밀화가 복합적으로 작용하여 기업들의 역외이전이 가속화되었던 것이다.

이에 영국 정부는 산업단지 재생을 통해 지역경제 활성화를 도모하고자 하였고, 1986년 중앙정부가 주도하고 지방자치단체와 단지 내 기업들이 함께 참여하는 트래포드 개발공사TPDC: Trafford Park Development Corporation를 설립하였다. TPDC는 도시재생과 투자유치를 통한 지역경제 활성화 및 신규 고용 창출을 목적으로 10년 동안 한시적으로 운영되는 조직으로서 여기서 우선적으로 추진한 사업은 다양한 형태의 산업부지와 지원시설을 제공하는 것이었다. 여기에는 기존 건물의 경관 개선을 통한 지역이미지 제고, 환경친화적 개발방식 도입, 지역사회와의 교류 확대, 정부기관, 기업, 지역단체, 교육기관 등 다양한 주체 간의 협력채널 구축 등이 포함되어 있었다. 10년에 걸친 재개발 사업기간 동안 약 천여 개 기업을 신규로 유치했으며, 28,000여 개의 신규 일자리와 17억 5,900만 파운드의 민간자본을 유치하는 성과를 거두었다.

TPDC가 시행한 사업내용을 보다 구체적으로 살펴보면 다음과 같다. 첫째, 단지 내의 열악한 교통여건을 개선하기 위해 전체 예산의 1/3 가량을 도로개선 사업에 우선적으로 투입하였다. 또한 단지 내에 화물운송 터미널을 건설하는 한편, 도로·철도·운하 등의 교통체계를 획기적으로 개선하였다.

둘째, 단지 내 환경 및 경관 개선을 위해 공공예술을 과감히 도입하였다. 맨체스터와 연결된 고속도로의 환경 개선, 단지 입구의 아치 건설, 입지 표지판을 활용한 랜드마크 조성사업 등이 그것이다. 또한 단지 인근에 위치한 브릿지 워터 운하와 맨체스터 선박 운하에 대해 접근성을 향상시켰고 나무심기 등을 통해 산업단지 내의 쾌적성과 미관 향상을 위한 사업들도 병행하였다.

셋째, 재정비사업의 효과를 극대화하기 위하여 4개 특별지구를 지정하여 각 지역별로 차별화된 재개발사업을 추진하였는데, 1998년 조성된 트래포드 센터가 대표적이다. 트래포드 센터는 단지 외곽의 황폐한 지역에 조성되었음에도 불구하고 유럽 최대 규모의 쇼핑 및 레저 단지로 성장하였다. 이러한 일련의 노력을 통해 맨체스터 지역은 제조업에 의존하던 지역경제를 소매업과 상업, 관광 및 레저산업이 공존하는 구조로 변화시키는 데 성공하였다.

우리가 TPDC의 성공사례에서 배울 수 있는 것은 무엇일까?

가장 큰 교훈은 사업의 필요성에 대한 공감대 형성이 중요하다는 점이다. TPDC는 중앙정부에 의해 설립된 기구였으나 지역사회의 기업들, 무역협회, 지방의회, 사회단체 및 주민들의 적극적인 참여를 유도하여 공공부문과 민간부문 간에 강력한 파트너십을 구축하였다. 구조고도화에는 다양한 이해관계자가 참여하게 되고 사업을 추진하는 데 오랜 시간이 소요되므로, 이해관계자들의 소통과 협조, 추진기구의 추진력이 조화를 이루어야만 사업의 성공이 보장될 수 있다.

산업단지 재생사업을 단순히 노후단지의 물리적 환경개선으로만 보지 않고, 산업구조 변화나 인구 변화 등에 따른 도시계획 차원에서 접근했다는 점도 주목할 만하다. 단지 내 공업시설 이외에 지원시설, 주거 및 상업시설, 업무 및 공공시설까지 사업의 범위에 포함함으로써 혁신적인 산업 및 정주 커뮤니티를 형성할 수 있었던 것이다. 또한 하수 및 폐수 처리장 등 환경시설을 완비하는 동시에 가로수와 담장 설치, 보행도로 확장, 문화시설 설치 등으로 도시미관을 개선하고 쾌적성을 확보함으로써 지속가능성을 담보한 재정비를 추구했다는 점도 우리가 배워야 할 사항이다.

많은 경비와 시간이 소요되는 전면 재정비 대신 부분형 순환재정비 방식을 채택함으로써 사업추진의 효율성을 제고했던 점도 본받을 만하다.

우리의 경우도 거대한 규모의 단지를 일괄 개발한다는 것이 현실적으로 불가능한 만큼, 단지의 발전단계와 시장여건을 감안한 순차적 개발이 최선의 선택이 될 것이기 때문이다. 사업추진 과정에서 지역사회를 대상으로 적극적인 홍보와 설득을 지속함으로써 산업단지의 재정비라는 당초의 목적을 달성했을 뿐만 아니라 산업단지를 자원화하여 부가적인 수익까지 창출했다는 점도 주목할 만하다.

■ 부활한 산업단지, 스페인 포블레노우

스페인의 바르셀로나는 유럽대륙에서 가장 먼저 산업화가 진행된 지역으로 특히 섬유산업과 야금업이 발달하였다. 포블레노우Poblenou 산업단지는 바르셀로나 지역의 동남쪽에 위치하고 있으며 현지에서는 22@구역으로 통칭하고 있다. 전통제조업의 이전으로 폐허가 되다시피한 이 단지는 IT와 BT를 중심으로 한 첨단산업단지로 탈바꿈하면서 노후단지의 성공적인 재정비 사례로 손꼽히고 있다.

포블레노우 지역은 1848년 스페인 최초의 철도가 인근 지역을 통과하게 되면서 방직산업을 중심으로 연관산업 등이 집적하게 되었다. 그러나 1960년대 이후 국내외적으로 주력산업이었던 방직산업이 쇠퇴기로 접어들면서 공장들이 타 지역으로 이전하기 시작하였다. 1963년부터 1990년까지 타지역으로 이전한 공장은 무려 1,300여 개에 달하여 포블레노우는 산업단지로서의 기능을 상실한 황폐한 지역으로 전락하게 되었다.

포블레노우 단지는 1992년 바르셀로나 올림픽을 계기로 회생하게 된다. 바르셀로나 시는 올림픽을 준비하면서 도심을 중심으로 한 환형 도로

▲재정비 이전 포블레노우 산업단지내 공장부지

자료: www.22barcelona.com.

를 건설하여 포블레노우 지역을 바르셀로나 도심 및 항구와 공항을 연계하는 중요한 거점으로 육성하였고, 2001년부터는 '22@Barcelona 프로젝트'를 수립 추진하였다.

　이 프로젝트는 전통 제조업 중심의 산업단지를 주거와 문화, 과학과 교육, 생산과 레저가 공존하고 소통하는 지식집약형 첨단산업지역, 즉 신개념의 도시커뮤니티로 전환하는 것을 궁극적인 목표로 하고 있다. 이를 위해 도시재생, 경제활성화, 사회통합이라는 3대 분야의 세부목표를 정하였다. 도시재생은 고용 및 거주환경 개선에 중점을 두어 서로 다른 기능의 산업시설과 편의시설들을 건물, 녹지공간 등과 조화되도록 배치하는 것이다. 경제활성화는 포블레노우 단지를 과학 · 기술 · 문화적 기반을 갖춘 산업단지로 탈바꿈시켜 바르셀로나를 가장 역동적이고 혁신적인 도시로 변화시키려는 것이다. 이렇게 하여 일터와 삶터, 환경의 질을 높일 수 있는 생산 공간과 연구, 교육, 기술, 주거, 공공시설 및 녹지공간이 상호 공존하는 새로운 개념의 도시발전모델이 탄생한 것이다. 마지막 목표인 사회통합은 포블레노우 지역의 전문가들과 지역 주민들의 상호 관계를 증진시키고 다양한 정보기술을 활용하여 참여 의식을 제고하는 내용이었다.

이러한 대대적인 재정비 정책에 힘입어 황폐한 공장부지로 전락했던 포블레노우 단지는 2008년 말 현재 1,441개사, 4만 2,000여 명이 일하는 지식집약형 첨단산업단지로 거듭나고 있다. 또한 기업건물을 활용하여 업무공간 및 다양한 문화공간을 제공함으로써 지역주민과의 교류를 확대하는 한편, 국내외 관광객 유치를 통해 지역경제 활성화에도 크게 기여하고 있으며 지역의 랜드마크로 부상하고 있다.

포블레노우 재정비사업은 노후 산업단지를 환경친화적으로 재정비함으로써 침체된 지역경제를 활성화시켰을 뿐만 아니라, 쾌적한 지역 이미지를 새롭게 구축했다는 점에서 노후산업단지 재정비를 추진하고 있는 우리에게 시사하는 바가 크다.

먼저, 포블레노우의 경우는 영국의 TPDC와는 달리 단지재생을 물리적 환경개선으로만 보지 않고 도시재생, 경제활성화, 사회통합 등 다원적 측면에서 균형적 안배를 추구했다는 특징이 있다. 또한 바르셀로나 시의회가 주도한 것이었음에도 불구하고, 공공기관, 대학, 연구소, 교육센터, 지역주민 간에 유기적 네트워크를 구축하여 지역 커뮤니티의 참여를 극대화한 점도 주목할 만하다. 국내의 우수기업과 연구기관을 유치하기 위한 '랜딩 프로그램Landing Program'도 상당한 성과를 거두었다. 22@Barcelona와 카탈루냐 공과대학의 주도하에 영국, 멕시코, 브라질, 인도, 중국 등과 프로그램 공동운영을 위한 협약을 체결하였고, 2009년 6월에는 우리나라의 대덕연구개발특구와도 협약을 체결한 바 있다.

22@Barcelona는 포블레노우 단지의 재생사업과 병행하여 바르셀로나 시의 인프라도 획기적으로 개선하였다. 특히 기업, 대학, 연구소, 교육센터 등이 상호 교류할 수 있는 공간을 제공하고 쇼핑센터, 서비스시설 등의 부수적 기능들을 통합시킴으로써 다른 도시들과 차별화를 시도하고 고용환경과 주거환경을 동시에 개선한 것이다.

포블레노우 단지의 사례는 기존 산업단지의 경쟁력 제고가 새로운 산업단지의 조성보다 유효한 정책수단이 될 수 있음을 보여준다. 앞으로는 산업입지정책도 산업용지 및 생산인프라의 공급 위주에서 탈피하여 맞춤형단지 및 쾌적한 고용·주거환경의 조성에 주력해야 함을 시사하고 있다.

나. 국내의 구조고도화 성공사례: 서울디지털단지

■ 서울디지털단지의 변천과정

독자들은 최근에 우리나라 제 1 호 산업단지이자 한국수출사의 첫 장을 열었던 구로공단을 방문해 본 적이 있는가? 옛날 기억 속에 있는 구로공단은 더 이상 존재하지 않는다. 이름부터가 구로공단에서 서울디지털산업단지로 바뀌었을 뿐 아니라 단지의 모습 또한 완전히 달라졌다. 1960~1970년대의 구로공단을 기억하고 있는 사람이라면 '상전벽해桑田碧海란 바로 이런 경우에 쓰는 단어로구나'라고 생각할 것이다. 구로공단은 1964년 조성된 이래 섬유·봉제 등 경공업을 중심으로 한강의 기적을 일궈냈고, 이제는 IT산업을 중심으로 한 아파트형공장이 밀집하면서 산업단지 르네상스의 새로운 모델로 부상하고 있다.

조성 당시의 이름이 '한국수출산업공단'이었던 것에서도 알 수 있듯이 구로공단은 한때 국내 수출액의 10%를 담당하던 우리나라 수출의 전초기지였다. 1970년대에는 단지내 총수출의 40~50%가 섬유와 의복이었으며 이들 품목이 바로 한국을 대표하는 수출품이었다. 구로공단은 1970년대 내내 매년 30% 이상의 수출증가율을 기록하는 등 한국경제가 수출주도형으로 성장하는 데 주도적인 역할을 담당하였다.

구로공단의 수출실적
(단위: 백만달러, %)

구 분		1969	1971	1973	1977	1979	1980
수 출 액		31	114	318	1,151	1,632	1,874
업종별 점유율	1위	섬유 (40.3)	섬유 (51.4)	섬유 (51.8)	섬유 (43.1)	섬유 (41.9)	섬유 (52.2)
	2위	전기전자 (23.8)	가발 (21.6)	잡화 (23.4)	전기전자 (32.0)	전기전자 (34.3)	전기전자 (35.2)

자료: 한국산업단지공단.

그러나 1980년대에 들어서면서 미국 등 선진국을 중심으로 신보호무역주의가 확대되고 국제금리 인상, 환율 하락, 유가 급등으로 인해 대외환경은 급격히 악화되었다. 특히 1980년대 중반부터는 국내에서도 노사분규의 확산에 따른 임금 상승, 3D업종에 대한 기피현상 등이 겹치면서, 국내 기업들의 해외생산 및 국내에 진출한 다국적기업의 철수가 확대되었고 제조업의 공동화가 진행되기 시작하였다. 구로공단의 경우에도 해외로 이전되는 공장이 늘어나고 영세기업들이 그 자리를 채우면서 단지 내 입주업체수는 1987년 478개사에서 1997년 438개사로 감소했다. 같은 기간 수출은 47억 달러에서 27억 달러로, 고용규모는 11만 8천여 명에서 3만 2천여

명으로 각각 급감하였다.[9]

　이러한 위기상황에서 구로공단의 부활을 위한 플랜이 가동되었다. 1997년에 '구로공단 첨단화 계획'이 수립되어 입주업종을 제조업 중심에서 첨단정보·지식산업 등 고부가가치 업종으로 확대하였는데 이것이 단지의 구조를 재편하는 계기를 제공하였다. 2000년 11월에는 공단의 명칭도 '서울디지털산업단지'로 바뀌었고, 국내 최초의 벤처집적시설인 '키콕스벤처센터'가 단지 내에 건립되면서 벤처기업들이 모여들기 시작하였다. 구로공단의 부활이 본격화된 것이다. 이러한 과정을 거치면서 서울디지털산업단지는 정보통신 및 지식기반 산업 중심의 도시형 산업단지로 탈바꿈하였고, 2009년 말 현재 100여 동의 아파트형공장이 건립되어 약 1만 개의 기업과 10만여 명의 근로자들이 일하는 산업공간으로 변화하였다.

　서울디지털단지의 입지매력도가 높아지면서 벤처기업들의 단지 내 유입이 꾸준히 증가하고 있다. 서울디지털단지의 벤처기업 수는 2007년 초 645개에서 2009년 6월 1,173개로 82% 증가하였는데 같은 기간에 강남·서초 지역은 1,126개사에서 1,221개사로 제자리걸음을 하고 있어 벤처집적지의 중심이 서울디지털단지로 이동하고 있음을 보여준다.[10] 테헤란밸리에 입지하고 있던 벤처기업협회가 2006년 말 서울디지털단지로 이전한 사실이 이를 상징적으로 보여주고 있다. 2010년 3월 현재 서울디지털단지 내 벤처기업 수는 전체 입주기업의 70%를 상회하고 있다.

9) 자료: 한국수출산업공단, 「한국수출산업공단 30년사」, 1994; 윤철, "서울디지털산업단지 재구조화 과정과 산업 클러스터 발전방안에 관한 연구", 서울시립대학교 석사논문, 2008.
10) 이코노믹 리뷰, 2009. 6. 23.

"지난 10년간 벤처산업의 중심에 서서 희로애락을 함께 해 왔던 벤처기업협회가 이제 수많은 벤처기업이 성공을 향해 노력과 정열을 불태우고 있는 새로운 벤처산업의 보금자리인 구로디지털단지로 이전하게 되었습니다."

▮ 서울디지털단지의 성공요인

구로공단이 서울디지털산업단지라는 전혀 다른 모습으로 변신할 수 있었던 배경은 무엇일까? 그 첫번째는 저렴한 비용으로 도심지역에 자가공장을 확보할 수 있다는 점이었다. 2000년대 초반 서울디지털단지의 분양가는 강남지역의 10~20%에 불과한 수준이었다.[11] 테헤란밸리에 세들어 있던 벤처기업들은 보증금만으로도 구로동에서 번듯한 아파트형공장을 분양받을 수 있었던 것이다. 비싼 땅값과 사무실 임대료로 고민하던 서울지역의 벤처기업들에게 서울디지털단지가 대단히 매력적인 지역이었다. 더구나 서울디지털단지의 아파트형공장은 전용면적 비율이 높아 같은 분양면적이라도 활용도가 훨씬 높았고 전기요금도 산업용을 적용받아 50%나 할인되었다.

둘째는 구로지역의 우수한 비즈니스 환경을 들 수 있다. 수도권이라는 거대한 시장을 끼고 있을 뿐 아니라 인력·자본·정보 등 혁신자원들이 집적한 수도 서울의 입지우위를 그대로 활용할 수 있었던 것이다. 구

---

11) 전용면적 260㎡ 기준으로 강남지역의 사무실 월 임대료는 880만 원 수준으로, 이는 서울디지털단지에서는 자가공장 확보가 가능한 금액이었다(박용규, "구로공단 부활의 의미", 삼성경제연구소, 2007. 6).

로지역은 서해안고속도로, 경인고속도로와 직접 연결되어 안산, 수원, 인천 등 수도권은 물론 충청권까지도 원활한 연계가 가능하다. 특히 지하철 1·2·7호선이 단지를 통과하므로 강북의 도심이나 강남의 테헤란밸리는 물론 서울 각지의 대학과도 손쉽게 연결되고 우수인력 확보에도 매우 유리하다. 더구나 단지 내에 비즈니스서비스 등 지원시설과 의료기관, 다양한 문화시설과 편의시설 등이 집적함에 따라 서울디지털단지의 매력도는 더욱 커져갔다.

셋째, 아파트형공장에 대한 규제완화 등 정책적 지원과 제도적 장치가 마련되었기 때문이다. 아파트형공장을 수도권정비계획법에 의한 공장총량규제에서 제외하고 제조업 외에 지식산업 및 정보통신산업 등을 입주업종에 추가함으로써 다양한 기업들이 집적할 수 있었다. 지자체와 공공기관으로만 한정되어 있던 아파트형공장 설립주체도 민간부문으로 확대되었다. 지자체의 지원 또한 빼놓을 수 없다. 서울시는 아파트형공장 입주기업에게 취·등록세 면제, 재산세 및 종합토지세 감면 등의 세제혜택을 부여하는 한편, 사업시행자에게는 세제혜택과 함께 200억 원 한도 내에서 건설비의 75%까지 융자해 주고 최초 입주기업에 대해서도 최대 8억 원 한도 내에서 입주자금의 75%까지를 융자해 주는 등 파격적인 지원을 아끼지 않았다.

동시에 단지를 관할하고 있는 구로구청과 금천구청에서는 도로 확장, 노후시설 개보수 등 기반시설을 확충하고 주차구획선 제거, 전선 지중화, 옥외간판 정비 등의 입지환경을 개선함으로써 단지의 입지경쟁력을 더욱 높여주었다.

넷째, 다양한 형태의 네트워크를 구축하였다는 점이다. 서울디지털단지는 거의 전 지역이 아파트형공장으로 채워져 있고, 아파트형공장마다 수십 개에서 무려 200여 개에 이르는 기업들이 집적되어 있어 기업간 네트워크를 형성하는 데 대단히 유리하다. 실제로 단지 내에서는 각종 포럼이나 업종별 교류회, 기술거래와 기업경영에 관한 상담, 기술개발 지원기관과의 교류 등 다양한 대면접촉이 활발하게 이루어지고 있다.

현재 서울디지털단지 내에는 한국산업단지공단의 본사와 서울지역본부를 비롯하여 노동부 서울관악지청, 서울관악고용지원센터, 구로세관, 한국표준협회, 기술보증기금, 신용보증기금, 벤처기업협회, 서울시 창업지원센터, 한국품질재단, 한국산업기술시험원, 요업기술원, 한국생활용품시험연구원, 국민건강보험공단, 한국정보기술연구원 등 다양한 지원기관이 입주하고 있으며 산업기술대학, KAIST, 숭실대, 유한대, 부천대 등 여러 대학들이 맞춤형 산학협력을 위한 거점을 운영하고 있다.

지하철 역사도 이름이 바뀌었다. 2호선 구로공단역은 구로디지털단지역으로, 7호선 가리봉역은 가산디지털단지역으로 각각 '디지털화' 하였다. 아파트형공장도 점차 진화하고 있다. 겉모습은 다양해지고 내부구조는 편리해졌으며 집객시설들도 다양해지고 있다.

▓ 보완되어야 할 과제

서울디지털단지는 단지의 구조고도화를 앞서 실천한 성공사례이다. 기업의 주도와 정부의 지원이 어우러져 산업단지의 회생과 도시의 진화를 이루었다. 공장들이 떠나가고 남은 부지에 민간 건설업체가 아파트형공장을 지어 중소·벤처기업들을 끌어들였다는 점에서 서울디지털단지는 자생적인 도시형 기업생태계라고 할 수 있다.

그러나 서울디지털단지가 지속적으로 성장해 나가기 위해서는 풀어야 할 과제 또한 적지 않다.

가장 시급한 것은 도로를 확장하는 일이다. 단기간 내에 입주기업이 늘어난 데다 유동인구가 급증하면서 단지 내 교통여건은 한계에 다다른지 오래다. 서울디지털단지에는 지식집약산업이 주도하는 만큼 석박사 등 고급인력이 많아 이들의 눈높이에 맞는 정주여건을 조성하는 것도 시급하다. 그러나 현재 단지 내에는 재개발이 가능한 유휴부지가 거의 없는 실정이므로 서울시가 추진하고 있는 '가리봉 균형개발촉진지구' 사업을 통해 조속히 복합형 부도심을 개발해야 한다. 남부순환도로의 지하화 및 이를 이용한 녹지공간 확충도 기대된다. 백화점, 전문쇼핑가, 문화센터, 컨벤션센터, 비즈니스호텔 등 단지 내에 전무한 비즈니스 인프라도 우선적으로 확보해야 한다. 다행히 현재 진행되고 있는 2단지 재정비사업과 1단지 내 유휴부지에 대한 지원시설 확충계획이 종료되면 이러한 요구들은 상당부분 해소될 것으로 기대된다. 이러한 노력들은 상암동 디지털미디어시티 DMC, 판교 테크노밸리, 광교 테크노밸리 등 경쟁지역에 대해 서울디지털단지가 계속해서 입지우위를 유지하기 위해서도 필요한 사업이다.

새로운 지식과 기술이 지속적으로 창출될 수 있는 혁신환경도 조성되어야 한다. 기업 간 네트워크의 활성화를 통해 상호 작용적 혁신이 가능한 공간으로 거듭나야 한다. 생산된 제품과 서비스가 단지 내에서 거래될 수 있는 시장을 형성하여 시장정보가 기업들에게 즉각 환류되도록 해야 하며, 이를 위해서는 의류 판매를 위주로 하는 단지 내 유통시설을 전기전자, PC, 소프트웨어, 메카트로닉스 제품의 판매창구로 활용하는 것이 바람직하다.

단지의 구성원들을 대상으로 하는 재교육 기능도 강화되어야 한다. 1960년대에는 기업부설 야간학교를 통해 공장가동에 필요한 기능공을 양성하고 사회생활에 필요한 소양도 기를 수 있었다. 현재 단지 내에는 10만 명 이상의 젊은이들이 근무하고 있는 만큼 이들을 체계적으로 재교육할 수 있는 프로그램이 필요하다. 특히 서울디지털단지는 IT, BT 등 지식집약적 산업의 비중이 큰 만큼 기술과 시장에 대한 최신 정보를 지속적으로 제공할 수 있어야 한다. KAIST, 산업기술대학, 부천대학 등 단지 내에 교육장과 분교를 설치하는 대학들이 늘어나는 것도 이 때문이다.

국내 및 해외 클러스터들과의 네트워크 확충도 보다 적극적으로 추진할 필요가 있다. 우선은 광역클러스터 정책에 맞추어 서울디지털단지의 R&D, 제품기획, 시제품생산, 검사 등의 기능과 반월, 남동, 시화산업단지의 생산기능을 유기적으로 결합하여 수도권 클러스터로서의 시너지를 창출하여야 한다.

(4) 구조고도화 추진방안

서울디지털단지는 산업단지 구조고도화의 성공사례요, 하나의 모델이라 할 수 있다. 그러나 앞서도 설명한 바와 같이 '구로공단 첨단화 계획'은 단지 전체에 대한 종합적인 마스터플랜하에서 체계적으로 진행된 것은 아니었다. 아파트형공장에 대한 우대조치를 마련하던 2000년대 초만 하더라도 불과 10년 사이에 단지 전체가 아파트형공장으로 뒤덮일 줄은 상상도 못했던 것이다. 정부의 지원정책, 벤처창업 붐, 분양사업의 수익성 등이 맞물리면서 순식간에 이렇게 변해버렸다는 것이 보다 진솔한 표현일지도 모른다.

아파트형공장이 들어서면서 단지 내의 도로폭이 넓어지고 자투리공원도 생겨났다. 인허가 과정에서 용적률을 높여 주는 대신 토지 일부를 도로로 기부채납하게 하는 등의 노력이 있었던 덕택이다. 그러나 현재 주차장이 되다시피 해버린 도로여건을 생각하면 보다 장기적이고 거시적인 계획에 따라 구조고도화를 추진하지 못한 것이 못내 아쉽다. 도로만이 아니다. IT산업과 벤처기업이 중심인 만큼 단지 내의 구성원들은 20, 30대의 젊은이들이 압도적으로 많지만 이들을 위한 공간은 크게 미흡하다. 회의장, 전시장, 호텔 등 국제비즈니스에 필수적인 지원시설도 전무하여 기형적 형태에 머물고 있다. 앞으로 다른 지역에서 진행될 산업단지 구조고도화 사업은 장기적인 마스터플랜을 먼저 수립하고 이에 맞추어 개별사업을 추진하는 것이 바람직하다.

2009년 4월 국가경쟁력강화위원회가 마련한 '산업단지 리모델링 및 관리운영 개선방안'은 이러한 취지에서 출발하였다. 구조고도화 사업을 추진함에 있어서는 무엇보다도 노후산업단지 내에 R&D, 컨벤션, 문화복지, 비즈니스 지원 등에 관련된 시설을 우선적으로 건립토록 하였다. 이는 일종의 시범시설로서 관리기관과 입주기업이 공동으로 추진하게 된다. 또한 제한된 면적 안에서는 생산공장 중심의 공업지역을 지식산업지구로 변경할 수 있도록 하고, 사업시행의 원활화를 위해 시행자가 취득하는 부동산에 대해서는 취등록세를 감면하는 한편, 개발이익에 대한 환수근거를 마련하여 특혜에 대한 시비도 방지하였다. 구조고도화 펀드 조성계획도 눈에 띈다. 구조고도화 사업을 추진하는 데는 막대한 자금이 소요되는 반면 국고지원은 쉽지 않은 것이 현실인데, 이를 감안하여 별도의 펀드를 조성토록 한 것이다. 절차면에서도 종래에는 산업단지 개선사업을 위해서는 5단계를 거쳐야 했으나 이를 1단계로 통합하여 사업추진에 소요되는 시간과 비용을 크게 줄일 수 있도록 하였다.

산업단지 개선사업 절차 간소화

자료: 국가경쟁력강화위원회, 지식경제부, 한국산업단지공단. "산업단지 리모델링 및 관리시스템 개선방안", 2009. 4.

이와 같은 내용을 추진하기 위한 실행기구로서 '기반시설 개선센터'도 설치하였다. 이는 관리기관의 주도 아래 지자체와 각종 지원기관들이 참여하는 협의체로서, 산업단지 내 기반시설에 대한 개선 수요를 파악한 뒤 이를 정비하는 체제로 운영될 예정이다. 각 기관별로 이해관계가 다르고 예산 확보 등 해결해야 할 과제도 많은 것이 사실이지만, 이해당사자들 간에 문제를 공감하고 이를 해결하기 위한 구체적 방안을 제시했다는 점에서 긍정적인 출발이라고 생각한다.

이와 같은 '개선방안'을 실천하기 위한 법적 제도도 정비되었다. 2009년 7월에는 구조고도화 사업추진에 필요한 각종 인허가 등의 의제처리, 대행개발 허용, 개발이익 재투자 등을 내용으로 하는 산집법이 개정되었고, 2010년 4월에는 구조고도화 사업의 계획 수립 및 승인에 필요한 세부사항, 구조고도화 사업으로 발생하는 개발이익의 산정기준과 재투자비율 등을 규정한 시행령과 시행규칙도 마련되었다. 한편 구조고도화 사업의 시범지구는 2009년 말에 선정되었다. 전국의 국가산업단지 가운데 특히 노후화 정도가 심하고 사업의 경제적 파급효과가 클 것으로 기대되는 남동, 반월시화, 구미, 익산 등 4개 단지가 지정되었고 2010년 10월부터 본격적으로 사업이 진행되고 있다.

시범사업은 한국산업단지공단과 해당 지자체, 그리고 민간기업이 공동으로 추진하고 있다. 한국산업단지공단은 공동물류센터, 복합비즈니스센터, 기숙사, 화물주차장 등의 사업을 주도하고 있으며, 체육시설과 하수처리장 설치, 가로 정비, 산업단지 녹화, 진입도로 개선 등은 지자체가 중심이 되어 추진하고, 주유소, 공영주차장, 유통센터, 판로지원센터 등은 민간기업의 주도하에 건설되고 있다.

시범단지의 하나인 반월시화국가산업단지에 대한 구조고도화 장기 마스터플랜을 보면 그림에서 보는 바와 같이 ① 송도-광명을 연결하는 기능축과 배후주거시흥·안산시-시화 MTV를 연결하는 기능축의 교차점에 지원

기능을 중점 배치하고, ② 미니클러스터 사업과 연계하여 특화산업별 집
적화를 추진하며, ③ 하천, 녹지 주변으로는 편익기능을 확충하여 쾌적성
을 제고하도록 설계되었다.

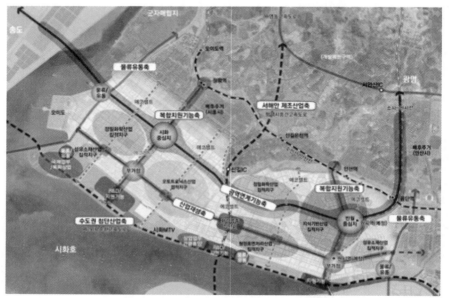

▲반월시화 국가산업단지 구조고도화 마스터 플랜

이러한 장기계획 아래 시범사업기간인 2012년 말까지는 근로환경 개
선을 위한 시화드림센터, 단지환경 개선을 위한 환경오염이전 집단화,
R&D 업무시설 건설 등 총 14개 사업에 6,600억 원을 투자하기로 하였다.
여타 시범단지인 남동, 구미, 익산의 경우에도 반월시화단지의 경우에 준
하여 장기계획과 단기시범사업을 병행추진토록 하였다.

구조고도화 시범사업(반월 시화)

시행자	사 업 명	사업개요	사업기간	사업비 (억원)
사 업 시행자 (한국 산업 단지 공단)	① 시화드림타운	· 반월 · 시화단지 내 부족한 기숙시설 확충	2010. 9~ 2012. 12	322
	② R&D 및 업무지원시설	· 연구소, 기업지원시설, 복지시설, 편익시설 등	2010. 9~ 2012. 12	1,292
	③ 환경업종 이전집단화 사업	· 산재된 도금업체(20여 개)를 집적화	2010. 8~ 2012. 3	459
	④ 시화종합비즈니스센터	· 창업 · R&D지원시설, 컨설팅, 컨벤션, 숙박, 근린시설 등	2010. 7~ 2012. 6	267
	소 계			2,340
지자체 (안산 · 시흥)	① 시화 인공수로자연형 하천 조성사업	· 시화 일대의 하천(옥구천 · 군자천 · 정왕천 등) 정비	2010~2012	80
	② 산업단지 가로정비 사업	· 시화단지 내 가로등, 노후차도 및 보도구간을 종합적으로정비	2010~2012	10
	③ 자전거 출퇴근활성화 사업	· 자전거 도로 확충	2010~2012	72
	④ 체육시설 개선 · 확충	· 인조잔디 축구장 개발	2010~2012	200
	⑤ 하수처리장 처리수공 업용수 공급사업	· 공업용수를 재처리, 저렴하게 공급함으로써 생산성 제고	2011. 3~ 2012. 12	839
	소 계			1,201
민 간	① 산기대 산학융합센터	· 산학융합센터, 지원시설	2010~2012	1,547
	② 복합지원개발사업	· 지식산업센터(아파트형공장) 2개동, 표준형 공장, 주차장 등	2010~2012	828
	③ 기숙사형 오피스텔	· 주거시설 부족문제 해소를 위한 기숙사형 오피스텔 건립 · 체육시설, 근로자 쉼터, 주차장 공공기여	2010~2012	571
	④ 주유소 및 편익시설1	· 주유소, 근생시설	2010~2012	40
	⑤ 주유소 및 편익시설2	· 주유소, 주차장	2010~2012	29
	소 계			3,015
계				6,556

자료: 한국산업단지공단.

구조고도화 사업이 성공하기 위해서는 아직도 넘어야 할 산이 많다. 가장 먼저 고려해야 할 것은 각 단위사업별로 투자의 수익성을 확보하는 일이다. 구조고도화 사업은 기반시설의 개선을 목적으로 하는 만큼 공공적 성격이 강하나, 공익성을 지나치게 강조하게 되면 수익성이 손상되며 민간자본의 참여가 곤란해진다. 서울디지털단지의 사례에서도 드러났듯이 구조고도화 사업의 성패는 민간자본의 유치 여부에 달려 있으며 따라서 공익성과 수익성이라는 두 마리 토끼를 잡을 수 있는 대안이 마련되어야 한다. 특히 지방산업단지의 경우는 상업시설의 활성화에 필요한 적정 수요의 확보가 쉽지 않으므로 민간이 참여할 수 있는 수익사업의 범위는 더욱 좁아질 수밖에 없을 것이다. 아파트형공장을 건설하는 경우에도 마찬가지이다. 수익성을 확보하기 위해서는 고층형이 불가피하나 주된 수요층이 지식기반산업 분야의 기업임을 감안하면 입주수요에는 한계가 있고 따라서 고층만을 고집할 경우 대규모 미분양이 우려되기도 한다. 특히 땅값이 싼 지방산업단지라면 고층의 아파트형공장은 매력도가 떨어질 수밖에 없다.

　　따라서 기반시설을 포함하여 공익성이 높은 사업에 대해서는 일정부분 재정이 지원되어야 할 것이나 현재는 오로지 구조고도화펀드에 의존하고 있는 실정이다. 펀드에 의한 투자사업이 계속 굴러가기 위해서는 사업비가 원활히 회수되는 선순환구조가 형성되어야 할 것이나 이 또한 현실적으로 만만치 않은 과제이다. 따라서 구조고도화 사업에 대한 민간투자를 활성화하기 위해서는 사업참여자에 대한 세제·금융상의 인센티브가 마련되어야 할 것이며, 개발사업자에 대한 토지수용권의 부여, 대행개발자에 대한 사업계획이행 강제 등의 조치도 필요하다. 현재는 지구단위 개발에 필요한 토지를 협의매수방식으로 확보하도록 되어 있으나 이러한 방식으로는 얼마나 많은 시간이 소요될지 예상조차 할 수 없다.

결국 구조고도화 사업은 공익성과 수익성을 조화시킬 수 있는 사업을 얼마나 많이 발굴하는가, 그리하여 민간자본을 얼마나 참여할 수 있게 하는가에 성패가 달려있다고 판단된다. 산업단지 관리기관은 지자체와의 협조하에 산업단지 유지, 보수, 정비 업무를 수행하고 있다. 법적으로는 관련 비용을 입주기업으로부터 징수할 수 있도록 되어 있으나, 기업의 부담을 가중시키고 불필요한 규제라는 시각도 있어 관리비 징수는 현실적으로 곤란하다. 따라서 우선은 산업단지 관리기관 특히 국가산업단지를 관리하는 한국산업단지공단이 스스로 자금을 조달할 수밖에 없는 상황이다. 이미 한국산업단지공단에서는 총 1조 원 규모의 구조고도화 펀드 조성계획을 마련하였다.[12] 그러나 노후산업단지의 시설개선에는 막대한 비용이 소요되므로 800개가 넘는 전국 산업단지 중 40여 개의 단지만을 관리하는 한국산업단지공단에 전적으로 책임을 지우기는 어렵다. 정부나 지자체 차원의 재정적인 뒷받침이 수반되어야만 한다.

법상으로는 국가 또는 지자체가 산업입지의 원활한 조성 및 산업단지 안의 입주기업체 또는 지원기관의 유치를 위하여 자금지원을 할 수 있다고 규정되어 있다. 그러나 현실적으로는 산업단지에 대한 재정지원은 초기단계, 즉 단지조성 및 분양 단계에 한정되고 있다. 물론 청정도금센터나 비즈니스센터의 건립, 소필지화 사업 등 단위사업별로 경우에 따라 정

---

12) 구조고도화 펀드 조성계획(총 1조 원 규모): 2009~2010년(2,800억), 2011년(3,100억), 2012년(4,100억).

부예산이 지원되고 있으나, 구조고도화 사업에 필수적인 인프라 구축에는 예산이 전혀 지원되지 못하고 있는 상황이다. 지금까지의 산업단지 정책은 대규모 단지의 공급 및 생산지원 시설의 건립에 초점을 맞추었으나, 앞으로는 지역별 특성을 고려한 맞춤형 단지 및 쾌적한 정주여건의 창출에 주력하여야 한다. 따라서 정부의 재정지원 역시 신규단지의 조성·분양과 함께 기존 산업단지의 유지, 보수, 재정비 부문에도 함께 투입되는 것이 바람직하다.

3. 녹색산업단지 구축

(1) 새로운 메가트랜드, 녹색경쟁

자원고갈에 대한 우려, 온실가스로 인한 기후변화 등이 현실화되면서 에너지와 환경문제가 국가경제의 미래를 결정하는 주요한 변수로 부각하고 있다. 세계자원기구에 따르면 주요 에너지원의 가채연도는 석유 40년, 가스 58년, 구리 28년 등으로 이들 자원의 고갈이 멀지 않았음을 강조한 바 있으며, 더욱이 향후 25년 내 1인당 담수공급량은 현재의 1/3로 줄어들어 극심한 물부족 현상에 직면할 수 있음을 경고하였다. 또한 급변하고 있는 기후변화에 신속하게 대응하지 못할 경우 2100년까지 세계 GDP의 5~20%에 달하는 손실이 예상되고 세계는 1930년대 대공황에 맞먹는 경제적 파탄에 직면할 수 있다는 경고도 등장하였다.[13]

이에 따라 지구온난화에 대한 국제사회의 대응이 본격화되었고 온실

13) 니콜라스 스턴, "스턴보고서(Stern Review)", 2006., 매일경제 기사 (2008. 9. 7) 재인용.

가스 감축을 통한 저탄소형 산업구조로의 전환이 시급한 현안과제로 대두되고 있다. 1995년 교토의정서가 발효되면서 부속서 1국가[14]는 온실가스 배출규모를 2008~2012년 동안 1990년 대비 평균 5.2% 감축하는 것이 의무화되었으며, 2007년에는 발리로드맵이 채택되면서 선진국과 개도국이 모두 참여하는 post-2012 협상 프로세스가 출범되었다. 환경문제는 더 이상 특정 지역이나 국가의 문제가 아니며 전 인류가 같이 고민해야 하는 지구 차원의 이슈가 된 것이다.

에너지·환경 문제는 각국의 경제성장 전략에도 영향을 미치고 있다. 주요 국가들은 자원의 효율적 이용과 환경오염의 최소화를 위해 소위 녹색산업과 녹색기술을 새로운 성장동력으로 육성하고 있다. 미국은 2020년까지 1500억 달러를 투입하여 500만 명의 고용을 창출한다는 목표로 '그린-뉴딜' 정책을 추진하고 있으며 중국은 2050년까지 신재생에너지 비중을 40%까지 끌어올리겠다고 발표하였다. 일본 또한 신재생에너지와 차세대자동차 등의 상용화를 앞당기기 위한 핵심기술 개발을 서두르고 있다. 녹색산업과 녹색기술을 선점하기 위한 녹색경쟁이 시작된 것이다.

우리는 무엇을 준비하고 있는가? 그동안 한국 경제는 요소투입에 의한 선진국 추격 전략에 힘입어 단기간에 압축성장하는 데는 성공하였다. 그러나 최근 성장잠재력이 급격히 저하하는 등 지속성장을 위한 기반확보에는 미흡했다는 것이 일반적인 평가이다. 특히 에너지·환경 분야는 경쟁력이 대단히 취약한 실정이다. 2005년 기준으로 우리나라는 세계 10

---

14) 부속서 1국가는 40개국과 EU로 구성되며, 1992년 협약 채택 당시 OECD회원국(24개국)과 러시아, 발틱국가, 중동부 유럽국가로 구성된 경제체제 전환국가(EITS)가 포함됨.

위의 에너지소비국이며 석유소비량은 세계 7위, 원유수입은 세계 4위이다.[15] 이처럼 화석에너지 의존도가 높은 만큼 기후변화에 대한 신속한 대응도 어려운 형편이다. OECD 국가 중 온실가스 배출량은 6위, 배출증가율은 1위라는 통계도 이를 말해 준다.[16] 특히 우리나라는 석유화학, 철강, 시멘트, 제지, 비철금속 등 에너지다소비 산업의 비중이 높아 단기간 내에 에너지 효율을 획기적으로 높이는 일도 쉽지 않다.

경제성장과 환경보전이라는 두 마리 토끼를 한꺼번에 잡을 수는 없을까? '저탄소 녹색성장'이라는 개념은 이러한 고민에서 출발하였다. 국내에서는 2008년 광복절 기념사에서 이명박 대통령이 이 용어를 처음 제기함으로써 급속히 확산되었다. 사실 저탄소 녹색성장은 산업단지가 앞장서서 풀어야 할 가장 시급한 과제이다. 그동안 산업단지는 경제성장의 주역으로서 소임을 다해 왔으나, 이 과정에서 환경오염의 배출원이 되기도 했기 때문이다. 지금이야 말로 회색빛 이미지의 산업단지를 녹색성장을 선도하는 신성장 공간, 즉 '녹색산업단지'로 재탄생시켜야 할 때다.

산업단지의 에너지 및 온실가스 배출 규모(2007년)

(단위: 백만TOE, 백만톤, %)

구 분	에너지 사용량(백만TOE)	온실가스 발생량(백만톤)
산업단지(33개 단지)(A)	62	140
국가전체(B)	240	620
비율(A/B)	25	23

자료: 한국산업단지공단.

---

15) 신의순, "녹색성장 추진을 위한 과제", 국가경쟁력 강화를 위한 녹색성장 전략과 과제(과학기술정책연구원 심포지움). 2008.11.6.
16) 위의 자료.

(2) 산업단지 녹색화의 성공사례

■ 세계 최초의 생태산업단지, 덴마크 칼룬버그

칼룬버그Kalundborg는 덴마크의 수도 코펜하겐에서 서쪽으로 120㎞ 떨어진 해안가에 위치한 인구 2만 명의 작은 도시이다. 도시 규모는 작지만 덴마크의 제조업을 대표하는 산업도시로서 이 작은 도시에 덴마크 최대의 발전소, 정유공장, 제련소가 함께 입주하고 있다.

이 도시가 세계적으로 유명해진 것은 세계 최초의 생태산업단지라는 사실 때문이다. 칼룬버그에 산업단지가 조성되기 시작한 것은 지금부터 40년 전인 1970년으로 대다수의 국가나 도시들이 환경문제나 에너지문제에 관심조차 없던 시절이었다. 그러나 칼룬버그의 기업들과 시 당국은 그때부터 생산공정에서 발생하는 부산물의 재이용방안을 고민함으로써 산업공생의 원리를 실천하였다. 덕택에 칼룬버그는 세계 최초의 생태산업단지라는 영예를 얻게 되었다.

산업공생의 원리는 우리가 자연생태계에서 배운 개념이다. 자연생태계에서는 물질과 에너지가 끊임없이 순환하기 때문에 모든 산출물은 다시 시스템 내부로 재투입된다. 자연생태계에는 오염물질 혹은 폐기물이라는 개념 자체가 존재하지 않는 셈이다. 자연생태계의 이런 모습을 산업단지에 적용한 개념이 바로 생태산업단지EIP: Eco Industrial Park이다. 생태산업단지란 에너지와 원료 사용을 획기적으로 감소시킬 수 있는 환경친화적인 산업단지를 의미한다.

따라서 엄밀한 의미에서 보면 칼룬버그는 생태산업단지라기보다는 부산물과 에너지 교환에 집중하고 있는 산업공생체라 할 수 있다. 칼룬버그의 산업공생체도 처음부터 산업생태학적 개념에 따라 계획적으로 추진된 것은 물론 아니었다. 지난 수십 년간 입주기업들 스스로가 물과 폐기물, 그리고 에너지의 교환을 위해 꾸준히 노력함으로써 얻는 점진적 진화의 산물이라 할 수 있다.

칼룬버그 단지 내 기업들 간에 물질 및 에너지 교환이 시작된 것은 1970년대 초반이었다. 첫 단추를 끼운 것은 지프록Gyproc이라는 석고보드 회사였다. 지프록은 1972년 단지내의 스타트오일 사로부터 연료인 부탄가스를 공급받기 위해 칼룬버그 단지에 입주하였는데 스타트오일 역시 지금까지 태워 없애던 부탄가스를 돈을 받고 판매하게 됨에 따라 공생관계가 시작되었던 것이다. 칼룬버그 공생체는 제조업체들도 환경에 대한 영향을 줄이면서 수익성과 효율성을 높일 수 있다는 사실을 보여주는 좋은 사례이다.

> ● **지프록-아스네스의 협력사례**
>
> 칼룬버그에서 폐기물의 재활용을 통한 자원 순환을 가장 잘 보여주는 것이 아스네스 발전소와 석고보드 생산업체인 지프록 간의 탄산칼륨 거래이다. 지프록은 아스네스로부터 발전 공정의 부산물인 탄산칼륨을 공급받아 재생산 과정을 거친 후 고품질의 석고보드를 생산하고 있다.
>
> 지프록은 1971년 설립된 이래 석고보드 원자재 전량을 스페인에서 수입했으나, 1994년 탄산칼륨을 활용한 신공법을 개발함으로써 자국산 폐석고보드와 스페인산 수입원료 등을 섞은 재생 석고보드를 생산하고 있다. 이 회사는 연간 10~20만 톤의 탄산칼륨을 아스네스 발전소에서 공급받고 있어 원자재수입비용은 물론 재료운송비도 크게 줄일 수 있

었다.

　아스네스 발전소의 입장에서는 수십 년 동안 골치를 썩이던 배출가스 처리문제를 해결했을 뿐 아니라 이를 이웃 회사에 공급하여 새로운 판매수익까지 올리고 있다. 물론 배출가스에서 탄산칼륨을 분리하기 위해 탈황 및 집진 설비를 추가로 설치해야만 했으나 이 투자비는 탄산칼륨을 판매해서 얻는 수익에 비하면 극히 작은 수준이었다.

　성공적인 산업공생체를 이룬 칼룬버그의 사례를 통해 생태산업단지의 성공을 위해 갖추어야 할 몇 가지 기본적인 요소를 생각해 볼 수 있다.

　우선 입주기업 간에는 부산물의 교환이 가능할 정도로 물질과 에너지의 흐름에 연관성이 있어야 한다. 물론 업종이 같아야 할 필요는 없다. 칼룬버그에서도 산업공생을 주도하는 것은 발전소, 정유회사, 석고보드회사, 제약회사 등 서로 다른 업종의 기업들이었다. 지리적 입지 또한 중요하다. 물질과 에너지 교환이 경제적으로 이루어지려면 공생체들 간의 거리가 가까워야 하기 때문이다. 칼룬버그는 인구 2만 명의 소도시이며 단지 내 기업들도 대부분 자동차로 5~10분 거리에 위치해 이러한 요소들을 모두 구비하고 있어 만족할 만한 성과를 거둘 수 있었다.

　이러한 물질교환 사업은 기업 간의 유대관계가 없이는 성공하기 어렵다. 긴밀한 커뮤니케이션을 통해 문제의식을 공유하고 신뢰를 바탕으로 문제해결을 위한 의사결정에 합의할 수 있어야 한다. 칼룬버그는 소규모의 커뮤니티로서 상호 간에 공감대 형성이 용이하였을 뿐 아니라 기업들의 업종이 서로 다르다는 점이 오히려 협력을 촉진하는 배경으로 작용하였다.

지자체의 관심과 인프라지원 또한 빼놓을 수 없다. 입주기업들끼리 스스로의 필요에 의해 소규모로 이루어지던 자원순환시스템이 산업공생체의 모습을 띠게 된 것은 1990년대 칼룬버그 시가 사업에 가담하면서부터이다. 시 당국은 폐기물과 부산물을 교환하는 파이프라인을 건설하는 한편 폐기물교환 네트워크를 보다 체계적으로 디자인하였다. 이 과정에서 네트워크에 참가하려는 공장이 늘어났고 기업끼리는 물론 기업대표와 시 관계자 간의 대화가 활발해졌는데 이것이 산업공생을 가능케 한 원동력이 되었다.

칼룬버그의 경우는 공간적으로 인접한 산업체들이 스스로 형성한 생태산업단지로서, 단지 내 주요 기업이 아닌 경우에는 산업공생이 큰 효과를 나타내지 못했다는 한계를 지니고 있다. 그럼에도 불구하고 칼룬버그는 생태산업단지의 효시로 알려져 있으며, 이곳에서 실현된 산업공생의 원리는 세계 각지로 확산되어 생태산업단지의 조성을 촉발하게 하는 계기가 되고 있다.

▌ 산업단지의 환경경영 모범생, 캐나다 번사이드

캐나다의 번사이드 단지 역시 생태산업단지 개발사례로 국제적인 명성을 누리고 있는 사례이다. 번사이드는 캐나다의 동남쪽 끝부분에 위치한 최대의 산업단지이다. 번사이드 산업단지는 항만지역에 자리 잡고 있어 예로부터 군사 및 산업의 요충지였으며 1970년대에는 캐나다 상공업의 중심지이기도 했다. 현재에도 대규모의 창고시설과 트럭운송 업체들이 집중적으로 위치하고 있고 현대, 볼보, DHL, 페덱스 등의 세계적 기업들이 입주하여 북미시장을 겨냥한 활발한 사업을 진행 중이다.

단지 내에는 다양한 업종에 걸쳐 많은 군소업체들이 입주해 있어 물질과 에너지의 흐름이 매우 복잡하게 얽혀 있다. 사업 초기에는 입주기업들의 업종이 지나치게 다양하다는 사실 자체가 산업단지의 생태화에 장애가 될 것으로 예상되었다. 그러나 정부와 연구기관의 지원, 그리고 기업들의 협조로 물질교환과 산업단지의 재정비를 통해 산업단지를 생태화하는 데 성공하였다.

1976년에 조성된 번사이드 산업단지는 설계 단계에서 부지 주변의 자연환경을 제대로 고려하지 못한 까닭에 인근의 습지 및 삼림지가 다수 훼손되었다. 또한 단지에서 배출되는 다량의 폐기물을 처리하기 위해 수십 개의 매립지가 조성되었고 이로 인해 번사이드는 자연훼손 및 오염원의 상징으로 인식되었다. 이 문제를 해결하기 위해 등장한 것이 2001년부터 조성된 대규모의 인공습지였다. 습지의 깊이를 면밀히 조절하고 다양한 습지식물을 심어 자연정화 능력을 최대화할 수 있도록 고안한 것이다. 여기에는 인근의 자연습지에서 이루어진 식물채집과 수질분석이 큰 도움이 되었다.

자신이 배출한 폐기물로 인해 20여 년이나 고통을 경험한 번사이드 산업단지는 환경오염의 근본 원인을 제거하는 데 도전하였다. 오염을 줄이기 위해서는 배출되는 폐기물을 최소화해야 하고, 폐기물을 줄이려면 궁극적으로 자원의 사용량을 줄이지 않으면 안 되었다.

맨 먼저 착수한 것은 단지에서 배출되는 폐기물을 포장재로 재사용하는 방안이었다. 번사이드 시는 쓰레기처리 요금을 인상하고 특정 폐기물의 매립을 법으로 금지하여, 기업 스스로가 포장재를 재사용하거나 환경친화적 소재로 대체하도록 유도하였다. 이와 동시에 포장재를 수거·가공하고 재사용을 전담할 기관으로 포장재 재사용센터Center for Packaging Reuse도 설립하였다. 폐기물의 일부는 학교와 예술단체에서 교재로 활용되기도 하는데 예컨대 컴퓨터와 전자제품에서 나오는 전선과 회로, 플라스틱 및 금속 부품 등을 이용하여 예술작품이나 조형물을 제작하는 것이다.

번사이드 단지의 사례에서 눈여겨 볼 것은 포장재 재사용센터와 같은 다양한 전문조직들을 구성함으로써 사업의 추진력을 강화했다는 점이다. 이 가운데 청정생산센터Burnside Cleaner Production Center는 단지 내 환경보호 활동의 중심축이 되는 조직이다. 이 센터는 현장조사를 통해 수집한 자료를 바탕으로 기업별로 폐기물배출 실태를 분석하는 한편, 배출량 최소화 방안 및 환경경영 이슈 등을 분석한다. 또한 1,500여 입주기업을 대상으로 자원·에너지의 절감 방안 및 효율 개선을 위한 연구, 폐기물 감사를 통한 폐기물 감축, 폐기물과 에너지의 연결고리를 분석하여 기업간 물질교환 네트워크를 형성하는 작업 등을 담당하고 있다. 이러한 활동은 철저하게 산업현장을 중심으로 이루어지는 것으로 대단히 실천지향적인 전략으로 인정받고 있다. 청정생산센터는 자금난을 겪으면서 1996년 초에 일시적으로 폐쇄되었으나, 지역 기업들의 보조에 힘입어 1998년 생태효율증진센터Eco-Efficiency Center라는 이름으로 다시 문을 열었다. 이외에도 앞서 설명한 포장재 재사용 센터를 비롯하여, 쓰레기 매립지에서 재활용 폐기물을 선별하고 관리하는 비영리 시립기관인 자원복구기금위원회RRFB: Resource Recovering Fund Board Inc.라는 조직도 별도로 설치하였다. 이러한 전문조직의 지원으로 번사이드 단지의 기업들은 저비용 고효율 경영이 가능하게 되었고 환경오염과 폐기물 배출을 줄일 수 있었다. 또한 이들은 다양한 정보지를 발간하여 기업의 현장에서 저탄소 녹색경영이 실천되도록 유도하고 있으며, 기업들과 공동으로 교육 프로그램을 운영하거나 워크숍을 개최하여 성공사례를 지속적으로 발굴하기도 한다.

(3) 녹색산업단지 구축방안

녹색성장 전략은 더이상 선택사항이 아니라 우리가 피할 수 없는 메가트랜드이며 산업과 기업의 지속성장을 담보하는 생존전략이다. 국가 차원의 녹색성장 전략이 추진력을 얻기 위해서는 국가산업의 터전인 산업단지의 녹색화가 전제되어야 한다. 지난 50년간 경제성장의 거점이었던 산업단지가 녹색성장의 거점으로 거듭나기 위해서는 녹색경쟁력의 확보가 절실한 것이다.

산업단지의 녹색화는 크게 탄소저감형 산업단지생태산업단지 구축, 산업공간의 녹색화, 녹색 클러스터 구축 등의 3가지 과제로 나누어 볼 수 있다.

▪ 탄소저감형 산업단지 구축

그동안 산업단지는 에너지와 자원의 주요 소비처로 인식되어 왔으나 저탄소 녹색성장을 위해서는 부산물이나 폐자원의 재이용과 재활용에도 주력하지 않으면 안 된다. 한국산업단지공단의 주도하에 추진되고 있는 생태산업단지EIP: Eco-Industrial Park 구축사업이 기대를 모으고 있는 것도 이 때문이다. 이 사업은 산업단지 내의 특정 기업이 배출하는 부산물과 폐기물을 인근 기업의 원료나 에너지원으로 재활용함으로써 자원의 효율성을 높이고 오염배출을 최소화하려는 것이다. 이는 자원의 순환이 지속적으로 이루어지는 자연생태계의 원리에서 착안하여 산업단지를 친환경공간으로 전환하려는 전략이다.

산업단지내 폐기물발생과 에너지소비 현황(2007년)

구 분	폐기물 발생량 [톤/일]	에너지 소비			온실가스 배출량 [백만tCO$_2$]
		석 유 [천TOE]	전 력 [GWH]	도시가스 [천TOE]	
국가전체(A)	328,952	100,549	368,605	18,865	599.5
산 업(B)	110,970	55,628	186,252	5,200	222.0
산업단지(C)	51,823	35,831	105,254	3,014	140.4
국가전체대비(C/A)	15.8	35.6	28.6	16.0	23.4
산업대비(C/B)	46.7	64.4	56.5	58.0	63.2

자료: 에너지관리공단(2008).

기존 산업단지와 생태산업단지 비교

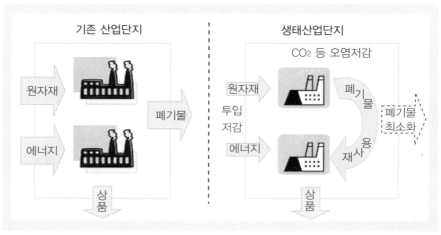

자료: 한국산업단지공단.

생태산업단지를 추진할 수 있는 제도적 장치는 「환경친화적 산업구조로의 전환촉진에 관한 법률」이며 여기에 근거하여 2003년 10월 '생태산업단지 구축계획'이 수립되었다. 그리고 2005년 11월에 포항, 여수, 울산 산업단지가 시범단지로 지정된데 이어 2006년 2월에는 반월시화, 청주 산업단지가 추가됨으로써 이들 5개 단지를 대상으로 시범사업이 추진되었다.

시범단지별 사업추진 목표

단 지 명	비　　　전
반월시화	수도권 산업벨트를 이끌어 갈 거점 광역EIP 구축
울산온산	오염물 무배출 Eco Industrial Polis 울산
여　　수	2015년까지 2006년 대비 15%의 생태효율 향상 단지 조성
포　　항	Zero emission을 통한 Green & Clean 철강산업단지
청　　주	기업간 자원순환을 통한 으뜸 청정산업단지 조성

자료: 한국산업단지공단.

5년간의 시범사업 기간2005. 10~2010. 5중 총 293억 원의 예산이 지원되어 각 단지별로 주요 물질의 저감목표 및 자원순환을 위한 목표가 제시되고 자원순환 네트워크 구축을 위한 로드맵이 완성되었다. 2010년 7월 현재 총 116개 과제에 593개 기업이 참여하고 있으며, 이 중 48개 과제가 이미 완료되었고 49개는 진행 중이며 19개 과제는 실현가능성이 부족하여 중단된 상태이다.

48개의 완료과제 중에서 사업화에 성공한 과제도 18개에 이른다. 사업화에 성공한 18개의 과제로부터 연간 700억 원의 경제적 효과와 CO_2 25만 톤 저감효과를 창출하였다.

사업화에 성공한 대표적인 사례를 예시하면

· 울산시의 성암 생활폐기물 소각장에서 발생한 폐열스팀을 인근공장 인 H사에 열원으로 공급하는 사업.

· 포항 D제강에서 발생되는 철분 폐기물을 촉매기업인 D사에서 성 형한 후 P사에 철스크랩 대체재로 공급하는 사업.

· 청주 H반도체, L전자 등에서 발생되는 폐황산, 폐염산 등을 자원화 사업소에서 분리정제하여 황산 수요기업에 공급하는 사업 등을 들 수 있다.

사업화 완료과제 현황

지역	세부사업명	지원 예산 (억원)	경제적 효과 (억원/년)	환경적 효과 (ton/년, toe/년)	
				부산물 (폐부산물/ 용폐수)	CO_2
경기	PCB산업의 산알칼리 폐액 재이용 및 구리 회수	4.0	47.2		
전남	수소 재활용 최적화를 위한 시너지 교환망 구축	2.7	145.0		
	고농도 방향족니트로화합물 폐기물, 폐수를 이용한 고부가가치 계면활성제 제조	1.5	60.0	30,000	75,000
	폐촉매의 최적 재활용 구축방안	2.3	17.7	170	1,000
	폐인조대리석으로부터 MMA 및 산화알루미 늄 추출 및 자원순환 Network 구축	1.5	22.2	6,000	13,200
	Butanediol공정의 유기부산물 자원 재순환 시스템 구축	0.4	19.9	6,132	
	동제련 공정에서 발생되는 폐기물 저감을 통한 가치향상 네트워크 사업	0.7	5.9	29,000	

울산	주조업체에서 발생되는 알루미늄 부산물의 재자원화 네트워크 구축	2.0	33.0	1,250	
	유화공정개발을 통한 폐유의 재활용 극대화 및 Network 구축	0.6	16.7	1200	
	부산물 아연분말을 활용한 고부가가치 Flake 아연분말 제품생산	1.9	54.3	1,178	316
	소각로 폐열판매 및 부산물 재활용 극대화 기술개발	0.4	38.5		12,491
	울산광역시 소각시설 스팀네트워크	0.1	71.0		45,500
	용연공단내 유틸리티 재구성을 통한 기업간 스팀네트워크 구축사업	1.0	40.1		34,907
	산업폐수 내 고농도 암모니아의 회수 및 재이용 네트워크 구축	0.6	36.9	30,000	
충북	폐산 재활용 네트워크 시스템 구축	1.4	10.0	10,000	
경북	함철폐기물을 이용한 고철 대체재 개발	1.0	47.4	38,000	
	하수 슬러지의 포항에코산업단지 내 재활용	0.8	3.1	5,772	
	용선 탈황슬래그 고부가자원화 네트웍 구축 사업	3.7	34.0	120,000	68,000
합 계		26.6	702.9	278,702	250,414

자료: 한국산업단지공단.

그러나 이러한 성과에도 불구하고 EIP사업은 사업추진 과정에서 개선이 필요한 과제도 다수 제기되었다.

먼저 시범사업의 공간적 범위가 특정 산업단지에 한정됨으로써 순환될 자원의 양이 규모의 경제에 미달하는 경우가 많다는 것이다. 따라서 사업대상 지역을 인접한 산업단지로까지 확대하여 광역화할 필요성이 제기되고 있다.

정부의 예산이 연구개발 활동에만 지원되고 사업추진에 필수적인 시설·장비는 지원대상에서 제외되고 있는 것도 사업의 성공률을 떨어뜨리는 요인이다. 연구개발에 성공했다 하더라도 사업화에 막대한 시설비가 소요된다면 기업들의 사업 참여는 소극적이 될 수밖에 없고, 사업화 성공에 대한 확신이 없이는 실무담당자들이 경영층을 설득하기가 더욱 어려워지게 된다.

관련 규정의 미비도 지적될 수 있다. 연구과제를 통해 자원순환 네트워크의 구축 가능성이나 기술적용의 타당성이 제시되더라도 관련 법률상의 제약으로 인해 사업추진이 어려운 경우가 빈번하다. 예컨대 특정 사업장에서 발생한 폐기물을 타 공장에서 원료로 활용하기 위해서는 폐기물의 이동이 불가피하나, 폐기물의 이동 및 처리과정은 폐기물관리법 등에 의해 엄격히 규제되고 있다. 또한 물질의 안정적 공급에 대한 보장이나 사고 발생시 법적 책임의 귀속 등에 대해서도 명확한 규정이 없어 사업 참여자 간의 협상에 어려움이 있다.

산업단지의 환경문제는 지역사회에서도 주요 현안사항으로 대두되는 경우가 많다. 그러나 현재 진행되고 있는 EIP 시범사업에 대해서는 지자체의 관심과 참여가 다소 미흡한 실정이다. EIP사업은 기업간 자원순환망의 구축에 집중되고 있으나, 지자체의 주된 관심은 단지 내 기업 간의 물질교환보다는 산업단지의 인프라 개선이나 온실가스 저감에 있기 때문이다. 또한 현재 EIP사업은 주요 지역별로 구성된 EIP사업단이 추진하고 있으나 사업단의 전문 인력들이 대부분 계약직으로 구성되어 있어 중장기적인 사업계획 수립이 곤란하다는 우려도 제기되고 있다.

생태산업단지 구축을 위한 2단계 사업은 2009년 10월에 확정되었다.

사업대상 지역은 8개 산업단지로 확대되었고, 시범사업의 추진과정에서 제기된 문제점에 대해서는 보완대책도 마련되었다.

우선 사업기간은 2010년부터 2015년까지 5년으로 하고, 이 기간 중에 총 450억 원의 예산을 투입하여 사업기간 종료시에는 연 6천억 원의 경제적 효과와 4백만 톤의 환경오염 저감효과를 달성한다는 목표를 세웠다. 2단계 사업의 가장 큰 특징은 규모의 경제를 확대하기 위해 광역 EIP 개념을 도입했다는 점이다. 8개의 산업단지를 거점단지Hub-EIP로 하고 각 거점단지 인근의 3~4개 산업단지를 연계단지Sub-EIP로 하여 이들을 네트워크화하는 Hub-Spoke 방식을 채용한 것이다.

EIP사업에 대한 인지도 및 사회적 공감대 형성이 미흡하다는 지적에 따라 사업의 성과를 지역사회와 공유한다는 계획도 수립하였다. 산업단지 내부로 제한된 자원순환 네트워크를 지역사회로까지 확대함으로써 지역사회를 EIP사업의 주체로 참여시킨다는 전략이다. 예컨대 산업단지 내에서 발생하는 폐열을 수집하여 인근 주거지역이나 비닐하우스 등에 난방용으로 공급함으로써 지역사회와 이익을 공유하는 것이다.

생태산업단지 구축사업의 성공을 위해 추가적으로 검토되어야 할 과제들도 있다.

먼저 자원순환 네트워크의 선순환을 유도하기 위해서는 관련 통계의 축적과 체계적 관리가 선행되어야 하지만 현실은 그렇지 못하다. 산업단지별 대기·수질·폐기물 발생량 등 환경통계는 물론이고, 에너지소비나 온실가스 배출현황조차 제대로 파악할 수 없는 실정이다. 기업들도 생산공정에서 발생하는 배출물질의 종류나 양이 드러나는 것을 꺼리고 있어 자원순환 네트워크의 가능성조차 판단하기 어려운 경우가 많다. 각 지역별 사업단에서 관련 통계를 축적하고 있으나 자료제출에 강제성이 없는데다 담당인력도 부족하여 어려움이 많다. 기업과 지자체의 적극적인 참여를 유도할 수 있는 방안이 마련되어야 한다.

사업을 전담하고 있는 각 지역별 EIP사업단을 보다 안정적인 조직으로 운영하는 것이 바람직하다. 지금까지 EIP사업단은 한국산업단지공단, 포항산업과학연구원RIST, 청주산업단지관리공단 등으로 분산·운영되어 왔으나 2010년 6월 2단계 사업이 추진되면서 한국산업단지공단으로 일원화되었다. 그러나 아직까지 대부분의 인력은 계약직 형태로 근무하고 있다. 또한 현재 진행되는 2단계 사업은 시범사업과는 달리 광역 단위로 추진되고 있으므로 사업단 역시 장기적으로는 특정 기관에 소속되기보다는 독립된 조직 형태로 운영되는 것이 바람직하다. 또한 사업의 지속적 확산을 위해서는 담당 인력들의 고용안정성도 최대한 보장되어야 하리라고 본다. 언젠가 정부의 지원이 중단될 경우에 대비하기 위해서도 이러한 조치가 필요하다.

생태산업단지가 지속적으로 확산되기 위해서는 전문 연구기관의 설립 및 인력양성 프로그램의 도입 등도 필요하다. 캐나다 번사이드 산업단지의 사례에서 소개했던 청정생산센터처럼 DB 구축, 연구개발 및 상업화, 지역사회에 대한 정보제공 등 다양한 기능을 수행하는 연구기관을 지역별로 설치하는 한편, 전담인력들의 체계적인 교육을 위해 생태산업개발 특성화대학원 등을 설치하는 방안도 검토할 필요가 있다.

사업의 성공을 위해서는 지자체의 협조가 무엇보다도 긴요하다. 생태산업단지 구축을 지자체의 장기발전 전략에 포함시키고 구체적인 정책수단을 개발하도록 유도하여야 한다. 사업이 성공적이라고 평가되는 울산산업단지의 경우에는 울산시가 태스크포스팀까지 구성하여 적극 지원한 것이 큰 힘이 되었다. 지자체가 적극적으로 지원하는 프로젝트는 중앙정부에서도 관심을 갖게 되어 추가적인 혜택이나 인센티브를 기대할 수도 있게 된다.

현재 EIP사업은 자원순환 네트워크의 구축에 추력하고 있으나 보다 다양한 사업을 발굴하여 자원공생의 단계를 넘어선 진정한 생태산업단지로 진화해야 할 것이다. 고효율 에너지기기의 보급, 산업단지 입주업체에 대한 에너지 진단, 녹색공장의 인증 등도 유망한 사업이다. 저감되는 온실가스를 이용하여 CDMClean Development Mechanism: 청정개발체제 사업을 추진하고 창출된 수익을 재투자하는 것도 생태산업단지 사업의 연속성을 확보하는 방안이 될 수 있을 것이다. 특히 중소기업의 비중이 높은 산업단지에서는 연차적으로 수행하는 소규모 CDM 사업을 묶어서 추진하는 프로그램 CDM 사업이 적극 검토되고 있다. 산업단지 관리기관이 프로그램 개발자가 되어 에너지관리공단, 지자체 등과 공동으로 CDM사업을 발굴하고, 여기서 획득한 탄소배출권을 판매하여 그 수익을 사업참여 기업들에게 환원하거나 온실가스 저감사업에 재투자하는 방식이다.

산업단지의 프로그램 CDM 사업(예)

구　분	세부사업
생태산업단지 온실가스 감축사업	RDF, 하수처리장 온배수 폐열회수 및 집단에너지 공급사업 등
에너지 효율화 사업	고효율 조명설비 교체, 고효율 모터 교체, 공정 개선, 신재생 에너지 사업 등
자발적 온실가스 감축 프로그램	온실가스 저감 프로그램 개발 및 지자체 연계(지자체와의 협약을 통한 저감목표 수립 및 이행)
온실가스 저감기술 개발 및 적용	에너지진단사업, ESCO사업, 청정생산 진단 · 지도 사업에서 수행한 온실가스 저감사업 발굴, 기술개발 및 적용 등을 프로그램 CDM 사업과 연계

자료: 한국산업단지공단.

▌ 산업공간의 녹색화

녹색산업단지 구축 방안으로서 또 하나 제시할 수 있는 것은 산업공간의 녹색사업이다. 여기에는 신규단지를 조성하면서 처음부터 환경친화적 단지로 설계하는 경우와 기존단지를 환경친화적인 공간으로 바꾸는 경우로 나누어 볼 수 있다.

먼저 신규 산업단지를 녹색화하는 경우를 생각해 보자. 이 경우는 설계단계에서부터 녹색개념이 철저하게 반영되어야 한다. 녹지를 비롯한 생태공간을 충분히 확보하고, 산업시설, 지원시설, 공공시설, 주거시설 간의 상호 작용을 예측하여 도시 및 지역계획 차원에서 토지이용계획을 수립하는 것이 바람직하다. 공원과 녹지를 최대한 확보하여 오염배출 저감 및 탄소 흡수라는 이중의 효과를 얻도록 하는 한편, 건물옥상과 지붕을 녹화하여 산업단지의 생태면적률을 극대화하는 방안도 필요하다. 생산공정에서 발생하는 악취나 대기오염 물질의 확산을 방지할 수 있는 바람길도 확보해야 하며, 이를 위해서는 대상 부지의 기후와 지형조건 등을 면밀히 고려하면서 주변의 녹지와 수변을 연결할 수 있도록 설계하여야 한다.

차량통행에서 발생하는 탄소배출량을 최소화할 수 있도록 단지별로 녹색교통체계를 마련하는 것도 시급하다. 산업단지의 경우 자가 차량을 이용한 출퇴근이 많다는 점을 감안하여 대중교통과 연계한 진입도로 및 노선 설계가 우선적으로 이루어져야 한다. 또한 자전거 이용이 활성화될 수 있도록 산업단지와 주변 상업시설, 전철역, 버스 정류장 등을 연결하는 자전거 도로를 확충하는 한편, 전기자동차 등 신교통 수단의 도입·확산에 대비하여 전기충전소나 배터리교환 시설 등 관련 인프라도 미리 설계에 반영하여야 할 것이다.

기반시설, 건축물, 조경시설 등 다양한 시설물을 설치하는 경우에도 환경친화적 설계가 선행되어야 한다. 앞으로는 산업단지 내에서도 태양열, 태양광, 지열, 풍력 등 다양한 신재생에너지 관련 시설들이 보급될 전망이다. 따라서 이러한 시설들에 관한 내용이 단지의 설계 및 관리기본계획에 반영되도록 해야 할 것이다. 건축물의 지붕과 벽면에 태양광 패널을 설치하고 고단열의 외장재와 창문을 사용하도록 권장하는 한편, 우수, 중수, 하수처리수 등을 재활용함으로써 산업단지 내의 물질순환을 극대화해야 한다.

신규 산업단지에 대한 환경친화적 설계방안과 함께 기존단지를 환경친화적으로 전환하는 방안에 대해 생각해 보면 기존 산업단지의 경우는 우선 단지 내의 경관을 정비하고 녹지·공원시설의 활용도를 제고하는 것부터 검토하여야 할 것이다. 지금까지 산업단지에 대한 관리업무는 토지

이용이나 입주관리를 중심으로 이루어져 왔으며 단지 내의 경관 개선에 대해서는 거의 무관심했던 것이 사실이다. 하지만 경관 정비는 산업단지의 이미지를 개선함은 물론, 단지와 입주기업의 가치를 제고하는 데도 크게 도움이 된다. 따라서 단지 내 공동이용시설은 물론 입주기업의 공장이나 기타 구조물에 대해서도 엄격한 경관 및 디자인 관리기준을 마련하여 적용할 필요가 있다. 다만, 강화된 관리기준을 기존 단지에 그대로 적용하기란 현실적으로 어려움이 많으므로, 경관 및 디자인 관리기준은 신규 단지에 대해 우선 적용하되 기존 단지의 경우에는 입주업체와 관리기관 간의 협약을 통해 점진적으로 적용해 가는 것이 바람직할 것으로 보인다.

일부 산업단지는 적절한 녹지면적조차 확보하지 못하고 있어 녹지의 확충부터 서둘러야 할 상황이다. 그러나 녹지면적의 확대는 결국 입주기업의 부담으로 이어지게 된다. 따라서 기존 완충녹지의 질적인 개선을 추진함과 동시에 개별기업의 녹화사업에 대해서도 재정·세제 지원이 필요한 것으로 보인다. 입주업종이나 지역적 특성상 완충녹지 조성이 불필요한 경우에는 완충녹지를 경관녹지로 대체할 수 있도록 허용하는 것도 산업단지의 경관개선의 한 방안이 될 수 있을 것이다.

단지 내 녹색 교통체계를 구축하는 일은 기존단지의 경우에도 매우 시급한 일이다. 산업단지의 교통문제는 대중교통 수단의 미비와 이로 인한 자가운전 차량의 급증에서 비롯된다. 우선적으로 생각할 수 있는 것은 관할 지자체와 협조하여 순환버스의 운영을 활성화하는 것이다. 운행 편수를 확대하되 출퇴근 시간에 집중 배치하는 등 탄력적인 운영도 필요하다. 산업단지 내 자전거 이용은 이미 국내외 주요 산업단지에서 성공적으로 정착되고 있는 만큼 보다 적극적으로 확산할 필요가 있다.[17] 이용 효율이 낮은 인도를 활용하거나 기업들의 담장허물기 사업과 연계하여 자전거 도로를 추가로 확보하는 한편 단지 내에 자전거를 수시로 대여·반납할 수 있는 자전거 터미널을 유치하는 방안도 검토할 수 있을 것이다.

기존 산업단지의 인프라를 환경친화적으로 전환하기 위해서는 IT기술을 적극 활용하는 것이 효율적이다. 산업집적지에 IT기술을 접목한 유비쿼터스 산업단지를 만드는 것이다. 예컨대 단지 내의 각 블록 단위로 오염측정 센서만 설치하더라도 사고발생의 위험을 최소화할 수 있을 것이다. 실제 한국산업단지공단에서는 2008년부터 여수산업단지를 대상으로 U-방재 시스템을 시범적으로 도입하여 화재, 유독성 가스, 폭발성 가스, 타공 등을 모니터링하고 있다. 차세대 에너지관리시스템으로 주목받고 있는 스마트 그리드 역시 산업단지에 적극 도입하여야 한다. 다만, 스마트 그리드 사업은 도시 전체를 대상으로 추진하는 것인 만큼 산업단지에는 일정 공간을 대상으로 하는 마이크로 그리드micro-grid 개념이 우선적으로 적용되어야 할 것으로 보인다.[18]

---

17) 스페인 포블레노우 단지의 경우 단지 내 전체 도로 37㎢ 중 29㎢를 자전거 전용도로로 확보하고, 지하철 및 버스정류장 시설과 연계한 자전거 대여소를 곳곳에 마련함으로써 단지 내 근로자들의 자전거 이용 활성화를 유도하고 있다. 국내에서도 대구 성서공단(4.3 km), 남동공단(8.5km), 온산공단(7.4km) 등이 자전거도로를 조성하여 운영하고 있다.

18) 마이크로 그리드는 에너지저장 시설, 신재생에너지 설비(분산형 전원), 지역화된 배전망 등의 집합체로서 대형 전력계통(macro-grid)으로부터 독립하여 자율적으로 가동할 수 있는 국소적인 전력공급 시스템을 말한다. 산업단지를 비롯하여 군부대, 대학 등 제한된 범위의 공간에 주로 적용되고 있다.

- 스마트 그리드: 현대화된 전력기술과 정보통신기술의 융·복합에 의해 구현된 차세대 전력시스템 및 이와 관련된 관리체계
- 지능형 실시간 환경모니터링 시스템: 수질센서를 활용하여 산업단지 내 하수를 블록별로 모니터링하고, USN망을 구축하여 유해가스, 대기 오염 물질, 악취유출 등을 모니터링 함으로써 환경감시체계를 강화
- U-폐자원 관리: GPS와 RFID를 활용하여 입주기업들간 폐기물 정보를 실시간으로 공유함으로써 자율적인 부산물 교환 및 재활용을 촉진
- U-Biz Conference 서비스: U-화상회의, U-마케팅, U-러닝 서비스를 종합적으로 제공함으로써 공간적 이질감을 최소화
- U-공동물류 시스템: 실시간 재고관리 및 물류관리를 통한 입주기업의 경쟁력 향상

자료: 국가기록원 대통령기록관(www.pa.go.kr).

▌녹색 클러스터 구축

전 세계적으로 녹색성장에 대한 관심이 고조되면서 산업단지 내에 신재생에너지 등 녹색산업을 집중적으로 입주시키는 녹색 클러스터 구축 경쟁이 치열하게 전개되고 있다.[19] 우리나라에서도 지식경제부가 중심이 되어 2010년부터 권역별 녹색 클러스터 육성사업을 전개하고 있다. 이는 지역별 전략산업, 녹색자원 분포, 산업단지별 주력산업 등을 고려하여 특성화된 녹색 클러스터를 구축하고자 하는 것으로 신재생에너지 실증형 클러스터, 녹색제품 클러스터, 녹색 부품소재 클러스터 구축사업 등이 바로 그

---

19) 해외의 대표적인 녹색 클러스터로는 일본의 차세대에너지파크(13개 지역), 프랑스의 사보이 태양광클러스터, 미국의 텍사스 풍력에너지클러스터, 영국의 북해 풍력발전단지 등을 들 수 있다.

것이다.

　신재생에너지 실증형 클러스터로는 호남권과 강원권을 중심으로 한 풍력 클러스터가 선정되었고, 녹색제품 클러스터의 경우 동남권 중심의 그린카 클러스터와 대경권 중심의 수소·연료전지 클러스터가 선정되었다. 그리고 녹색 부품소재 클러스터로는 수도권의 그린IT·부품 클러스터 및 충청권의 그린반도체 클러스터가 선정되었다.

　이처럼 녹색 클러스터 구축사업을 새롭게 추진하는 동시에 기존의 클러스터 사업을 녹색산업 육성전략으로 활용하는 방안도 모색되고 있다. 즉, 미니클러스터 사업 중 녹색산업이나 녹색기술에 해당하는 사업을

산업단지를 이용한 녹색 클러스터 구축

자료: 한국산업단지공단, 「산업단지 녹색경쟁력 강화방안」, 2010. 1.

선별하여 컨설팅과 교육 등의 지원기능을 확대함으로써 입주기업들의 녹색경쟁력을 제고하는 것이다. 이와 같은 사업을 전국 단위에서 보다 효율적으로 추진하기 위하여 한국산업단지공단에서는 2010년 10월 산업단지 내 미니클러스터 중에 녹색산업에 관련된 미니클러스터 간의 정보 교환과 기술개발 촉진을 위해 녹색성장산업 클러스터 포럼을 구성하여 운영 중에 있다.

4. 기업지원체계의 개편

(1) 산업단지 관리 · 지원의 필요성

산업단지는 중앙정부 및 지자체의 재정이 투입되고 조성 목적이 분명한 계획입지인 만큼 이에 대한 체계적인 관리와 지원이 필요하다. 일반적으로 산업단지 관리업무라 함은 산업단지라는 공간적 범위 내에서 기업의 경쟁력 제고와 근로자의 복지 향상을 위해 관리기관이 제공하는 각종 지원기능을 포함한다. 산업단지 관리의 법적 근거가 되는 산집법에서는 이를 산업단지의 관리용지, 건물, 기반시설, 입주업종에 대한 관리와 입주기업체의 생산활동을 지원하기 위한 일체의 행위를 포괄한다고 규정하고 있다. 보다 구체적으로 산업단지 관리에 포함되는 업무는 ① 산업단지의 용지 및 시설의 매각, 임대와 사후관리 및 산업단지 입주에 관한 업무를 통해 기업 등의 입주를 유치하고, ② 공공시설, 지원시설, 공동시설 등에 관한 계획 수립과 설치, 유지 등의 인프라 관리를 포함하며, ③ 입주기업에 대한 자금, 기술, 인력, 마케팅 등의 각종 기업지원활동 등이다.

산업단지에 대한 관리는 왜 필요한 것인가? 산업단지의 조성에는 직간접적으로 많은 재정적 지원이 제공된다. 도로나 폐수처리시설과 같은 공익적 성격의 인프라에 대한 투자는 물론이요, 입주업체에 대한 세제나 금융지원 그리고 조성단계에서의 각종 행정적 지원이 이루어진다. 특히 산업용지의 경우에는 기업의 경쟁력 강화를 위해 조성원가 이하로 분양되기도 하므로 입주하는 개별기업에게는 혜택이 아닐 수 없다.

또한 계획입지인 만큼 산업단지별로 조성목적과 입주가능 업종이나 기업이 사전에 정해지고 이에 따라 계획적인 유치활동이 전개된다. 이렇게 조성된 단지에 당초 입주예정 업종과 동떨어진 업체가 입주한다든가, 심지어는 제조업을 영위하겠다고 입주한 후에 사업내용을 변경하여 비제조업이나 상업시설을 운영하는 등의 불법 영업을 영위하는 경우가 생기면 어떻게 되겠는가? 계획입지라는 취지가 무색해질 것이다. 단지를 분양받은 후 시세차익만 남기고 제3자에게 양도하거나, 필지를 나누어 임대공장으로 운영하는 등 단지조성 목적에 어긋나게 운용하는 경우도 많다. 이러한 이유로 산업단지에 대해서는 체계적 사후관리가 필요해지는 것이다.

산업단지는 한번 조성되면 가만히 두어도 그 기능을 계속 유지할 수 있는 것이 아니다. 단지가 완공된 이후에도 단지에 대한 지속적인 유지보수와 함께 입주기업의 활동을 지원하기 위한 기능이 필요하다. 지원서비스 업무가 필요한 이유이다. 다만, 산업현장에서 실제 이루어지고 있는 산업단지관리 업무는 입주관리에 초점이 두어져 있고 지원서비스 부분이 취약한 것이 현실이다.

물론 입주기업의 입장에서는 엄격한 단지관리에 대해 불만이 있을 수 있고, 아예 개별입지를 선택하는 경우도 있다.

"사업을 하다보면 경영여건의 변화에 따라 사업계획의 수정이 불가피하다. 당초 사업계획서대로 사업이 된다면 사업 못할 사람이 어디 있겠는가?"

"입주계약서의 내용과 좀 달라지더라도 고용을 유지하고 지역경제에 기여한다면 범죄를 저지르지 않는 한 좀 더 자유롭게 사업을 영위할 수 있도록 허용해 줄 수 있는 것 아닌가?"

"최초에 분양받은 경우에는 지가 차익이나 세제 혜택이라도 기대할 수 있지만 최초분양자로부터 공장용지를 구입하여 입주한 경우에는 아무런 혜택도 없다. 이런 상황에서는 원칙이나 규정이 규제로만 느껴진다." 라고 하는 얘기들이다.

나름대로 일리가 있는 경우도 있다. 그러나 개별기업의 특수한 상황이 산업단지의 관리라는 공익적 목적을 앞설 수는 없는 일이다. 예컨대 개별기업의 입장에서는 이익의 극대화를 위해 자의적인 용도변경에 대한 유혹을 떨쳐버리기도 어렵다. 특히 수도권 내의 단지에서는 공장시설을 사무실 혹은 상업시설로 사용하거나 자가공장을 불법으로 전매 혹은 임대하는 경우도 빈번하여 이를 방치할 경우에는 중장기적으로는 산업단지의 존재 의의마저 훼손될지 모른다.

(2) 현행 관리제도의 문제점

산업단지의 관리·지원업무는 정부와 지자체로부터 권한을 위임받은 각 관리기관들이 전담하고 있다. 그 중에서 산업단지를 전문적으로 관리·지원하기 위해 설립된 한국산업단지공단이 국가산업단지의 대부분과 지자체로부터 관리를 위탁받은 일부 지방산업단지 등 40여 개 단지를 관리하고 있고, 그 밖에도 산업단지의 유형에 따라 지자체별 관리기관, 입주기업협의회 등 다양한 기관에서 800여 개의 산업단지를 관리하고 있다.

산업단지별 관리기관

구　　분	조성목적	관리권자	관리기관
국가산단	국가 기간산업 및 첨단 과학기술 산업 육성	지식경제부장관	관리권자, 한국산업단지공단, 지역별 관리공단, 입주기업체협의회, 지방공사 등
일반산단	산업의 지방분산 촉진, 지역경제 활성화	시·도지사	
도시첨단	지식·문화·정보통신 산업 등 첨단산업의 육성	시·도지사	
농공단지	농어민 소득 증대	시장·군수·구청장	

자료: 한국산업단지공단, 「산업입지요람」, 2009. 12.

　　산업단지 관리에 대한 구체적 내용은 산집법에 규정되어 있으며 각 단지별로 수립된 관리기본계획이 그 바탕이 된다. 산업단지 관리의 근간이 되는 관리기본계획은 각 관리기관이 작성하고 관리권자의 승인을 받아 확정된다. 관리기본계획에는 단지별 입주대상 업종, 입주기업체의 자격, 산업용지의 용도별 구역, 업종별 배치계획, 지원시설의 설치 및 운영 등에 관한 사항이 포함되어 있다.

　　그러나 그동안의 단지관리 내용을 살펴볼 때 산업단지 관리가 보다 효율적으로 이루어지기 위해서는 몇 가지 개선되어야 할 과제들이 있다.

　　첫째, 산업단지 관리란 기업의 입주지원은 물론 기반시설의 유지·보수, 기업활동에 대한 지원서비스 등 다양한 기능을 포함하고 있으며 이러한 업무들이 단일기관에서 일사분란하게 이루어져야만 '기업하기 좋은' 산업단지가 될 수 있다. 그러나 현실은 그렇지 못하다. 산업단지 입주기업에 대한 계약업무, 입주업종 관리, 경영지원 서비스 등의 일반관리 업무는 한국산업단지공단이 맡고 있으나 단지 내 기반시설의 유지·정비는 지자체·한전·경찰청 등이 각각 담당하고 있다. 이러한 관리체계의 이원화는 산업단지에 대한 효율적 관리와 입주기업에 대한 양질의 지원서비스 제공을 어렵게 하고 있다.

국가산업단지의 관리체계

구분	조성·개발	관리·지원 (업종·단지·기업)	기반시설 유지·보수·정비 및 확충				
			전력시설	도로·교량	교통신호, 안전표지	하·폐수 처리시설	공업용수·하수도
법령	산입법 (§6~§8)	산집법(§2)	전기사업법(§7)	도로법 (§23)	도로교통법 (§3)	폐기물관리법(§29)	수도법 (§17) 등
부처	국토해양부	지식경제부	지식경제부	국토해양부	국토해양부	환경부	국토부, 환경부
담당	토지공사 등	한국산업단지공단	한국전력	시군구	경찰청(서)	시군구	수공, 시군구

자료: 한국산업단지공단,「산업단지 리모델링 및 관리운영 개선방안 후속조치 추진결과」, 2010. 2.

대부분의 기업지원 기관들이 산업단지 밖에 위치하고 있다는 점도 입주기업들의 불편과 비용을 증가시키고 있다. 한국산업단지공단의 지역본부와 지사들은 대부분 해당 산업단지 내에 위치하고 있으나, 법인세·사업자등록세무서, 지방세·건축·환경지자체, 법인설립·등기등기소, 노동노동청, 환경지방환경청, 소방소방서, 4대보험연금공단, 복지공단 등의 업무를 해결하려면 단지 밖에 흩어져 있는 여러 기관들을 일일이 찾아다녀야 하는 경우가 많다. 따라서 입주기업들에게 단일창구one roof service를 제공하기 위해서는 관련 지원기관·단체들을 가능한 한 같은 빌딩 내에 집적시키는 것이 바람직하다.

둘째, 이원화된 산업단지 관리시스템을 정비해야 한다. 현재 산업단지의 조성, 즉 입지의 선정·개발 업무는 산입법의 규정에 따라 국토해양부가 담당하고 있으며, 조성 이후의 관리업무는 산집법의 규정에 따라 지식경제부가 담당하도록 되어 있다. 이에 따라 단지조성이 완료된 이후에도 용도지역 변경이나 기반시설 정비 등이 필요한 경우에는 일일이 국토해양부와 별도의 협의를 진행해야 하는 실정이다.

관리기관 또한 한국산업단지공단국가산업단지, 지역별 관리공단·지자체일반산업단지, 도시첨단단지, 지자체농공단지 등으로 다원화되어 있어 산업단지 관리의 효율성이 저하되고 있다. 지역별 관리기관 가운데는 산업단지 관리에 관한 전문지식이 미흡한 경우도 많으며, 아예 관리기관이 없이 지자체가 직접 관리하고 있는 경우도 있다. 이에 따라 산업단지에 대한 효율적·체계적인 관리는 커녕 입주계약, 입주업종 등 단순한 관리 조차 기대하기 힘든 경우도 많다. 사실상 관리의 사각지대로 방치되고 있는 것이다. 이처럼 기능이나 조직이 상이한 관리기관들이 혼재하고 있어 관리기관 간의 정보·업무 교류, 불합리한 제도의 개선, 일사분란한 민원처리 등도 쉽지 않은 상황이다.

산업단지 관리·운영을 위한 인력과 재원도 부족한 형편이다. 지자체의 경우 1~2명의 인원이 해당 지역 내의 모든 산업단지를 관리하는 경우가 대부분이므로 단순한 행정업무 이외의 전문적인 지원서비스를 기대하기란 곤란하다. 특히 1996년 12월 산업단지 관리비의 징수제도가 폐지된 이래, 각 관리기관들은 재원이 부족하여 지원서비스를 확대하기가 어려운 실정이며 일부 지방산업단지에서는 관리기관이 입주기업으로부터 회비를 징수하고 있어 기업의 부담으로 작용하고 있다.

셋째, 경영여건 변화에 대응한 관리기본계획의 수정이 제때 이루어지지 못하고 있으며 동시에 계획 수립이나 변경 시에 이해관계자의 참여도 부족한 실정이다. 산업단지는 업종의 변화나 주변여건의 변화에 신속히 적응 · 대응해야 하는 살아 움직이는 생명체이다. 특히 최근에는 산업단지 내 업종구조가 첨단기술 및 고부가가치산업 중심으로 전환됨에 따라 산업단지의 관리기능 자체에 대한 재정립이 불가피하게 되었다.

현재는 모든 산업단지에 획일적인 관리방식이 적용되고 있어 단지별 특성을 고려한 차별화된 기업지원서비스를 제공하기란 어렵다. 예컨대 제조업 위주로 성장해 온 서울디지털단지의 경우 단지 내 지원시설 및 상업시설이 크게 부족함에 따라 전시 · 판매 등의 기능이 보강될 필요가 있으며, 같은 국가산업단지라 하더라도 파주출판단지의 경우는 출판문화산업의 특성상 제조업 단지에 적용되는 법규를 일률적으로 적용하기에는 무리가 있다. 마찬가지로 노후산업단지의 구조고도화나 도시형 업종의 선정, 환경오염 업종의 입주허용 범위 등을 결정하는 데에도 단지별 특성이 고려되어야 하나 이 또한 미흡한 것이 현실이다. 관리기관의 대규모화, 재원의 확충, 그리고 단지별 특성을 고려한 차별화된 지원서비스 및 관리가 필요한 시점이다.

입주기업의 특성에 따른 산업단지 분류

종 류	주요 단지
· 중소기업집적지	명지녹산, 남동, 파주출판, 파주탄현, 북평, 달성
· 노후화 단지	반월시화, 익산, 광양, 성서, 성남, 하남, 인천
· 장치형 환경산업단지	울산온산, 여수, 광양, 광양제철, 포항철강
· 대중소기업 상생협력단지	구미, 안정, 창원, 군산, 군장
· 첨단도시형 단지	서울디지털, 대덕연구단지

자료: 한국산업단지공단.

(3) 기업지원체계 개편방안

산업단지 관리체계를 개선함에 있어서 가장 기본이 되어야 할 사항은 규제중심의 관리기능을 지원업무 중심으로 바꾸는 것이다. 관리 · 지원 업무의 다원화에 따른 고객의 불편을 최소화할 수 있도록 원스톱 지원체계를 마련하고, 업무의 표준화와 전문화를 통해 신속하고 효율적인 민원처리가 가능하도록 해야 한다. 아울러 관리의 사각지대에 놓여 있는 소규모 산업단지에 대해서는 국가산업단지 혹은 거점단지와 연계하여 지원할 수 있는 광역적인 관리체계를 도입하는 것이 바람직하다.

▌ 관리 · 규제 중심에서 지원 중심으로

관리와 규제 중심의 업무를 지원기능 중심으로 개편하기 위해서는 관리기본계획의 변경 및 탄력적 운용이 필요하다.

산업단지가 처음 개발되기 시작하던 1960~1970년대는 한국 경제가 급속히 성장하던 시기이며 공장용지 가격도 급등하던 때였다. 따라서 산업단지를 분양받기만 하면 자연스레 돈을 벌 수 있었고, 분양 · 관리 업무를 담당하는 기관들도 입주수요자인 기업에 대해 특혜를 베푸는 것처럼 행동하기도 하였다. 그러나 이제는 단순한 분양업무의 비중이 크게 낮아졌으며 관리·지원활동 또한 입주기업의 생산성 향상을 주요 목표로 하게 되었다. 이러한 취지에서 지난 2006년 개정된 산집법에서는 산업단지 관리기관으로 하여금 산학연의 R&D역량 강화 및 연계사업, 산업집적 기반시설의 확충사업, 우수인력 유치사업 등을 추진할 수 있도록 명문화한 바 있다.

앞으로는 입주기업을 위한 지원업무로서 산학연 공동기술개발 지원, 기업지원서비스 제공, 신기술사업화 지원, 미니클러스터 운영, 국제화 지원 등의 내용을 관리기본계획에 포함시키고, 이러한 서비스들이 실질적으로 추진될 수 있도록 관리기관의 역량 또한 지속적으로 강화해 나갈 필요가 있다. 한편 각 단지별로 구조고도화 사업이 착수되고 클러스터 사업과 생태산업단지 구축사업 등이 확대됨으로써 관리기관들의 예산 확보와 조직 보강이 시급한 과제로 대두되고 있다.

보다 미시적인 측면에서 보면 개별 산업단지에 대한 관리기본계획은 지역여건과 산업환경 변화에 대응하여 보다 탄력적으로 운용되는 것이 바람직하다. 현재 이것이 어려운 이유는 앞서 설명한 바와 같이 산업단지의 개발과 관리가 산입법과 산집법으로 이원화되어 있기 때문이다. 관리기본계획의 변경을 위해서는 많은 경우 보다 상위개념인 산업단지개발계획 자체의 변경을 필요로 하는 경우가 많은 까닭에 관리기본계획 변경은 오랜 시간과 비용이 소요되는 것이다.

산업단지 입주업종을 보다 다양화해 나갈 필요가 있다. 산업 및 기술의 융합화로 제조업과 서비스업 간의 구분이 모호해지고 있으며 산업의

IT화, 다품종 소량생산체제로의 전환 등에 따라 산업단지의 입주업종도 첨단화·다양화되고 있다. 산업단지가 공업단지로 불리던 시절에는 제조업의 유치·육성이 단지 조성의 주된 목적이었다. 그러나 지식기반경제로의 진입과 제조업의 소프트화로 인해 지식서비스, 연구개발, 물류 등 다양한 업종에서 입주수요가 증가하는 만큼, 제조업 위주의 입주업종을 보다 폭넓게 확장해야 할 필요성이 증대하고 있는 것이다.

정부도 그동안 산업단지 입주자격에 대한 제한을 지속적으로 완화해 왔다. 정부는 1975년 「공업단지관리법」과 1977년 「공업배치법」을 제정하면서 먼저 공업단지 관리를 위해 공업용지의 용도별 구획과 지원기업체의 성격을 정의한 바 있다. 공업단지 내의 용지를 공장시설, 지원시설, 공공시설 구역으로 관리하도록 하였으며 필요에 따라 녹지구역도 설치할 수 있도록 하였다. 지원기업체는 입주기업의 사업을 지원하기 위해 필요한 창고, 수송, 하역 등의 사업을 담당하는 업체들로 관리기관과 입주계약을 체결하면 단지 내에 입주할 수 있도록 허용하였다.

1995년 12월에는 「공업배치 및 공장설립에 관한 법률」을 개정하여 공업단지를 산업단지로 명칭을 변경하는 한편, 단지 내에 산업시설과 이를 지원하기 위한 주거, 유통, 상업, 복지시설 등 다양한 지원시설을 함께 설치할 수 있도록 명문화하였다. 즉 산업단지 내 입주허용 범위가 비제조업에까지 확대된 것이다. 1996년에는 산업시설 구역을 다시 공장시설, 지식산업시설, 정보통신산업시설 용도 등으로 세분화하였고, 1999년에는 지식산업의 입주를 허용하는 조치를 단행하였다. 이에 따라 벤처기업, 소프트웨어산업, 영화제작업, 음반·비디오물 및 게임제작업, 지식산업 및 정보통신산업 등이 아파트형공장에 입주할 수 있게 되었다.

2000년대에는 산업구조의 고도화·다양화에 맞추어 산업단지 입주업종을 보다 확대하고 구체화하는 노력이 있었다. 2002년 12월 산업단지의 관리절차를 규정한 「공업배치 및 공장설립에 관한 법률」이 「산업집적활성화 및 공장설립에 관한 법률」로 전면 개편되었다. 산업단지에 관한 정책이 입지공급 위주에서 산업의 집적·연계를 활성화하는 방향으로 진전된 것이었다. 산업단지의 정보화 기반 확충 등 시대의 요구에 부응한 새로운 기능이 산업단지 관리기관의 업무에 추가되었고, 산업 클러스터의 형성을 촉진하기 위해 입주허용 범위가 확대되었다. 2006년 9월에는 산업단지의 입주허용 범위에 연구개발업 및 창업보육센터 사업 등이 추가됨으로써 산업단지 내에서도 생산기능과 연구기능의 연계가 가능하게 되었다. 동시에 입주기업에 대한 지원서비스를 확대하기 위해 법무 및 회계 관련 서비스업, 운동시설 운영업 등도 입주가 허용되었다.

이와 같이 산업단지의 입주허용 범위가 지속적으로 확대되어 왔으나, 이러한 조치들은 산업환경 변화에 대한 선제적인 대응이라기보다는 후속적 조치의 성격이 강했다고 할 수 있다. 산업단지라는 한정된 공간을 효율적으로 사용하기 위해서는 국가경제와 지역산업 발전에 가장 도움이 되는 기업을 유치할 수밖에 없었으며, 초기에는 자연히 그 대상이 경제적 파급효과가 큰 제조업에 치중되었던 것이다. 그러나 이와 같은 제조업에 대한 집착이 결과적으로는 입주업종의 다양화를 지연시킨 측면도 부인할 수 없다.

2000년대 들어서면서 국내외에서 지식서비스 산업이 급성장하였고 이에 대한 기대도 커져갔다. 그러나 이들의 대부분은 여전히 산업단지 내의 입주가 제한되어 있었고, 이에 따라 관련 업계에서는 꾸준히 민원을 제기하고 있었다. 지식서비스업의 입주가 대폭 허용된 것은 2009년 4월이었다. 국가경쟁력강화위원회가 중심이 되어 지식산업에 대한 입주요구가 많은 도심형 산업단지를 지식기반산업 집적지구로 지정할 수 있도록 하였다. 이를 바탕으로 기업의 입주수요가 강하고 첨단업종과의 시너지효과가 큰 경영컨설팅, 시험분석, 직업교육 등 6개 업종의 입주를 우선적으로 허용하고, 지식서비스산업 선진화방안에 따라 점차 허용범위를 넓혀 나가기로 하였다. 또한 저탄소 녹색성장이라는 정책기조에 부응하여 친환경 산업의 입주도 대폭 확대하였다. 단편적인 입주자격 완화에 그쳤던 과거의 조치들과는 달리 획기적인 내용을 담고 있다고 평가할 수 있다.

최근에는 산업단지에 대한 이해관계자의 범위가 단지 내에 입주한 기업들뿐만 아니라 단지주변에 거주하는 주민으로까지 확대되고 있다. 따라서 산업단지의 관리 · 지원 업무는 단지 주변지역에 대한 영향까지 신중히 고려한 후에 수행하는 것이 바람직하며 기본계획 변경시에는 기업인은 물론 지자체, 주민, 시민단체 등도 함께 참여하여 의견을 개진할 수 있도록 해야 할 것이다.

▓ 원스톱 지원체계 마련

산업단지 내 입주기업들을 위한 민원처리와 지원업무가 산업단지 관리기관, 지방자치단체, 한국전력, KT, 환경부 등으로 분산됨으로써 업무처리에 많은 시간과 비용이 소요되고 있음은 전술한 바와 같다. 따라서 산업단지 관리와 지원의 창구를 일원화하는 것이 필요하다. 시설, 자금, 정보,

기술, 경영 등에 관한 기업애로와 민원을 산업단지 관리기관에서 일괄 접수하고 이를 지차체 및 관련기관과 연계·협력하여 해결함으로써 입주기업이 여러 해당기관을 일일이 방문해야 하는 불편을 최소화할 필요가 있다.

원스톱서비스 체계가 원활하게 작동하기 위해서는 다원화되어 있거나 상충되는 지원제도의 정비를 통해 산업단지 관리업무의 효율성을 높일 수 있도록 해야 한다. 특히, 지자체가 보유하고 있는 산업단지 내 인프라에 대한 유지·보수 권한과 환경관리 업무 등을 산업단지 관리기관이 대행할 수 있도록 하는 것이 필요하다. 현재 자유무역지역의 경우에는 관리기관이 산업단지 지원과 관련된 모든 권한을 위임받아 원스톱서비스 체계를 구축하고 있는데 이러한 시스템을 산업단지에까지 원용할 수 있을 것이다.

산업단지 관리기관은 정부조직이 아니므로 행정권한의 위탁범위나 내용을 규정하는 것이 쉽지는 않은 일이다. 따라서 일차적인 대안으로는 지자체와 정부, 관리기관의 협력이 강화되어야 할 것으로 보이며 이러한 협력이 있어야만 기업에 대한 맞춤형서비스도 가능하게 된다. 특정기업에 대한 구체적 데이터를 각 담당부처나 지원기관들로부터 제공받아 종합적으로 관리함으로써 해당기업의 상황이나 요구를 정확히 파악할 수 있기 때문이다.

▌ 경제권역 중심의 광역관리체계로의 전환

현재 산업단지 관리기관은 산업단지의 유형에 따라 달리할 수 있도록 되어 있으며 관리·지원의 질적 수준도 관리기관에 따라 천차만별이다.

따라서 산업단지 관리·지원 업무의 상향평준화를 도모할 수 있는 전략이 필요한데 특정단지의 범위를 초월하는 광역개념의 도입이 좋은 대안이 될 수 있다. 산업단지 간에는 산업의 전후방 연관구조에 따라 다양한 기업 간 연계가 형성되어 있으므로 산업단지의 관리업무도 산업단지의 유형에 따라 차등을 둘 것이 아니라 단지간 연계를 고려한 관리지원체제로 전환되어야 할 것이다.

다행히 정부도 지역산업진흥사업을 시·도의 행정적 경계를 넘어 광역경제권 중심으로 개편·추진하고 있는 만큼, 개별단지 중심의 관리 및 지원방식에서 탈피하여 규모와 범위의 경제를 확보할 수 있는 방향으로 공간적 범위를 확대할 필요가 있다. 대규모 산업단지의 경우에는 국가지원사업과의 연계가 용이하지만 중소규모의 산업단지 내지 농공단지는 중앙정부 혹은 지자체의 지원을 이끌어 내기가 쉽지 않다. 제한된 예산으로 전국의 모든 산업단지를 지원할 수는 없으므로 지원대상이 되는 중·대규모 산업단지를 소규모 산업단지혹은 농공단지와 Hub-Spoke 방식으로 연계시킴으로써 규모와 범위의 경제를 확보하고 전후방 산업연관 효과를 극대화하도록 해야 한다. 산업단지 관리체계에도 광역적 거버넌스 구축이 필요한 것이다.

▌관리·지원 체계의 정비

산업단지 관리기관 간에 역할을 분담하는 방안 혹은 중추적 관리기관과 군소 관리기관을 통폐합하는 방안도 검토할 수 있다. 예컨대, 지방 산업단지의 관리기관 또는 입주기업 협의회는 인적자원 및 예산의 부족으로 효율적인 관리·지원 업무에 한계를 드러내는 경우가 많은데, 이 경우는 인접한 국가 산업단지를 담당하는 관리기관에게 통합 관리하도록 함으로써 산업단지간의 시너지효과는 물론 자원과 예산의 지원성과도 높일 수 있게 된다. 2010년 1월 한국산업단지공단이 광역본부 체제로 조직을 개편한 것도 산업단지 관리체계의 효율성을 제고하고 광역경제권에 기초한 지역현장 중심의 지원체계를 마련하기 위한 것이다.

관리기관에 대한 지원정책도 보완되어야 한다. 산업단지 구조 재편, 입주기업 지원, 관리기본계획 정비, 관리지원체제 정비 및 관리기관의 역할 확대 등에 대한 법적 보완이 시급하다. 관리의 사각지대에 있는 일반 산업단지나 농공단지에 대해서는 관리에 필요한 최소한의 재정적 지원을 제공할 필요가 있다. 이를 위해 산업단지의 전문 관리기관인 한국산업단지공단의 기능을 고도화하여 분양, 양수도, 건축허가 등 행정지원 업무의 일원화를 추진하고, 지역산업진흥자금 등을 활용한 재정 지원 등도 확대할 필요가 있다.

산업단지 관리·지원 업무의 효율성을 제고하기 위해서는 업무의 표준화 및 전문성 제고를 위한 노력이 요구된다. 우선 관리업무의 내용을 표준화하고 프로세스를 체계화함으로써 비용과 시간을 절약할 수 있다. 예컨대 입주계약에서부터 각종 기업지원 활동과 구조고도화 사업의 구체적 수단까지를 표준화하고 매뉴얼화하는 것이다.

입주기업들의 수요변화와 산업단지 공급형태의 다양화로 맞춤형 지원의 필요성 또한 더욱 커지고 있는데, 이 때문에 관리·지원 업무에도 고도의 전문성이 요구된다. 산업단지 관리조직의 역량과 수준을 고도화함으로써 궁극적으로 입주기업들의 글로벌 경쟁력을 보다 효율적으로 지원할 수 있게 된다. 산업단지 관리업무의 표준화와 전문화는 전통적인 의미의 관리업무분야, 입주관리 등를 최소화함으로써 입주기업의 핵심역량기술, 경영, 인력, 금융 등을 지원하는 데 주력할 수 있게 한다.

산업단지의 관리ㆍ지원 업무는 근본적으로 입주기업들의 지속경영을 담보하는 영구적인 서비스를 의미한다. 앞서 살펴보았듯이 산업단지는 단순한 생산기지에서 산업과 기술이 집적된 혁신의 공간으로 변화하고 있다. 이에 따라 산업단지의 관리ㆍ지원 기능 또한 산업진흥을 목표로 경영지원과 혁신지원을 아우르는 전문화된 지원서비스로 전환되어야 한다. 고도의 기업지원 서비스로 무장한 '100년 기업의 든든한 파트너'가 필요한 것이다. 고도의 전문역량을 갖춘 관리기관이 중심이 되어 전국의 산업단지들이 효율적ㆍ체계적으로 운영되고, 이것이 산업단지 입주기업들의 경쟁력 향상으로 이어지기를 기대해 본다.

참 | 고 | 문 | 헌

국가경쟁력강화위원회, 「2008 국가경쟁력강화보고서」, 2009. 1.

국가경쟁력강화위원회, 지식경제부, 한국산업단지공단, "산업단지 리모델링 및 관리시스템 개선방안", 2009. 4.

국가균형발전위원회, 「선진국의 혁신클러스터」, 2005. 9.

국가균형발전위원회, 산업자원부, "산업단지의 혁신클러스터화 추진방안", 2004. 6.

교육과학기술부, 「2009 연구개발활동조사보고서」, 2009. 12.

구미수출산업공단, 「구미공단 20년사」, 1991.

국토연구원, 「산업단지 개발편람 연구」, 2005. 12.

권영섭 외, 「지역특성화 발전을 위한 혁신클러스터 육성방안」, 국토연구원, 2005.

김주훈, 「되살아나는 우리나라 제조업」, KDI 정책포럼 180호, 2007. 4.

동남지역공업단지관리공단, 「중화학공업의 시작과 미래」, 1996.

마키노 노보루(손세일 역), 「제조업은 영원하다」, 청계연구소 출판국, 1991.

복득규 외, 「산업클러스터 발전전략」, 삼성경제연구소, 2002. 5.

박용규, "구로공단 부활의 의미", CEO Infomation 제608호, 삼성경제연구소, 2007. 6.

박철우, "독일 슈타인바이스 재단의 Connect & Development 전략"(http://blog. paran.com/goodchild).

산업연구원, 「2009년도 클러스터사업 모니터링 조사」, 2009.

산업연구원, 「산업클러스터활성화를 위한 산업입지정책 효율화 방안」,

2007. 12.

산업연구원,「한국산업의 발전비전 2020」, 2005.

산업연구원,「한국경제의 발전경로와 지역정책」, 2007. 12.

산업연구원,「산업단지 구조고도화 사업의 기본방향 및 중장기 추진전략 수립 등을 위한 연구」, 2008. 11.

산업연구원,「지역균형발전정책의 위상과 구조에 관한 국제비교 연구」, 2008. 12.

산업자원부,「남기고 싶은 이야기들」, 1999. 12.

산업자원부, 산업연구원,「산업용지 공급가격 인하방안」, 2004.

서부지역공업단지관리공단,「서부공단 15년사」, 1993.

성윤모,「한국의 제조업은 미래가 두렵다」, 2003.9.

신동호 외,「세계적 혁신지역을 가다」, 한울아카데미, 2006. 10.

신의순, "녹색성장 추진을 위한 과제", 국가경쟁력 강화를 위한 녹색성장 전략과 과제(과학기술정책연구원 심포지움), 2008. 11. 6.

에몬 핑글턴(김학동 역),「제조업은 영원한가」, 지식여행, 2000.

오원철,「박정희는 어떻게 경제강국 만들었나」, 동서문화사, 2006.

유영휘,「한국의 공업단지」, 국토개발연구원, 1988.

윤종언, "왜 클러스터인가?",「산업클러스터 발전전략 심포지움 자료집」, 삼성경제연구소, 2001. 10. 15.

윤철,「서울디지털산업단지 재구조화 과정과 산업클러스터 발전방안에 관한 연구」, 서울시립대학교 석사논문, 2008.

이코노미스트, "울산공업센터는 민족적 궐기", 2009. 3. 10.

장재홍,「지역혁신정책과 지역균형발전 간의 관계 분석 및 정책대응」, 산업연구원, 2005.

전영재, "건국 50년, 한국경제의 역정과 과제", CEO Information 153호, 삼성경제연구소, 1998.8.

출판도시문화재단, 「파주 책마을 이야기」, 2008. 5.

통계청, 「통계로 본 대한민국 60년의 경제·사회상 변화」, 2008. 8.

한국개발연구원, 「한국경제의 성장요인 분석: 1963~2000」, 2002. 12.

한국신문기자클럽, 「기자가 본 한국경제 100년」, 2005. 1.

한국산업단지공단, 「지역산업발전 중·장기계획 수립을 위한 연구」, 2001. 12.

한국산업단지공단, 「산업단지 리모델링 및 관리운영 개선방안 후속조치 추진결
　　　　과」, 2010. 2.

한국산업단지공단, 「산업단지 입주기업의 구조변화연구」, 2005. 12.

한국산업단지공단, 「산업단지 운용성과와 구조적 변동성 분석」, 2008. 8.

한국산업단지공단, 「산업클러스터 중심의 광역클러스터 구축 연구」, 2009. 9.

한국산업단지공단, 「농공단지 개발 및 지원업무 편람」, 2009.

한국산업단지공단, 「산업단지 공장용지의 합리적 관리방안」, 2009. 12.

한국산업단지공단, 「산업입지요람」, 2009. 12.

한국산업단지공단, 「산업단지 녹색경쟁력 강화방안」, 2010. 1.

한국산업단지공단, 「산업입지」, 각호.

한국산업단지공단, "산업입지 Brief", 각호.

한국산업단지공단, "전국산업단지 현황통계", 각년도.

한국산업단지공단, 한국지역역개발학회, 「산업단지 관리·지원 효율화 방안」,
　　　　2007.

한국수출산업공단, 「한국수출산업공단 30년사」, 1994.

William Bredo, 「Industrial Estate: Tool for industrialization」, Stanford Research
　　　　Institute, 1960.

http://www.22barcelona.com

http://www.baden-wuerttemberg.de

http://www.zhongguancun.com.cn

http://www.sipa.gov.tw

http://www.sophia-antipolis.org

http://www.ouka.fi

http://www.kista.com

다시, 산업단지에서 희망을 찾는다

| 2010년 | 12월 | 1일 | 초판인쇄 |
| 2010년 | 12월 | 10일 | 초판발행 |

저 자   박 봉 규

발행인   안 종 만

발행처   (株)博英社

> 저자와
> 협의하여
> 인지를
> 생략함

서울특별시 종로구 평동 13-31번지
전화 (733) 6771 FAX (736) 4818
등록 1959. 3. 11. 제300-1959-1호(倫)

www.pakyoungsa.co.kr e-mail: pys@pakyoungsa.co.kr

파본은 바꿔드립니다. 본서의 무단복제행위를 금합니다.

정 가 15,000원   ISBN 978-89-6454-094-7